Hans-Jörg Kühne

ANDRÉ KOSTOLANY

Hans-Jörg Kühne

André Kostolany
Ein Wanderprediger der Börse im 20. Jahrhundert

DIRK LEHRACH VERLAG
Düsseldorf

ISBN 3-9806151-3-8

www.dirk-lehrach-verlag.de

Titelfotos: André Kostolany (Foto dpa),
„Vor der Kurstafel an der Pariser Börse“
(© bpk, Berlin 1999, Hans G. Casparius 1931)
Umschlaggestaltung: Petra Lohmeier
Druck: Druckerei Wolf GmbH, Isernhagen
Printed in Germany

Inhalt

Foto dpa

André Kostolany im Juli 1997

Vorwort

André Kostolany, der „Börsenguru“, der „Partisan des Kapitalismus“, der intelligente Plauderer, der Publizist, der Autor, polyglott, weltgewandt, auf den Bühnen des Jet-Sets zu Hause, mit den Höhen und Tiefen der menschlichen Seele vertraut, ist, zu alledem, ein Zeuge des ausgehenden 20. Jahrhunderts. Er hat mit seinen jetzt 93 Jahren fast das gesamte Säkulum durchlebt und sowohl die schönsten Ereignisse als auch die schlimmen Auswirkungen der beiden großen Kriege gesehen, die in der Menschheitsgeschichte ohne Beispiel sind. Im 20. Jahrhundert ist soviel Tod und Leben, Kunst, Kultur und Wissenschaft „zusammengepresst“, dass noch viele zukünftige Historikergenerationen damit zu tun haben werden, die Handlungsfäden zu entwirren, um das Geschehene auch nur annähernd vollständig und angemessen darzustellen.

André Kostolany war „mittendrin“, und allem, was er, vor dem Hintergrund der großen Ereignisse dieser 100 Jahre, zu berichten weiß, sollte aufmerksam zugehört werden. Es könnte einigen Menschen die „Augen öffnen“ und zu einer anderen, „richtigen“ Sehweise vergangener – und zukünftiger – politischer, wirtschaftlicher und sonstiger Entscheidungen verhelfen.

André Kostolany hat in seinen vielen Publikationen den eigenen Lebenslauf immer wieder im Zusammenhang mit den Begebenheiten in Politik, Kultur, Wirtschaft und Wissenschaft gesehen. So zog er zu seinem 85. Geburtstag im Jahre 1991 eine Bilanz seines bisherigen Daseins. Sein Geburtsjahr 1906 erfuhr dabei eine besondere Würdigung. Wortwörtlich hieß es in seiner Kolumne im Wirtschaftsmagazin „Capital“: „Mein Gott, was ist in diesem denkwürdigen Jahr 1906 alles geschehen: Ein Erdbeben zerstört San Francisco, Roald Amundsen bewältigt die Nordwestpassage, der Münchner Professor Arthur Korn vermittelt telegrafisch ein Porträt des Kronprinzen, in Berlin steigt zum ersten Male ein Luftschiff auf, in Kiel läuft das erste U-Boot vom Stapel, Theodore Roosevelt bekommt den Friedensnobelpreis, ... der deutsche Kaiser und Franz Joseph I versichern Viktor Emanuel ihre treue Freundschaft“. Kostolany zählte viele weitere Ereignisse auf, die deutlich machen sollten, dass auch er, wie jeder andere Mensch, ein Kind seiner Zeit ist und sein Charakter, seine Person, sein Denken und Handeln von den Versatzstücken vergangener Zeiten und den aktuellen Entwicklungen geformt wurden. Auf dieser Basis trifft er Entscheidungen für die Zukunft. Das wird bei André Kostolany besonders im Zusammenhang mit seinen Börsenengagements deutlich. Seine dortigen Strategien, die mehr als einmal über den Fortbestand seiner wirtschaftlichen Existenz entschieden, entwickelte er niemals aus der „hohlen Hand“, sondern immer auf der Basis eines reichhaltigen Erfahrungsschatzes. Nur so konnte es ihm gelingen, an den Finanzmärkten der Welt ein Vermögen zu erwirtschaften. Zeit seines Lebens blieb Kostolany, neben der Beobachtung der Aktienmärkte, ein genauer Seismograf der aktuellen Begebenheiten in der Welt.

Grund genug, sein Leben vor dem Hintergrund des Weltgeschehens im 20. Jahrhundert zu betrachten. Kostolany musste zumeist auf die Entwicklungen reagieren. So viel Macht besaß er nie, dass dieselben auf ihn Rücksicht genommen hätten. Aber nach derartigem Einfluss hat es ihn auch niemals gedrängt. Er ist nach wie vor ein viel zu großer Menschenfreund, um Spaß daran zu finden, andere zu manipulieren. Kostolany bleibt ein sympathischer Beobachter dieses Jahrhunderts, der es bei aller Rücksichtnahme aber niemals an scharfer Kritik mangeln lässt, wenn die Umstände es erfordern. Auf den folgenden Seiten wird André Kostolanys Leben erzählt. Es ist zwar nur eines von vielen Menschenleben im 20. Jahrhundert, dafür aber eines der interessantesten.

I. Wie man zum Börsenguru wird

1. Kindheit und Jugend in Budapest

Geboren wurde André Bertholomew Kostolany am 9. Februar 1906 in der ungarischen Hauptstadt Budapest. Es war die Zeit der „Abendröte" des Habsburgerreiches, wie es Kostolany einmal selbst ausdrückte. Der Vielvölkerstaat, die österreichisch-ungarische-Doppelmonarchie, befand sich seit langem in einem fast unmerklichen Prozess der Auflösung. Vor allem Ungarn, das seit seiner Niederlage gegen russische und österreichische Truppen im August 1849 gewissermaßen zwangsweise im Habsburgerreich integriert blieb und jegliche Sonderstellung aufgeben musste, verweigerte lange Jahre die Kooperation mit den Machthabern in Wien. Der aktive und passive Widerstand gegen die Habsburger machte eine Stabilität der Monarchie unmöglich. Erst durch den österreichisch-ungarischen Ausgleich von 1867 und der Gründung der Doppelmonarchie erhielt Ungarn zumindest im Inneren eine gewisse Selbstständigkeit. Das änderte allerdings kaum etwas an der negativen Grundhaltung der Ungarn zum politischen System. Das Gros der Magyaren wollte mehr oder gar vollständige Unabhängigkeit, die ethnischen Minderheiten forderten nationale Rechte. Das Konstrukt der Doppelmonarchie erwies sich spätestens nach der Jahrhundertwende als vollkommen anachronistisch.

In diesen unruhigen Zeiten wuchs André Kostolany auf. Seine Abstammung war großbürgerlich. Der Vater besaß eine Spirituosenfabrik, ein traditionsreicher Betrieb, im Jahre 1830 gegründet. Außerdem bekleidete er das Amt eines Stadtrates in Budapest. Vater und Mutter Kostolany, von Geburt an Juden, hatten sich römisch-katholisch taufen lassen. Antisemitismus, zumeist auf Neid um den geschäftlichen und politischen Erfolg begründet, war auch in Budapest zu finden. Viele Juden besetzten einflussreiche Positionen, sodass Spötter die Stadt bereits „Judapest" nannten, denn von den etwa 500.000 ungarischen Juden lebten fast 300.000 in Budapest!

Die Kindheit Andrés kann als glücklich bezeichnet werden. Er blieb von schweren Krankheiten und Existenzsorgen verschont. Seinen

Geschwistern war es ähnlich ergangen: Seinem vierzehn Jahre älteren Bruder Emmerich und seinem zehn Jahre älteren Bruder Béla. Beide hatten in Deutschland und England Wirtschaftswissenschaften studiert. Sie kehrten erst einige Wochen vor Ausbruch des Ersten Weltkrieges nach Ungarn zurück. Die einzige Schwester Lilly war acht Jahre älter. In Andrés Kindheitsjahren übernahm sie oft die Rolle der „zweiten Mutter". Lilly starb 1988 im Alter von 91 Jahren in Zürich nach einem durchaus angenehmen Leben, das ihr ihre beiden Männer ermöglicht hatten. So war der Erste, genau wie Lillys Vater, Unternehmer in der Spirituosenbranche gewesen. Der zweite Mann, Andreas Rapoch, den sie nach dem Zweiten Weltkrieg geheiratet hatte, war Bankdirektor.

André, der jüngste der Geschwister, war, wie es oft in Familien anzutreffen ist, der Liebling der Eltern, vor allem der Mutter. Die Erziehung blieb dennoch streng. Die Mutter achtete sehr auf korrektes Benehmen und richtete ihr Verhalten an den hohen moralischen Ansprüchen des Budapester Großbürgertums aus. Dabei half ihr auch die strenge deutsche Gouvernante Sophie Reuss. Kostolany berichtete, dass sie eher die Stellung einer Hauslehrerin innehatte und in Budapest als Geschäftsführerin des deutschen Kulturbundes tätig war. Von ihr lernte er schon sehr früh Deutsch. Gleichzeitig war sie eine lebende Illustration der deutsch-französischen „Erbfeindschaft". Sie hasste die Franzosen leidenschaftlich, für sie waren es nur die „Saufranzosen". Dass diese ebenso wenig schöne Worte für die Deutschen hatten, davon wird noch zu berichten sein.

Der Vater war ein „Schlitzohr", wie es André Kostolany selbst formulierte. Ein echter Bohemien, der eigene, keineswegs lustfeindliche Vorstellungen vom Leben verfolgte. Mutter und Vater Kostolany haben sich in Ihrer Ehe dennoch offenbar gut ergänzt. Während Frau Kostolany über das Budget der Familie wachte, begnügte sich ihr Mann damit, dasselbe möglichst spaßbringend auszugeben. Es gab Beschimpfungen seitens der Mutter. Sie fielen allerdings nicht unbedingt auf fruchtbaren Boden, denn Andrés Vater war ein unverbesserlicher Optimist.

Die Familie gab sich im Übrigen sehr musikalisch und entsprach auch in diesem Punkt dem Bild einer vermögenden, großbürgerlichen Gemeinschaft. Die Schwester nahm Gesangsunterricht, der Bruder Béla spielte Violine und machte mit seinen Schulkameraden Kammermusik. Der älteste Bruder, Emmerich, spielte Klavier und komponierte sogar. André entwickelte eine große Liebe zur klassischen Musik, besonders zur Oper, ohne jemals als Musiker in den Vordergrund zu treten. Selbstverständlich erhielt er als Junge den geradezu obligatorischen Klavierunterricht und brachte es hier zu beachtenswerten Fähigkeiten. Immerhin spielte er schon in jungen Jahren, zusammen mit seiner Mutter, sämtliche Beethoven-Sinfonien vierhändig auf dem Klavier. Seine Klavierlehrerin hieß Eugenia Müller, die beim großen Friedrich Liszt gelernt hatte. In den Jahren seiner Börsenkarriere verlernte André seine Fertigkeiten jedoch. Es blieb keine Zeit für die Ausübung der Musik. Ein begeisterter, aber auch kritischer „Rezipient" alter und moderner klassischer Musik blieb Kostolany jedoch immer.

Das große, einschneidende Erlebnis dieser Kindheitsjahre in Budapest war der Kriegsbeginn im Jahre 1914. Vor allem der 28. Juni ist Kostolany im Gedächtnis geblieben. An diesem Tag wurden der habsburgische Thronfolger Erzherzog Franz Ferdinand und seine Frau in Sarajewo von südslawischen Nationalisten getötet. Diese Nachricht kam über das sogenannte „Nachrichtenteleton", eine zu jener Zeit hochmoderne Errungenschaft und eigentlich der Vorläufer des Radios. Von sieben Uhr morgens bis spät nachts gab es ein Programm aus Opern, Konzerten, Presseschauen und den letzten Neuigkeiten. Es funktionierte ohne Lautsprecher, man hörte über einen Kopfhörer. Der große Vorteil dieser Einrichtung war das laute Summen des Gerätes, falls irgendwo in der Welt etwas Wichtiges vorfiel. Diese Nachricht wurde sofort weitergegeben. Und in Andrés Erinnerung war das Summen an diesem besagten Tag, ein Sonntagnachmittag, besonders laut gewesen, so, als wolle es die Dramatik des Geschehenen akustisch unterstreichen.

Das Attentat auf den Erzherzog hatte bekanntlich folgenden Hintergrund: Die häufig geäußerten Absichten des Thronfolgers, in der österreichisch-ungarischen Doppelmonarchie grundsätzliche Reformen zugunsten der schon seit langem auseinanderstrebenden

Nationalitäten durchzuführen, hätten, im Falle ihrer Umsetzung, die großserbischen Pläne durchkreuzt. 1908 waren Bosnien und die Herzegowina von Österreich-Ungarn annektiert worden. In diesen Ländern gab es ein starkes serbisches Bevölkerungselement, das danach strebte, sich von der habsburgischen Monarchie zu lösen, um sich Serbien anzugliedern. Deshalb war von dem serbischen Geheimbund „Schwarze Hand" der Entschluss gefasst worden, den Erzherzog „aus dem Weg zu räumen". Dies geschah mit Unterstützung des serbischen Generalstabes und in stillschweigender Übereinkunft mit der serbischen Regierung.

Österreich, beunruhigt über das Erstarken Serbiens, hatte in den Jahren vorher immer wieder mit dem Gedanken eines Präventivkrieges gespielt: Der Krieg als Heilmittel gegen den überall spürbaren und drohenden Zerfall des Vielvölkerstaates. Ein Gedanke, der Bismarcks Politik zum Vorbild zu haben schien: Ein Krieg würde die Völker der Donaumonarchie zusammenschweißen, gemeinsam gegen einen äußeren Feind. Insofern kam das Attentat gerade recht. Es wurden sozusagen „zwei Fliegen mit einer Klappe" geschlagen. Zum einen war man den auch in Österreich unpopulären und ungeliebten Thronfolger los, da seine Aktivitäten keinesfalls in der Absicht österreichischer Nationalisten lagen. Zum anderen hatte man nun endlich den hinreichenden Vorwand, Serbien als politische Macht vollkommen zu vernichten, den großserbischen Ehrgeiz für immer auszuschalten. Die öffentliche Empörung über die Ermordung, die sich vor allem in der Presse widerspiegelte, geriet phrasenreich und übertrieben und konnte kaum die heimliche Genugtuung über die nun eingetretene Situation verhehlen.

Territoriale Eroberungen beabsichtigte die Doppelmonarchie mit ihrem Krieg nicht, da sich vor allem Ungarn jeglicher zahlenmäßiger Zunahme des slawischen Bevölkerungsanteils widersetzte.

Wien nötigte nun Serbien zum Krieg. Am 23. Juli 1914, also erst einen ganzen Monat später, überreichte Wien, mit Billigung des deutschen Kaisers, der serbischen Regierung ein unannehmbares Ultimatum. Es forderte dieTeilnahme österreichischer Beamter an der Untersuchung der Verschwörung gegen den ermordeten Thronfolger und die Unterdrückung jeder feindlichen Propaganda. Serbien nahm das Ultimatum aber nicht vorbehaltlos an. Daraufhin erklärte Österreich-Ungarn den Krieg, nachdem die allgemeine Mobilmachung angeordnet worden war.

Das 20. Jahrhundert, von dem Kostolany geprägt wurde, begann mit einem Krieg, der vom ständigen Unruheherd Balkan ausging und es endet mit einem Krieg ebendort.

Der Monat vom Attentat bis zur Kriegserklärung verlief in Europa in einer bis aufs Äußerste gespannten Atmosphäre, einer allseits trügerischen Ruhe. Nach den Pistolenschüssen von Sarajewo machten die Kostolanys Urlaub in Marienbad. Und so taten es viele Familien und gaukelten sich Normalität vor. In Wirklichkeit hatte ein Prozess begonnen, an dessen Ende die Welt ihr Gesicht vollkommen verändert hatte. André Kostolany beschrieb die Phase unmittelbar vor Kriegsausbruch mit den Worten: „Jeder lebte in der sorglosen Beschwingtheit, die großen Katastrophen voranzugehen pflegt. Auf der Kurpromenade diskutierte man mit Freunden unter den Klängen der Militärkapelle die neuesten Nachrichten aus Wien, Berlin, Paris und Sankt Petersburg."

Und als schließlich die Mobilmachungen verkündet und der Krieg erklärt waren, flohen die Menschen in heller Panik aus den Urlaubsorten in ihre Heimatländer. Kaum jemand hat diese Phase, diese Stimmung besser zu umschreiben gewusst als Thomas Mann, der schon in den Jahren vorher auf seinem „Zauberberg" unter der internationalen Gesellschaft eine seltsame Infektion feststellte: „Was lag in der Luft? – Zanksucht. Kriselnde Gereiztheit. Namenlose Ungeduld. Eine allgemeine Neigung zu giftigem Wortwechsel, zum Wutausbruch, ja zum Handgemenge."

Das erste große europäische Verhängnis des 20. Jahrhunderts nahm seinen Lauf, in dem die Politik kaum noch vermitteln konnte. Nun griffen die Bündnisse zwischen den Staaten und nahmen ihre Beteiligten in die Pflicht. So erklärte auch das Deutsche Kaiserreich, als Verbündeter Österreich-Ungarns, Serbien den Krieg. Russland war von Anfang an entschlossen, keinerlei Demütigung Serbiens hinzunehmen, denn es fürchtete, eine diplomatische Niederlage könne die Stellung des zaristischen Regimes im Innern gefährden. Außenminister Sasonow und der ängstliche Zar glaubten, es bestünde lediglich die Wahl zwischen einer Revolution oder der erfolgreichen Abwehr der österreichischen Ansprüche. Am 25. Juli 1914 ordnete der Zar die Vormobilmachung an, was in Österreich und Deutschland als Bedrohung interpretiert wurde. Am 30. Juli erfolgte schließlich der Befehl zur Gesamtmobilmachung. Nun waren, so schien es, alle diplomatischen Möglichkeiten zur Beilegung der Krise erschöpft. Wie würden sich die Verbündeten Russlands verhalten? Zu diesen gehörte auch Frankreich.

Deutsche Politiker versuchten in letzter Minute, Wien zu Verhandlungen mit Russland zu bewegen. Das Ziel sollte der friedliche Ausgleich sein. Doch blieb im Grunde für Verständigungsversuche keine Zeit mehr. Der von dem früheren Generalstabschef Graf Schlieffen entworfene Feldzugsplan sah bei dem angenommenen Zweifrontenkrieg als Erstes eine große Offensive im Westen vor. Zunächst sollten die Franzosen in einer einzigen großen Umfassungsschlacht, einem „Cannae", völlig vernichtet werden. Sofort danach, ehe der russische Aufmarsch vollendet war, mussten die Truppen in den Osten verlegt werden. Dieser Plan musste definitiv scheitern, wenn man auf den deutschen Vorsprung bei der Mobilmachung verzichtete. Der deutsche Reichskanzler forderte von Russland in einem Ultimatum die Zurücknahme aller gegen Deutschland und Österreich-Ungarn gerichteten militärischen Maßnahmen. Gleichzeitig verlangte er von Frankreich die Zusicherung der Neutralität im Falle eines deutsch-russischen Konflikts. Beide Ultimaten blieben unbeantwortet. So erklärte Deutschland am 1. August 1914 Russland und am 3. August 1914 Frankreich den Krieg.

England, obschon zur „Entente" gehörig, besann sich noch einige Tage. Die englische Öffentlichkeit verhielt sich abwartend. Als aber Deutschland am 2. August von Belgien freies Durchmarschrecht einforderte, führte dies auf der Insel zur allseitigen Meinungsänderung und zum Kriegsentschluss. Am 4. August erfolgte die Kriegserklärung an Deutschland mit der Begründung, England sei Garant der belgischen Neutralität. Der britische Außenminister Grey, der sich wiederholt in Vermittlungsversuchen zwischen den Parteien verdient gemacht hatte, erhielt Gratulationen zur einmütigen Entscheidung Englands. Was daraufhin von ihm zu hören war, gehört zu den bekanntesten Aussprüchen im Zusammenhang mit dem Ersten Weltkrieg: „Ich hasse den Krieg. In ganz Europa gehen die Lichter aus, wir alle werden sie in unserem Leben nie wieder leuchten sehen."

Gab es also unter den Politikern noch besonnene Menschen, so stellte sich die öffentliche Meinung ganz anders dar. André Kostolany berichtete von der Hurra-Stimmung in Ungarn. Riesige Menschenmengen seien durch die Straßen gezogen und hätten gejubelt: „Es lebe der Krieg!", „Serbien muß sterbien!", „Es lebe der Kaiser Franz Joseph der Erste!", „Es lebe Wilhelm der Zweite!", „Es lebe Viktor Emanuel der Dritte!". Franz Joseph und Wilhelm waren die Köpfe des „Dreierbündnisses", dem Italien unter Viktor Emanuel angehörte. Italien scherte aber im letzten Moment aus und gesellte sich zur gegnerischen Entente.

Aus André Kostolanys Sicht stellte sich der Krieg für seine Familie und für die Ungarn im Allgemeinen als nicht so schlimm dar. Das Land war landwirtschaftlicher Selbstversorger. Es gab in den folgenden Jahren genügend Lebensmittel und keine Hungersnöte. Die männlichen erwachsenen Familienmitglieder der Kostolanys waren eingezogen. Andrés Vater allerdings nicht, da er schon zu alt war. Er hatte „Verbindungen" und ließ diese spielen, um seine Söhne Emmerich und Béla vor allzu bedrohlichem Fronteinsatz zu schützen. Er verschaffte ihnen ungefährliche Posten. In der Familie gab es heftige Diskussionen. Andrés Brüder wollten an vorderster Front mitkämpfen, wollten es ihren Altersgenossen gleichtun. Der Vater gab aber nicht nach. Schließlich und endlich sind nur wenige aus dem Stamm der Kostolanys gefallen.

Andrés Bruder Emmerich, damals ein junger Angestellter einer Großbank, versäumte es nicht, bei aller Begeisterung für den Kampf „Mann gegen Mann" an der Front, seinem beruflichen und privaten Hobby zu frönen, der Spekulation. Trotz der ernsten Lage hatte die Börse für ihre Klientel nichts an Anziehungskraft eingebüßt. Im Gegenteil: Man stürzte sich auf die Zeitungen aus Wien und Budapest, um die neuesten Börsenkurse zu verfolgen. Tatsächlich setzte ein wahres Spekulationsfieber ein. Dabei sind eine Reihe Warenspekulanten sehr reich geworden. Diejenigen, die sich auf Wertpapiere verlegten, mussten dagegen oftmals schlimme Enttäuschungen hinnehmen.

An den Warenbörsen setzten die Spekulanten auf Produkte, die im Kriegsfalle nicht mehr eingeführt werden konnten, da die Ausfuhrländer zu den Feinden gehörten. Es wurde in Kakao, Pfeffer, Vanille spekuliert. Aber auch in Raffia, einer Hanffaser, die zum Festbinden von Weinreben diente. Emmerich Kostolany hatte sich mit einigen Freunden zusammengetan und auf Raffia gesetzt. Alles schien zu funktionieren. Doch als die deutschen Truppen unter Hindenburg die Russen bei Tannenberg in Ostpreußen schlugen, fielen sämtliche Warenkurse ins Bodenlose. Die allgemeine Stimmung schlug um, man glaubte, der Krieg werde schon in kürzester Zeit zu Ende sein. Emmerich Kostolany verlor seinen gesamten Einsatz. Darüber hinaus hatte er schon seit langem erhebliche Schulden bei der Bank. Die Situation war für die Familie dramatisch, zumal Andrés Bruder von Selbstmord zu sprechen begann. Der Vater sprang schließlich ein und beglich die Schuld.

Emmerich Kostolany hätte einfach noch etwas warten müssen. Denn die Ereignisse an der Westfront nahmen eine entscheidende Wende. Die Franzosen gewannen die Marneschlacht. Nun rechneten nicht nur die Börsianer mit einem langen Krieg. Der Kurs der Raffiafaser stieg wieder. André Kostolany berichtete in seinen Erinnerungen, dass er auf diese Weise schon sehr früh gelernt habe, dass an der Börse die Dinge zuerst immer anders kommen, als man denkt. Erst später träfen sie den Hoffnungen entsprechend ein. Wer an der Börse Gewinne mache, erhalte gewissermaßen ein „Schmerzensgeld“: Zuerst würden die Schmerzen kommen, danach das Geld.

Die erwähnte Begeisterung bei der Bevölkerung, dass nun „endlich“ Krieg war, ist aus heutiger Sicht nur schwer nachvollziehbar. Vor allem bei den jungen Menschen in Österreich-Ungarn und im Deutschen Reich wurde sein Beginn frenetisch gefeiert. Vielen war die Zeit des Kaiserreiches, jene Jahre seit 1870/71, die für das Deutsche Reich im Großen und Ganzen Prosperität und Frieden gebracht hatten, als quälend langweilig erschienen. Nichts passierte, was eine Jugend hätte begeistern können. Das Leben der meisten schien vorgezeichnet, egal welcher sozialen Schicht sie angehörten, ob sie reich oder arm waren. Überraschungen würde es höchstwahrscheinlich nicht mehr geben. Hatte man einen Beruf, so war man an ihn sein ganzes Leben gekettet. Das Leben selbst war bestimmt von Zwängen und Gewohnheiten, aus denen es kein Entrinnen zu geben schien. Viele Menschen sehnten sich nach Veränderung, auch wenn es die radikalste sein sollte, der Krieg. Niemand hatte noch irgendwelche Erwartungen gehegt, aus dem Einerlei des Alltags erlöst zu werden. Stumpfsinn und Gereiztheit – das waren die Dinge, die sich in Deutschland und in Österreich-Ungarn breitgemacht hatten. Die Kriegserklärungen kamen einem Dammbruch gleich, der aufgestautem Tatendurst und brutaler Wut freien Lauf ließ. Der österreichische Schriftsteller Karl Kraus hat diese Kriegsbegeisterung in Wien beobachtet und sogar bei Menschen, die er für bedächtig und klug hielt, eine seltsame Veränderung ihrer Standpunkte erkannt. In dem dramatischen Hauptwerk „Die letzten Tage der Menschheit“ sind dokumentarisch belegte Wirklichkeitsfetzen in mehr als zweihundert Einzelszenen zu einer Apokalypse des Ersten Weltkriegs montiert. Kraus berichtet darin unter anderem von einem älteren Mann, der, dazu befragt, was nun mit Serbien geschehen solle, im breitesten Wiener Schmäh antwortet: „Wer'n mer's halt a bisserl aufmischen!“

Viele Intellektuelle verfielen mit in den Hurra-Patriotismus. Nur wenige, wie etwa Karl Kraus, sahen mit Entsetzen, wie Europa in die Steinzeit zurückfiel. Kraus, von apokalyptischen Visionen geplagt, ahnte das Kommende. Sprachgewaltig hielt er am 19. November 1914 seine erste Vorlesung im Krieg und malte seinen Zuhörern das Inferno aus:

„In dieser großen Zeit die ich noch gekannt habe, wie sie so klein war; die wieder klein werden wird, wenn ihr dazu noch Zeit bleibt; und die wir, weil im Bereich organischen Wachstums derlei Verwandlung nicht möglich ist, lieber als eine dicke Zeit und wahrlich auch schwere Zeit ansprechen wollen; in dieser Zeit, in der eben das geschieht, was man sich nicht vorstellen konnte, und in der geschehen muss, was man sich nicht mehr vorstellen kann, und könnte man es, es geschähe nicht; – in dieser ernsten Zeit, die sich zu Tode gelacht hat vor der Möglichkeit, dass sie ernst werden könnte; von ihrer Tragik überrascht, nach Zerstreuung langt, und sich selbst auf frischer Tat ertappend, nach Worten sucht; in dieser lauten Zeit, die da dröhnt von der schauerlichen Sinfonie der Taten, die Berichte hervorbringen, und der Berichte, welche Taten verschulden: in dieser da mögen Sie von mir kein eigenes Wort erwarten. Keines außer diesem, das eben noch Schweigen vor Missdeutung bewahrt."

André Kostolany war während seiner Jahre in Budapest noch zu jung gewesen, um von diesen Stimmungen gepackt zu werden. Er besuchte ein gutes katholisches Gymnasium, das Katolikus Gymnasium. Vielleicht ist es bezeichnend für die ereignislose Zeit vor dem Krieg, dass seine Erinnerungen daran weitgehend verblasst sind. Auch für die Zeit während und nach dem Krieg konnte er kaum Bemerkenswertes ausmachen. Es sei nichts Aufregendes passiert, war von ihm einmal zu hören.

Die Kriegslasten waren für Ungarn keineswegs so gering, wie es André Kostolany erschien. Die Anzahl der Gefallenen war sehr hoch. Eine der Folgen der Niederlage war die bürgerliche Revolution, die sogenannte „Asternrevolution". Ihr voraus ging die Bildung eines Nationalrats, dem Nemzeti Tanács, am 25. Oktober 1918. Die Ungarn folgten damit dem Wunsche des letzten Habsburgerkaisers und ungarischen Königs Karl IV., der seine Völker angesichts des verlorenen Kriegs dazu aufgefordert hatte. Der Rat war das Sammelbecken der bisherigen Oppositionskräfte. Die Gefolgschaft des Nemzeti Tanács gelangte an die Knotenpunkte der Macht im Land. Nationalratspräsident Graf Mihály Károlyi von Nagykárolyi wurde zum Ministerpräsidenten ernannt.

Mit der Übernahme der Macht durch die oppositionelle Koalition schienen indes alle Seiten einverstanden. Ein günstiger Frieden konnte sicherlich nur erreicht werden, wenn den Verhandlungsführern der Sieger jene Parteien gegenübertraten, die die Freundschaft zur Entente auf ihre Fahnen geschrieben hatten. Auch herrschte in Ungarn Einigkeit darüber, dass die politische Lage ohne eine demokratische Umgestaltung des staatlichen und gesellschaftlichen Lebens nicht stabilisiert werden konnte. Sicherlich glaubten viele, die eigenen Existenzsorgen seien nur vorübergehender Art. Die neue Regierung würde mit der Entente einen günstigen Friedensvertrag aushandeln, woraufhin es gelingen musste, wieder zur Normalität zurückzukehren. Tatsächlich hatte die Regierung unter Károlyi eine gigantische Konkursmasse von der untergegangenen Donaumonarchie übernommen. Wirtschaftliche Schwierigkeiten und ein auf das Minimum beschränkter außenpolitischer Handlungsspielraum bestimmten ihre Arbeit.

De facto bestand die österreichisch-ungarische Monarchie nicht mehr. Am 16. November 1918 erfolgte die Ausrufung der Republik. Ungarn war nun im staatsrechtlichen Sinne ein souveräner Staat. Die Rechtskontinuität zur Doppelmonarchie wurde aufgehoben, das allgemeine Wahlrecht, weitgehende politische Freiheitsrechte und eine umfassende Bodenreform verkündet.

„Folgen wir dem russischen Weg!“ war eine Losung, die in diesen Tagen vor allem von den mit sozialistischen Überzeugungen heimgekehrten Kriegsgefangenen und linken Sozialdemokraten geäußert wurde. Eine radikale gesellschaftliche Umgestaltung und vollkommen neue außenpolitische Orientierung sollte das Ziel sein. Am 24. November 1918 gründete sich die Partei der Kommunisten Ungarns, die „Kommunisták Magyarországi Pártja“, die sich als die ungarische Sektion der Kommunistischen Internationale verstand. Durch ihre „Rote Zeitung“, die „Vörös Újsag“, erreichte sie sehr schnell große Popularität. Viele der von dem ausbleibenden Erfolg der Károlyi-Regierung Enttäuschten setzten nun ihre ganzen Hoffnungen auf die durchgreifende Umgestaltung der Verhältnisse nach sowjetischem Muster. Am 21. März 1919 riefen die Kommunisten die ungarische Räterepublik aus, nachdem die bisherige Regierung abgedankt hatte.

Die neue Führung begann tatsächlich mit der konsequenten sozialistischen Umgestaltung des Landes. Fabriken, Haus- und Grundbesitz wurden in öffentliches Eigentum überführt, eine Reihe sozialpolitischer Maßnahmen durchgesetzt.

Diese Zeit war die in André Kostolanys Erinnerung unruhigste Phase im Zusammenhang mit den Folgen des Krieges. Als Angehörige der zum Feind erklärten Bourgeoisie mussten er und seine Eltern Budapest verlassen und flohen nach Wien. Der Aufenthalt in der Hauptstadt Österreichs bedeutete für den dreizehnjährigen André ausgiebige Beschäftigung mit der Musik. Die Familie besuchte so oft es ging die Wiener Oper. In jenen Tagen war ihr Direktor übrigens der berühmte Felix Weingartner. Offenbar begann in Wien auch Kostolanys Börsenkarriere. Durch die Vielzahl der Flüchtlinge aus den verschiedensten Ländern blühte in der Stadt der Devisenschwarzmarkt. André hatte viel Freizeit und beobachtete das Treiben und den Handel mit Geld. Er entdeckte schon bald interessante Möglichkeiten, durch geschickte Tauschgeschäfte Gewinne zu machen. Er handelte mit den neuen polnischen Mark, den tschechischen Kronen, dem Dinar, tauschte eine Währung gegen die andere. Zehn Prozent Profit seien dabei immer möglich gewesen, hieß es von ihm. Seit dieser Zeit verfolgte Kostolany aktiv und passiv die Devisenmärkte.

Das Schicksal der ungarischen Räterepublik entschied sich nicht im Lande selbst, sondern wurde von der internationalen Politik bestimmt. Die Entente sah die Entwicklungen in Ungarn mit größter Skepsis. Sie ermutigte die rumänische Armee zur Intervention. Diese begann Mitte April 1919 und war bis Mai schon bis zur Theißlinie vorgedrungen. Im Norden des Landes hatte unterdes die tschechoslowakische Armee Boden gutgemacht. Die Rote Armee Ungarns unternahm im Mai des Jahres eine Gegenoffensive und konnte beträchtliche Gebiete zurückgewinnen. Dennoch standen die Zeichen schlecht. Die Sowjetunion war außerstande, militärische Hilfe zu leisten. Unter dem Schutz der französischen Besatzer Südungarns begann sich unterdes in Szegedin die politische und militärische Konterrevolution zu organisieren.

Die Räterepublik mit ihrem sich ausweitenden Terror gegen Andersdenkende geriet immer weiter in die Isolation. Am 1. August 1919 trat, nach massiven militärischen Fehlschlägen, der Revolutionäre Regierungsrat zurück.

Es war die Stunde der Konterrevolution. Ihre Vertreter hatten es ungleich einfacher als die Revolutionäre. Sie brauchten keine Wunder zu versprechen, ihr Erfolg war bereits die Normalisierung der

Beziehungen zu den Siegern und eine langsame Konsolidierung des gegenwärtigen Zustands. Doch wollten die zuvor aus ihren Ämtern und ihrer Macht verdrängten Kräfte auf ihre Rache an den Revolutionären keinesfalls verzichten. Es bildeten sich Sondereinheiten aus Offizieren, die die in ihre Hände fallenden Führer der Räterepublik zu Tode quälten, ermordeten. Es waren monatelange Anstrengungen notwendig, um das Unwesen dieser Sondereinheiten zu unterbinden.

Auch in den anderen Länder der ehemaligen Verbündeten, besonders aber im Deutschen Reich, wo sich ebenfalls Revolutionsräte nach sowjetischem Muster gebildet hatten, wütete die Konterrevolution. Die Freikorps in Deutschland und ihre Anführer machten „kurzen Prozess“ mit ihren Gegnern. Ein deutscher Offizier, selbst Mitglied der konterrevolutionären Kräfte und seit den Erlebnissen im Ersten Weltkrieg mit den Untiefen der menschlichen Seele vertraut, erschrak zutiefst über diese Art der Rache. Er schrieb: „Der weiße Terror wütet. Sehr widerlich!“

Eine erstmals in der Geschichte Ungarns aufgrund des allgemeinen Wahlrechts einberufene Nationalversammlung bestimmte den Oberkommandierenden der konterrevolutionären Streitkräfte, den Konteradmiral Miklós Horthy, zum „Reichsverweser“. Er hatte übrigens in die Aushebung der Offiziers-Sondereinheiten eingewilligt. Der Friedensvertrag von Trianon vom 4. Juni 1920 besiegelte schließlich den Verlust von beinahe zwei Dritteln des ursprünglichen ungarischen Staatsgebietes und somit drei Fünfteln der Bevölkerung. Miklós Horthy stand in den folgenden Jahren einer Monarchie mit „vakantem Thron“ vor, wie es seit 1920 offiziell hieß. Seine Politik war antidemokratisch, dezidiert antirevolutionär und gegen die Sowjetunion gerichtet.

Nach der Gegenrevolution und dem Rücktritt der Räteregierung kehrte die Familie Kostolany 1919 nach Budapest zurück. Für André begann mit der Aufnahme des Schulbesuchs wieder das normale Leben.

2. Auf nach Paris!

Der Antisemitismus in Ungarn trug nach dem Ende des Ersten Weltkriegs seltsame Früchte. Da so viele Schlüsselpositionen in Wirtschaft und Verwaltung von Juden besetzt waren, und diese Tatsache viele nichtjüdische Politiker mit Sorge erfüllte, entfachten sie die Diskussion um einen „Numerus clausus“ an der Budapester Universität. Dieser sollte die Anzahl jüdischer Studenten auf etwa sechs Prozent der gesamten Studentenschaft begrenzen. Das ungarische Parlament diskutierte diesen Vorschlag und gestattete der Universität, entsprechend zu verfahren.

Der römisch-katholisch getaufte André Kostolany hatte Glück. Er fiel nicht unter diese Regelung und konnte unbehelligt mit seinem Studium der Philosophie und Kunstgeschichte beginnen. Das sollte allerdings nicht lang dauern.

Jeden Winter fuhren Andrés Eltern an die Côte d'Azur und machten auf ihrer Fahrt dahin einen Abstecher nach Paris. Vater und Mutter besuchten dort Freunde und Bekannte. Andrés Vater versäumte es auf keinen Fall, einen alten Schulkameraden aufzusuchen, den sehr vermögenden Monsieur Alexander. Er hatte eine reiche Französin geheiratet und mit ihr vier Kinder. Den Sohn bezeichnete Kostolany später als „missraten“. Die Töchter seien jedoch sehr interessant gewesen, vor allem aber deren Liebesbeziehungen. Die Älteste war in den Ungarn Marcel von Nemes verliebt, den zu jener Zeit bekanntesten und größten Kunstsammler. Die zweite Tochter hatte eine Affäre mit Paul Geraldy, einem der großen Dichter seiner Zeit. Später heiratete sie den berühmten deutschen Maler Max Ernst. Weshalb diese Frau André Kostolany aber im Gedächtnis blieb, waren ihre erfolgreichen Spekulationen an der Pariser Börse. Sie hatte die notwendigen Fähigkeiten offenbar von ihrem Vater geerbt, denn der galt als „große Nummer“ an der Pariser Warenbörse. Zusammen mit seinem Bruder betrieb er eine Maklerfirma.

Monsieur Alexander geizte nicht mit Tips, auf welche Finanzbewegungen zu spekulieren sei. Im Moment war es der französische Franc. Sein Fall, der Sturz der Währung, sei eine sichere Angelegenheit. Der gesamte Finanzadel spekulierte damals, in den Jahren nach dem Ersten Weltkrieg, auf den Sturz der französischen Währung. Frankreich litt lange unter den Folgen des Krieges. Trotz des Sieges über die Deutschen blieb es stark geschwächt. 1 310 000 Tote oder Vermisste, was mehr als zehn Prozent der männlichen Aktivbevölkerung bedeutete, und materielle Verluste im Wert von 55 Milliarden Franc des Jahres 1913. 1 100 000 Menschen waren schwer verwundet worden und fielen damit teilweise oder ganz aus dem Produktionsprozess aus. Die Geburtenrate war während des Krieges erheblich gefallen und erreichte langfristig nicht mehr das Vorkriegsniveau. Noch 1935, als die im Krieg geborene Generation volljährig wurde, lag sie unter der Sterblichkeitsrate. Insgesamt kostete der kriegsbedingte Geburtenausfall die Gesamtbevölkerung noch einmal 1 400 000 Menschen. Entsprechend nahm die Überalterung der Franzosen weiter zu.

Vater Kostolany und Monsieur Alexander unterhielten sich selbstverständlich auch über ihre Familien. Auf die Frage, was denn die Kinder zu ihrem eigenen Lebensunterhalt unternähmen, konnte Vater Kostolany eine stolze Bilanz aufführen, die nur einen wunden Punkt hatte: André. Während der älteste Bruder Bankdirektor war, der zweite das Familienunternehmen leitete, die Tochter eine „gute Partie“ gemacht hatte, studierte der jüngste die „brotlosen Künste“ Philosophie und Kunstgeschichte, um Kritiker zu werden. Für einen Praktiker wie Monsieur Alexander war dies inakzeptabel. Er bezeichnete Andrés Pläne schlicht als Unsinn und forderte seinen Jugendfreund auf, den Sohn nach Paris zu schicken, damit er in der Maklerfirma „etwas Vernünftiges“ lerne. In der Rückschau betrachtete André Kostolany diese Weichenstellung in seinem Leben als die bedeutendste.

Der finanzielle Tip, den Monsieur Alexander Andrés Vater mit auf den Weg gegeben hatte, erwies sich jedoch als ausgesprochen schlecht. Er verlor eine Menge Geld. So bitter dies für den Vater und die Familie war, so fasziniert zeigte sich André Kostolany in seinen Erinnerungen von den gewaltigen Transaktionen im Rahmen dieser „Franc-Schlacht“, die als „Marne-Schlacht“ oder als „Marne-Wunder“ in die Annalen der Spekulanten einging. Man zog mit dieser Bezeichnung Parallelen zur tatsächlichen „Marne-Schlacht“, die den ersten entscheidenden Wendepunkt im September 1914 zugunsten der Entente brachte. Mit ihr war die deutsche Strategie zur Vermeidung des Zweifrontenkriegs gescheitert. Damals hatte der französische Generalstab sämtliche Pariser Taxen gemietet, um alles, was ein Gewehr tragen konnte, an die Marne-Front zu werfen.

„Generäle“ in der Franc-Schlacht waren der ausgesprochen waghalsige Stuttgarter Spekulant Fritz Mannheimer, damals der wohl größte Bankier Europas und der König der Inflationsspekulanten, Camillo Castiglioni. Mannheimer hatte vom Zusammenbruch der deutschen Reichsmark immens profitiert und mit den verdienten Millionen die niederländische Filiale der altehrwürdigen Berliner Firma Mendelssohn und Co. eröffnet. Außerdem war er als Berater in Bankangelegenheiten für die Regierungen in Paris und Brüssel tätig.

Der in Wien lebende Castiglioni war der Sohn eines Triester Rabbiners. Er hatte in Österreich nach dem Krieg Sachwerte auf Kredit gekauft, egal was und zu welchem Preis und aus welcher Branche auch immer. Seine daraus resultierenden gewaltigen Verbindlichkeiten zahlte er später mit durch Inflation vollkommen wertlos gewordenem Geld zurück. Sein Ruf in Wien zu Beginn der Zwanzigerjahre war geradezu legendär. Er lebte und gebärdete sich wie ein Fürst. Die Menschen sprachen ehrfürchtig von ihm. Seine Wohnung war ein Stadtpalais in unmittelbarer Nähe zu den sagenhaften Rothschilds. Überdies betätigte er sich als Kunstmäzen. Castiglionis Bildersammlung war prachtvoll. Zudem übernahm er zu einem großen Teil die Finanzierung des Beginns der Salzburger Festspiele im Jahre 1920. Sogar der berühmte Max Reinhardt, der das Josefstädter Theater in Wien wiedereröffnete, verneigte sich vor diesem Mann.

Den Plan, auf den Sturz des Franc zu spekulieren, entwickelten Mannheimer und Castiglioni im Februar 1924 in Wien. Sie hatten dabei die gerade überstandene Hyperinflation in Deutschland und die Talfahrt der Währungen in den Ländern der ehemaligen k. u. k.-

Monarchie noch lebhaft vor Augen. Infolge des Missverhältnisses zwischen Geld- und Warenstrom hatte schon während des Krieges in allen kriegführenden Staaten eine inflatorische Geldentwertung eingesetzt. Die Wechselkurse gegenüber den Währungen der neutralen Länder sanken. Nach 1918 verursachten vor allem in Deutschland Demobilisierung, Umstellung der Wirtschaft von der Kriegs- auf die Friedensproduktion und die Reparationsleistungen immense Kosten. Die Währungsfrage wurde zu einer der größten innenpolitischen Schwierigkeiten der jungen Weimarer Republik. Die Kriegsausgaben waren nicht durch erhöhte Steuern, sondern durch ungedeckte Kredite finanziert worden. Der Wertverfall des Geldes wurde durch ein geringer werdendes Steueraufkommen der Wirtschaft und die hohen Ausgaben des Staates für die Kriegsfolgelasten beschleunigt. Wirtschaftliche und soziale Not wuchsen. Betroffen waren jene Bevölkerungsteile, die keinen Besitz oder nur Geldersparnisse hatten. Sachwertbesitzer litten dagegen kaum: Der Wert von Grundstücken, Häusern und Produktionsmitteln war nicht vom Geldkurs abhängig. Viele Industrielle zogen Nutzen aus der Inflation, da sie mit Hilfe von Krediten Sachwerte schaffen konnten, die Kredite aber infolge der raschen Geldentwertung ohne Schwierigkeiten rückzahlbar waren. Hugo Stinnes war einer der bekanntesten Deutschen, die auf diese Weise ein gewaltiges Vermögen zusammenbrachten.

Den Höhepunkt erreichte die Inflation durch den sogenannten „Ruhrkampf". Da das Reich mit seinen Reparationsleistungen im Rückstand war, besetzten französische und belgische Truppen im Januar 1923 das Ruhrgebiet als „Faustpfand". Die Reichsregierung rief zum passiven Widerstand auf. Der Ausfall der Steuereinnahmen aus Deutschlands größtem Industriegebiet und die Unterstützung der von den Franzosen ausgewiesenen 140 000 Beamten nebst deren Familien überstieg die finanziellen Kräfte der Weimarer Republik. Im Sommer 1923 brach die neue Regierung der großen Koalition unter Stresemann den Ruhrkampf ab und ordnete im November durch eine Währungsreform die Finanzen. Einer neuen Rentenmark entsprachen jetzt 1 Billion Mark (!) der alten Währung. Sämtliche Ausgaben des Reichs wurden rigoros gekürzt, um das neue Zahlungsmittel stabil zu halten.

Castiglioni und Mannheimer wollten diese Entwicklungen in Frankreich nun künstlich herbeiführen. Sie beschlossen eine, nach ihrer Aufassung, „todsichere“ Sache. Beide wollten den Franc „angreifen“, wie es im Börsenjargon hieß. Sie gingen davon aus, dass Frankreich zwar im Krieg gesiegt, denselben aber dennoch verloren habe. Das Land sei ausgeblutet. Trotz Goldreserven liege die Wirtschaft am Boden. Der Franc werde sich nicht halten können. Der ins Auge gefassten Strategie schlossen sich in der Folgezeit noch andere potente Bankiers und Spekulanten aus Amsterdam, der Schweiz, Österreich und weiteren Ländern an. Man bildete ein Syndikat.

Kostolany erläuterte in seinen Erinnerungen die Strategie, nach der damals vorgegangen wurde. Zuerst und sozusagen begleitend zu den Maßnahmen erfolgte mit Hilfe der Fachpresse die Diskreditierung der französischen Währung. Es waren geradezu Alarmnachrichten über Frankreichs Finanzen. Daraufhin erwarb ein Großteil des französischen Publikums aus Angst um seine Ersparnisse ausländische Wertpapiere und förderte damit den Kapitalexport. Dies drückte den Kurs des Franc. Das Syndikat begann mit dem aggressiven Verkauf von Millionen Franc in Basel, Amsterdam, Genua, Madrid, New York und London. Es veräußerte so viele Franc wie irgend möglich und kaufte damit Dollar, Pfund und ausländische Aktien, vor allem Goldminen und Ölwerte auf Termin an der Pariser Börse.

Das Konzept ging auf. Eine Kettenreaktion setzte ein. Die Währung fiel. Das verbreitete Pessimismus. Derselbe bewirkte weitere Verkäufe. Von 30 Schweizer Rappen für einen fanzösischen Franc sank der Kurs auf dem Finanzplatz Basel innerhalb weniger Monate bis unter 20 Rappen. Besonders in Wien herrschte Hellhörigkeit. Die Bankiers der Stadt animierten ihre Kunden zum Mitspielen. Das Wiener Publikum folgte seinem Vorbild und Star Castiglioni. Ein jeder, der auch nur etwas von dem Geschäft verstand, wollte mittun. Eine Spekulationsorgie. Frankfurt, Prag und Budapest steckten sich an. Die allgemeine Wirtschaftskrise wurde kaum beachtet. Jeder, der noch über ein wenig Geld verfügte, wollte in ein so todsicheres Spiel investieren. Vor allem in Deutschland hatten die Spieler den früheren Sturz der Mark ins Bodenlose noch lebhaft vor Augen.

Das Franc-Spiel erfreute sich einiger Variationen. Grundsätzlich ging es darum, den Franc auf Terminlieferung zu verkaufen. Terminkontrakte sind Geschäfte, bei welchen der Preis zum Abschlusszeitpunkt fixiert wird. Der Verkäufer verpflichtet sich zur Lieferung einer bestimmten Ware oder eines bestimmten Finanzinstruments in einer festgelegten Menge zu einem fixierten Preis und einem fest vereinbarten Termin. Der Käufer muss seinerseits zusagen, die Ware oder das Finanzinstrument zu den Vertragskonditionen abzunehmen.

An der Wiener Börse entwickelte sich damals ein regelrechter Devisenterminhandel mit dem französischen Geld. Hunderte von Millionen wechselten die Besitzer. Es wurden Waren aus Frankreich gekauft, auf Kredit, und es war egal, um was es sich dabei handelte. Luxusautos, Wein, Champagner, alles in unglaublichen Mengen. Sogar ganze Fabriken. Ob man selbst Abnehmer für die Waren hatte, blieb uninteressant. Die oberste Maxime war und blieb: Kaufen auf „Pump", auf Kredit.

Vor allem an der Pariser Warenterminbörse blühte die Spekulation. Lieblingsartikel waren Raps, Weizen, Rohgummi und Zucker. Die Menschen kauften Millionen Zentner Zucker auf „lange Termine", Termine, die noch weit in der Zukunft lagen. Es galt als sicher, dass mit dem Franc-Sturz all diese Waren steigen würden. Schließlich und endlich waren die Geschäfte keine Warenkäufe, sondern reine Devisenspekulationen. Die Zinsen waren zum Teil sehr hoch und kletterten auch weiterhin. Das schien den Menschen jedoch bei der Aussicht auf gewaltige Kursgewinne egal zu sein.

Die französische Regierung und die Banque de France beobachteten mit größtem Entsetzen diese Entwicklung. Der Dollar stieg im Vergleich zum Franc immer höher und erreichte im März 1924 die schwindelerregende Höhe von 28 Franc. Nach langem Zögern entschloss sich die französische Regierung endlich zu Stützungkäufen. Sie beauftragte damit das Bankhaus Lazard Frères, noch heute die größte Privatbank in Paris. Als kurz darauf an den Finanzmärkten die Nachricht durchsickerte, dass die New Yorker Bank J. P. Morgan & Co. der Banque de France einen Kredit von 100 Millionen Dollar für Interventionen einräumte, brach unter den Spekulanten Panik aus. Kurz vorher hatte Lazard Frères von der Zweigstelle in New York noch ein Telegramm erhalten, aus dem hervorging, dass dort die französische Währung unverkäuflich sei. Alle Aktionen nahmen daraufhin die umgekehrte Richtung. Sämtliche Beteiligten wollten nun Franc kaufen. Von den europäischen Finanzplätzen kamen Kaufaufträge über enorme Summen. Die Telefon- und Telegrammleitungen glühten, es gab kaum genügend Angestellte, um alle Aufträge auszuführen. Der Dollar fiel innerhalb weniger Tage von 28 auf 15 Franc. Die französische Währung war gerettet. Das war die siegreiche Schlacht Frankreichs auf den Finanzmärkten, das zweite „Marne-Wunder".

Für die Spekulanten, die mit dem Sturz der Währung gerechnet hatten, ging diese Zeit als „Frankenkrach" in ihre Annalen ein. Viele Börsianer in Prag und Wien gingen pleite, die Amsterdamer Bankiers erlitten schwerste Verluste, einige Banken kamen in wirkliche Schwierigkeiten.

Den Tip, auf den Fall des Franc zu spekulieren, den André Kostolanys Vater in Paris von seinem Jugendfreund Monsieur Alexander erhielt, war also denkbar schlecht gewesen und kostete die Familie eine Menge Geld. Nach Andrés Auffassung hatte dies alles aber eine gute Seite. So sei sein Vater, durch die Entscheidung, den Sohn in Paris „in die Lehre" zu schicken, reichlich entschädigt worden. Ausgezahlt habe sich das freilich erst in späteren Jahren.

Im Jahre 1924 traf André in Paris mit dem Zug ein. Natürlich war er aufs Äußerste gespannt, was ihm die Weltstadt an der Seine, die „Ville Lumière", für Eindrücke und Erfahrungen bringen würde. Zudem mischte sich in seine Vorfreude auch ein wenig Angst. Seine „Gouvernante" und Lehrerin in Budapest, die Deutsche Sophie Reuss, hatte mit großem Hass auf die Franzosen geschimpft und deren Charakter in den dunkelsten Farben ausgemalt. Den Franzosenhass hatte er auch auf seiner Maturareise erfahren, die ihn durch ganz Deutschland führte. Während des dreimonatigen Urlaubs sah er die Schilder an den Eingängen von Museen und vielen öffentlichen Einrichtungen in Deutschland, auf denen stand: „Franzosen und Belgier – Eintritt verboten“. Als Andrés Zug nun in Basel an die französische Grenze kam und die französischen Zöllner zustiegen, beschlich ihn Unwohlsein. Jedoch, dieselben waren unerwarteterweise recht freundlich. Offenbar handelte es sich um ganz normale Menschen. Kostolany war beruhigt. Ohne größere Furcht stieg er in Paris aus dem Zug. Die Einheimischen stellten sich als sehr angenehme Menschen heraus. Allerdings merkte er sehr rasch, dass die Franzosen wiederum die Deutschen hassten. Auch sie vermieden überhaupt das Wort „Deutsche“, wenn sie von ihnen sprachen. Bei ihnen hießen sie nur „les boches“, also „die Schweine“. André berichtete in diesem Zusammenhang von einem Vorfall in einem Pariser Café. Dort habe er einmal mit Österreichern und Tschechoslowaken zusammen gesessen und sich auf Deutsch unterhalten. Plötzlich sei ein Franzose an den Tisch gekommen und habe geschrien: „Raus, hier wird nicht ‘boche’ gesprochen!“

Der Deutschenhass war, im Vergleich zum Franzosenhass östlich des Rheins, vergleichsweise schärfer und rücksichtslos brutal. Nach dem Ersten Weltkrieg hatte sich in der französischen Öffentlichkeit die Einstellung verbreitet, dass Deutschland für alle Kriegslasten zahlen müsse. Unterstützt wurde diese Meinung vom damaligen Finanzminister Klotz, der ein Motto geprägt hatte: „Le boche paiera!“ (Das Schwein, also der Deutsche, wird zahlen!). Dieses Diktum war bald in aller Munde. Undenkbar, dass ein deutscher Politiker, sei es zur Kaiserzeit, sei es in den Jahren der Weimarer Republik, die französischen Nachbarn öffentlich mit einem ähnlich herabwürdigenden Schimpfwort belegt hätte. Allein die Franzosen gestanden sich diese Freiheit zu.

Die gegenseitige Feindschaft reichte weit zurück und war insbesondere durch den Krieg 1870/71 aufs Stärkste angefacht worden. Dennoch, trotz der Vorurteile, dass der „Deutsche lieber ein Gewehr als eine Frau im Arm halte“, ging man in den Notlagen des Alltagslebens vollkommen normal miteinander um. Erich Maria Remarque berichtet in seinem Buch „Im Westen nichts Neues“ von der grenzüberschreitenden Hilfsbereitschaft, die vor dem Ersten Weltkrieg wie selbstverständlich gewährt wurde. Er erinnerte sich beispielsweise daran, dass die Feuerwehren sich gegenseitig zu Hilfe kamen, wenn es brannte. Da löschten französische Wehren in Deutschland und umgekehrt. Wenn sie sich in gestrecktem Galopp näherten, wurden die Schlagbäume an den Grenzen automatisch hochgezogen. Niemand beschwerte sich darüber, dass deutsche Feuerwehrleute in Frankreich aushalfen. Im Prinzip ein Indiz dafür, dass sich zwei Völker gegenseitig gar nicht hassen oder beleidigen können. Politiker und professionelle Meinungsmacher mit dem Schlüssel zur Öffentlichkeit hatten und haben hier ihre Hände im Spiel und bestimmen den Gang der Dinge. Diese Erkenntnis ist nichts Neues, aber sie ist wichtig.

Der Erste Weltkrieg hatte jegliche Form der Annäherung wieder zunichte gemacht. André Kostolany, der die damalige Stimmung bedauerte, schüttelte im Nachhinein nur noch den Kopf darüber und wies darauf hin, wie schnell sich die Dinge ändern können. Aus dem jahrhundertealten Hass beider Völker aufeinander wurde nach dem Zweiten Weltkrieg innerhalb weniger Jahre eine Freundschaft. Allerdings eine mit allen Höhen und noch mehr Tiefen. Immerhin, so sagte Kostolany, heiße nun ein Platz im schönsten Viertel von Paris, unweit seiner dortigen Wohnung, „Konrad-Adenauer-Platz". Kostolany erinnerte sich gern an den Wagen mit Konrad Adenauer und Charles de Gaulle, wie er die Champs-Élysées hinauffuhr. Nur wer den Hass damals erlebt habe, könne ermessen, was für ein großes Ereignis diese Einigung gewesen sei.

Im August 1924 stand André Kostolany auf dem Pariser Gare de l'Est und verstand zunächst kein Wort. Die Franzosen redeten viel zu schnell. André wollte nicht sofort sein Volontariat beginnen, sondern sich erst einmal Paris in dieser schönen Jahreszeit ansehen. Sein Vetter Etienne Pallos lebte damals schon seit zwei Jahren in dieser Stadt der Städte. Er hatte Andrés Vater das Versprechen geben müssen, auf den Sohn aufzupassen. Etienne erklärte seinem Vetter, wo er hinmüsse, um ein Hotel zu finden. Er schickte ihn ins Quartier Latin. André hatte von seinem Vater genügend Geld bekommen, um sich ein ordentliches Zimmer im Hotel du Brésil zu nehmen. Die Unterkunft, in der angeblich schon Siegmund Freud gewohnt hatte, kostete 200 Franc im Monat, was einem Gegenwert von damals 15 Dollar entsprach, wobei der Dollar von damals heutzutage wahrscheinlich mit dem Dreißigfachen des heutigen Werts angesetzt werden müsste. Eine durchaus stattliche Summe also.

Der Grundlohn einer einfachen Arbeitskraft betrug 1924 in Frankreich etwa 1 000 Franc im Monat. Diesen Betrag erhielt André zusätzlich von seinem Vater überwiesen. Sein Bruder Béla stockte das Salär noch einmal um 500 Franc auf. Finanzielle Sorgen brauchte sich der junge Kostolany zunächst also nicht zu machen. André speiste an diesem 30. August in einem nahegelegenen Restaurant für dreieinhalb Franc, wobei es Brot und Rotwein ohne Aufpreis unbegrenzt dazu gab. Dort traf er zufällig Charles Szerb, einen alten Freund seines Vaters. Mit diesem verband ihn durch die Jahre in Paris eine tiefe Freundschaft.

Nach dem Essen fuhr André ins Zentrum der Stadt. Er besuchte das weltbekannte Warenhaus Galeries Lafayette. Das Leben und Treiben dort faszinierte ihn. Für jemanden, der aus dem armen Budapest kam, war es beeindruckend, trotz der Tatsache, dass Paris eigentlich noch schlief. Jetzt, im Hochsommer, waren noch viele Menschen verreist. Vor allem das Großbürgertum, das seine Wohnhäuser an der vornehmen Avenue Bois de Boulogne hatte. Als André an diesem Abend sein Hotel aufsuchte, wusste er, dass nun ein neuer Lebensabschnitt beginnen würde. Er war gerade einmal 18 Jahre alt und wild entschlossen, Paris und die Welt kennen zu lernen.

Die nächsten Tage und Wochen zog er kreuz und quer durch die Stadt. André empfand den Unterschied zwischen Budapest und Paris wie den zwischen Tag und Nacht. Paris schien eine Welt von Luxus, Vergnügen und Festlichkeit zu sein, die er unbedingt kennenlernen wollte. Ein faszinierendes Schauspiel. André sah die eleganten Damen in ihrer Haute Couture, von Poiret entworfen, der auf seiner Seine-Yacht geradezu Hof hielt. Man drängelte sich vor den Kinos, um Charlie Chaplin in „Goldrausch“ zu sehen. Viele Cafés luden zum Verweilen und Betrachten der großen Welt ein. In den Bars von Pigalle konnten man sich unter das gemeine Volk mischen. Die große Welt ging bei Maxim’s soupieren und lauschte danach dem unvergessenen Maurice Chevalier.

André war hier Zaungast, mischte sich am Montparnasse unter die Menschen und staunte. Freunde fand er schnell, denn in Paris hatten sich eine ganze Reihe Ungarn niedergelassen. An den ersten Tagen hatte er schon das Café le Dôme und das Café de la Rotunde aufgesucht. Dort traf er eine russische Clique. Durch einen dieser Russen lernte er später den Mörder von Rasputin kennen, den Prinzen Jussupow. In der Folgezeit bekam Kostolany häufig Besuch aus Budapest. Meistens handelte es sich um Freunde seines Vaters, die von der magischen Ausstrahlung der Stadt immer wieder angezogen wurden.

Vor allem Künstler und Literaten hielten sich in den Zwanzigerjahren in Paris auf. Auch der berühmte Ernest Hemingway gehörte dazu und erlebte hier, genauso wie André Kostolany, die prägenden Jahre seines Lebens. Hemingway beschrieb seine Erlebnisse vor allem in den Romanen „Fiesta“ und „Paris – ein Fest fürs Leben“. Damals war der Amerikaner noch ein „armer Schlucker“ gewesen, noch keinesfalls der berühmte Schriftsteller. Er „lebte“, wie viele andere, in diversen Cafés und Nachtlokalen. Die Cafés ersetzten ihm oft den Schreibtisch: „Ich hängte meinen alten Regenmantel am Kleiderständer zum Trocknen auf, ließ meinen alten, verblassten Filzhut an einem Haken über der Sitzbank und bestellte einen Café au lait. Der Ober bediente mich, und ich nahm mein Heft aus der Westentasche, dann den Bleistift und fing zu schreiben an.“ Die Cafés waren etwas ganz Besonderes. In Paris war das Leben eine Bühne und das Café mit Sicherheit der beste Platz zum Zuschauen. Henry Miller beschrieb seine Beobachterposition im Café Welper so: „Ich setzte mich hin, auf der Terrasse oder im Innern, bei jedem Wetter und zu jeder Tages- und Nachtzeit. Das war für mich ein offenes Buch. All' die Gesichter – die der Ober, der Patrons, der Kassiererinnen, der Nutten, der Kunden und selbst der Klofrauen – sind mir im Gedächtnis geblieben wie Bilder eines Buches, in dem ich Tag für Tag blätterte.“

In Hemingways Memoiren hieß es: „Ich konnte mich immer im Café zum Schreiben niederlassen und einen ganzen Vormittag vor einem Café crème arbeiten, während die Ober den Raum, der sich langsam erwärmte, saubermachten oder kehrten.“ Am häufigsten war Hemingway in der Closerie des Lilas anzutreffen, wo er mit seinem amerikanischen Freund Scott Fitzgerald und dessen Frau Zelda viele Stunden saß.

Auch für Maler war Paris ein besonderer Ort der Inspiration. Utrillo und Picasso verkehrten in den Lapin Agile auf der Butte Montmartre, Max Ernst und die Surrealisten im Deux Magots. Nicht nur Gedankenaustausch, sondern handfester Streit fand hier statt. Der Maler Vlaminck berichtete über seinen Kollegen Modigliani, wie dieser in seinem Stammlokal Hof hielt: „Ich sehe Modi noch vor einem Tisch im Café La Rotonde, seinen autoritären Blick, seine feinen Hände, seine Hände mit den nervigen Fingern, seine intelligenten Hände, die mit einem einzigen Strich, ohne Zögern eine Zeichnung hervorbrachten, die er – nicht unbescheiden – wie eine Belohnung an die Kameraden verteilte, die ihn umringten." Es war nichts anderes als die demonstrative Treue zu ihrem Café, dass sich deutsche und skandinavische Maler vor dem Ersten Weltkrieg „Dômiers" nannten, weil sie sich regelmäßig im „Dôme" trafen.

Ein häufiger Besucher des jungen André aus Budapest war Sammy Boros, ein alter Freund seines Vaters. Sammy sah nicht sehr attraktiv aus, erinnerte mit seinem Äußeren eher an den Glöckner von Notre-Dame. Seiner Karriere war das aber nicht abträglich, denn die siebzehn Jahre vor Beginn des Ersten Weltkriegs war er der Geheimvertreter der ungarischen Regierung in Paris gewesen. Ungarn war damals offiziell nur durch den Botschafter der k. u. k.-Monarchie vertreten. Nach dem Krieg bekleidete Boros das Amt eines Vertrauensmanns der ungarischen Aristokraten, die den Ex-König Karl von Habsburg, den Vater des heutigen Europaabgeordneten Otto von Habsburg, wieder auf dem Thron sehen wollten. Sammy Boros betätigte sich als Kurier zwischen Ungarn und Madeira, wohin der abgesetzte König verbannt war. Auf der Durchreise besuchte er den Sohn seines Freundes Kostolany in der Seine-Metropole. Die Abende mit ihm seien immer sehr amüsant gewesen, berichtete Kostolany. Boros muss ein großer „Aufschneider" gewesen sein. Er behauptete von einigen berühmten Schönheiten, sie seien seine Geliebten gewesen. Obwohl er ein kleiner Gnom war, muss daran etwas Wahres gewesen sein. Immerhin hatte man ihn vor dem Krieg zum Ritter der Ehrenlegion geschlagen. Das wäre niemals passiert, hätte er nicht intimen Kontakt zu einer französischen Berühmtheit gehabt.

André wurde zum „Montparnassien". Jeden Abend sah man ihn im Café le Dôme und später in der Nacht im Jockey Club. Hier spielten ein schwarzer Klavierspieler und ein kubanischer Gitarrist. Die damals berühmte Kiki sang dazu nicht ganz jugendfreie Lieder. Aber das machte gerade den Erfolg aus. Obwohl keine Schönheit, war sie doch die beliebteste Sängerin vom Montparnasse. War André nicht im Jockey-Club, so hielt er sich im Lokal von Josephine Baker auf, die zu später Stunde mit einigen Gästen zu tanzen pflegte. Auch André gehörte einmal dazu.

Auch das Thema Frauen erhielt für André in Paris eine neue Dimension. In Budapest hatte es offenbar mit Freundinnen noch nicht so recht klappen wollen. Außerdem waren die Gelegenheiten zu rar gewesen. Paris, als wollte es seinem Ruf als Stadt der Liebe gerecht werden, sprang schnell und gern in diese Bresche. André Kostolanys erste Freundin in Paris, eine Krankenschwester, war etwas älter und erfahrener als ihr ungarischer Freund. Die Liaison blieb kurz, aber in Andrés Erinnerung wunderschön.

Nach zwei Monaten intensiver Paris-Erkundung trat André schließlich sein Volontariat bei Monsieur Alexander an. Diesem hatte er es letztendlich überhaupt zu verdanken, dass er sich in Paris aufhielt. Monsieur Alexander zeigte André seinen Platz im Büro und sagte: „Hier wirst du alles über die Börse lernen!"

3. Glückliche Zeiten in der Seine-Metropole

Zu der Zeit, als André seine „Lehre“ im Pariser Maklerbüro antrat, befand sich Frankreich nicht nur finanzpolitisch, trotz der gewonnenen „Marne-Schlacht“ des Franc, weiterhin auf tönernen Füßen. Der März 1924 brachte nicht nur das Ende der unseligen Franc-Spekulationen und damit eine gewisse Konsolidierung, sondern auch einschneidende Maßnahmen zuungunsten der Bevölkerung: So wurde der Haushalt rigoros zusammengestrichen und die Besteuerung generell um 20 Prozent erhöht. Zusammen mit der erwähnten amerikanischen Anleihe genügte das, um die Situation vorübergehend zu entspannen. An der schon länger laufenden Verarmung weiter Teile der Mittelschichten änderte dies jedoch wenig.

Diese Verarmung trug wiederum dazu bei, dass der Glanz des Sieger-Nationalismus der Jahre 1918 und 1919 nach und nach verblasste und damit eines der wichtigsten Integrationsmittel des regierenden „Nationalen Blocks“ aus Konservativen bis Radikalen. Dessen Politik kam seit 1920 den Interessen der Geschäftswelt entgegen, entschärfte die klerikal-laizistischen Spannungen im Land und blieb lediglich in der Frage der Deutschlandpolitik gespalten.

Viele Franzosen zeigten sich enttäuscht über den Ausgang der Friedensverhandlungen, über das Ausbleiben der Reparationen und Garantien und schließlich über die bescheidenen Ergebnisse des Ruhrkampfs. Zweifel machten sich breit, ob mit dem Streben nach einer französischen Vormachtstellung auf dem Kontinent wirklich der richtige Weg beschritten werde. Die Zweifel fanden Nahrung bei Betrachtung der allgemeinen materiellen Lage breiter Bevölkerungskreise. An die Stelle von Großmachthoffnungen und Aufstiegsträumen traten teilweise Resignation und Apathie, aber auch eine neue Begeisterung für pazifistische Ideale. Hoffnungen auf die Schaffung gemeinsamer Sicherheitsstrukturen und den Erfolg kollektiver Wiederaufbaubestrebungen zusammen mit Deutschland an Stelle der ruinösen Konkurrenz griffen Platz.

Sowohl die Enttäuschung der Mittelklassen über ihren sozialen und materiellen Abstieg und damit über die Politik des Nationalen Blocks als auch der Stimmungswandel in Fragen internationaler Zusammenarbeit brachten Radikalsozialisten und Sozialisten Zulauf. Gleichzeitig näherten sich beide Gruppen einander an. Die Sozialisten dehnten ihren Einzugsbereich auf kleinbürgerliche Schichten, Lehrer, Bauern und untere Beamtengruppen aus und kompensierten damit den Verlust der Arbeiterschaft, die sich weitgehend kommunistisch orientierte.

Am 11. Mai 1924 fanden Parlamentswahlen statt. Sie brachten dem „Linkskartell" aus Radikalsozialisten und Sozialisten einen knappen Sieg. Als Außenminister der von den Sozialisten parlamentarisch unterstützten Regierung mit Ministerpräsident Édouard Herriot unternahm Aristide Briand vergebliche Versuche zur Stärkung der kollektiven Sicherheit. Seine Initiativen zeitigten erst im Jahr 1925 Erfolge und führten zu einem deutsch-französischen Ausgleich. So garantierten beide Partner im Vertrag von Locarno den Bestand der deutschen Westgrenze. Innenpolitisch scheiterte die Regierung Herriot allerdings am Widerstand der Geschäftswelt gegen die sozialistischen Forderungen nach Kapitalbesteuerung. Aus Furcht vor der Steuer weigerten sich die Besitzer von Staatspapieren in großer Zahl, ihre Schatzanweisungen zu erneuern und rissen damit, da sich die vorherigen Regierungen zunehmend auf diese Finanzierungsart verlassen hatten, in kurzer Frist ein Loch in die Staatskasse. Im Frühjahr 1925 sah sich Herriot genötigt, die Banque de France um höhere Vorschüsse zu bitten. Dafür gab es jedoch im Parlament keine Mehrheit, weil Abgeordnete der linken Mitte unter dem Eindruck der Steuerängste ihrer Wähler und einer heftigen ideologischen Kampagne der Rechten am Kurs Herriots zu zweifeln begannen. Mehrheiten für andere, neue Steuern waren ebensowenig in Sicht. Eine neue Staatsanleihe war ebenfalls fragwürdig. Der Senat verweigerte seine Zustimmung zu einer Kapitalabgabe. Daraufhin reichte Herriot am 10. April 1925 seinen Rücktritt ein. Auch den nachfolgenden Regierungen blieb die finanzielle Unterstützung verweigert.

Rückblickend verflucht André Kostolany das Linkskartell unter Édouard Herriot, denn auch diese politische Gruppierung habe

Staatsgelder verschwendet und mit ihren Maßnahmen für eine weitere Krise des Franc gesorgt. Schon zu jener Zeit sei er, Kostolany, zu der Überzeugung gelangt, zu der er auch heute noch stehe: „Die Sozis kommen, machen Pleite, werden gegangen, aber die Pleite bleibt!"

Nach der Demission fand sich zwar eine parlamentarische Mehrheit, um den sogenannten „Vorschuss-Plafond" zu erhöhen. Ein Staatsbankrott konnte damit fürs Erste vermieden werden. Die dauerhafte Sanierung der Finanzen war damit jedoch nicht erreicht. Im Gegenteil: Die Finanzwelt heizte nun mit Währungsspekulationen die Inflation erneut an. Keiner der dem Kabinett Herriot folgenden Politiker konnte eine feste Mehrheit zusammenbringen. Es begann eine Zeit, in der eine Regierung nach der anderen abdankte. Die Finanzminister kamen und gingen. Kostolany formte ein weiteres Diktum, das ihn sein Leben lang begleiten sollte: „Damals lernte ich auch, dass es keine guten Finanzminister gibt. Finanzminister können nur schlecht oder noch schlechter sein." Was auch immer eine damalige Regierung dem Parlament zur Sanierung der Finanzen vorschlug, es wurde abgelehnt. Die Krisen nahmen kein Ende, die Staatsausgaben stiegen und die Inflation kam immer mehr in Fahrt.

Im Juli 1926 erreichte der Dollar einen historischen Höchststand. Er kostete 40 Franc und damit das Vierfache seiner Parität nach Kriegsende. André Kostolany sah damals Demonstrationen der Pariser Bevölkerung auf den Champs-Élysées und vor dem Parlament. Das Volk war aufgebracht. Die Menschen bewarfen die Busse der Touristen mit Steinen und schrien: „Die Ausländer kommen und essen unser Brot auf!" Den Kinos, die amerikanische Filme zeigten, wurden die Scheiben eingeworfen. Dieses Verhalten folgte nach Ansicht Kostolanys einem typischen Muster. So würden bei allen Krisen in Frankreich zunächst die Fremden zu Sündenböcken gemacht. Erst später erkenne man die Verantwortlichkeit der eigenen Politiker.

Nachdem drei Kabinette unter dem Vorsitz Painlevés und drei unter der Leitung Briands ins Land gegangen waren, gelang es Raymond Poincaré am 23. Juli 1926, wieder ein Kabinett auf Grundlage des Nationalen Blocks zu bilden. Diese Nachricht war das zweite „Marne-Wunder“ der Finanzwelt. Sie veränderte über Nacht die Situation. Der Devisenmarkt drehte sich vollkommen. Der Franc stieg in den darauffolgenden Wochen um 50 Prozent! Von der Geschäftswelt unterstützt, konnte Poincaré mit beträchtlichen Erhöhungen indirekter und direkter Steuern die Stabilität der Währung wiederherstellen und den Etat ausbalancieren. Der durch den Krieg erlittene Substanzverlust war damit einigermaßen gerecht auf alle Bevölkerungsschichten verteilt. Das geschah allerdings um den Preis der Missachtung des Wählerwillens und Aufrechterhaltung der bestehenden sozialen Ungleichheiten.

Die Bildung einer Regierung unter Poincarés Führung hatte genügt, die finanzielle Lage spontan zu ändern. Er war eine Integrationsfigur, hatte das Amt des Staatspräsidenten schon während des Krieges innegehabt, war glühender Patriot und ein Deutschenhasser. Nach Meinung seiner Zeitgenossen wahrhaftig kein Genie, vielleicht sogar beschränkt, ein staubtrockener Jurist, der von Wirtschaft und Finanzen nichts verstand. Sein Name hatte jedoch genügend Ausstrahlungskraft, um massenpsychologisch zu wirken, um eine vollkommen andere Atmosphäre und Tendenzwende zu schaffen. Der Franc erlebte in den folgenden Jahren einen wahren Höhenflug. Pariser Insider munkelten, dass der Stuttgarter Bankier Mannheimer, 1924 noch bei der Baisse-Spekulation dabei, im großen Stil auf die Franc-Hausse spekuliert und gewonnen habe. Mannheimer war offenbar kein Kind von Traurigkeit, sondern genau das, was von den Volkswirten „elastisch“ genannt wird.

Aristide Briand übernahm im Übrigen im Kabinett Poincaré den Außenministerposten. Er setzte die vorher begonnene Politik des Ausgleichs mit Deutschland fort, von einer Mehrheit der öffentlichen Meinung getragen.

Vor dem Hintergrund dieser Ereignisse absolvierte André Kostolany seine Lehre bei Monsieur Alexander. Dieser war ein großer „Macher“ an der Zuckerbörse, ein perfekter Makler, der niemals auf eigene Rechnung Geschäfte machte. Er lebte ausschließlich von den Provisionen, von der „Courtage". Andrés erste Tätigkeiten für ihn waren selbstverständlich Handlangerarbeiten. Doch war André von dem Geschäft so fasziniert, dass er oft die Pausen über im Büro blieb, um Transaktionsbücher zu studieren. Aus ihnen ging hervor, in welchen Größenordnungen sich die Geschäfte seines Lehrmeisters bewegten. Die Firma selbst wirkte mit ihren fünf Angestellten nicht sehr groß. Doch es genügte, um Alexander zu einem der wichtigsten Einzelinvestoren der Pariser Aktienbörse zu machen. Er war überdies der größte Aktionär zweier Banken, der Crédit Francier und der Banque Transatlantique. Sein Vermögen betrug zum damaligen Zeitpunkt vier bis fünf Millionen Dollar. Ein Wert, der heutzutage mit über einhundert Millionen zu beziffern wäre.

Andrés Lohn bei Monsieur Alexander betrug 200 Franc im Monat. Es reichte gerade, um die Miete für sein Hotelzimmer zu zahlen. Die Erfahrungen, die der junge Kostolany sammelte, waren in den späteren Jahren jedoch ein Vielfaches wert. Insbesondere lernte er, wie man neue Kunden akquiriert. Alexander und dessen Bruder erwiesen sich in diesem Teil des Geschäftes als ausgesprochen gewiefte „Reißer". Von den Kollegen im Maklerbüro erhielt André nützliche Tips für den Umgang mit Kunden. Vor allem sollte er bei der Begrüßung auf das Zusammenschlagen der Hacken verzichten. Es war dies eine Höflichkeitsgeste, die, in Ungarn zwar sehr beliebt, in Frankreich dafür umso verpönter war. Das sei „boche", hieß es, also „saudeutsch".

Das neue Leben in Paris, sowohl beruflich als auch privat vollkommen anders als in Budapest, hatte Kostolany in seinen Bann gezogen. Doch die Begeisterung erhielt einen Dämpfer. André merkte sehr schnell, dass er keinesfalls Teilhaber des „großen Lebens", der „großen Welt" in Paris war, sondern nur ein Betrachter, der weit außerhalb stand. Er war lediglich Zaungast, durfte mit offenem Munde am Rande stehen und zuschauen, wie exklusiv gekleidete Damen und Herren aus teuren, chromblitzenden Autos stiegen, in weltbekannten Hotels eincheckten, in unsagbar teuren Restaurants Jahrgangschampagner tranken und enorme Trinkgelder gaben. Kostolany hatte sein Auskommen durch die Zuwendungen seines Vaters und Bruders, aber Luxus, die unnötigen und schönen Dinge des Lebens, konnte er sich nicht leisten. Und so etwas in dieser Stadt, in Paris! André Kostolanys Geist war gepackt von Paris, die Stadt „krempelte“ ihn förmlich um. Er spürte diesen Wandel, den der österreichische Schriftsteller Rainer Maria Rilke zu Beginn des Jahrhunderts folgendermaßen beschrieben hatte:

„Paris ist eine Arbeit, eine sehr große, ein fast aufbrauchende Arbeit, die man leistet, ohne es zu merken. Der Anspruch, den diese Stadt an einen macht, ist unermesslich und ununterbrochen. Deshalb hilft sie einem nicht gleich und unmittelbar bei künstlerischer Betätigung, sie wirkt gleichsam nicht auf die Arbeit ein, die man tut – aber sie verwandelt, steigert und entwickelt einen fortwährend, sie nimmt einem leise die Werkzeuge aus der Hand, die man bisher benutzte, und ersetzt sie durch andere, unsäglich feinere und präzisere, und tut tausend unerwartete Dinge mit einem, wie eine Fee, die Lust daran hat, ein Wesen alle Gestalten annehmen zu sehen, deren Möglichkeiten ihm verborgen sind.“

André Kostolany fehlte nur das nach seiner Meinung Wichtigste, um am großen Leben teilhaben zu können: das Geld. Viel Geld. Er wollte sich keinesfalls damit abfinden, weiterhin „nur sein Auskommen“ zu haben, sondern möglichst rasch Reichtum erwirtschaften. Die schnellste Methode war die Börsenspekulation. Das hatte er bei seinem Arbeitgeber gelernt. Seinen persönlichen Weisheiten fügte er in jenen Tagen eine weitere hinzu: „Wer viel Geld hat, der kann spekulieren, wer wenig Geld hat, darf nicht spekulieren, und wer gar kein Geld hat, der muss spekulieren.“ André zählte mit seinen eigenen Möglichkeiten zu der letztgenannten Gruppe. Also fing er an zu spekulieren. Mit zunächst recht mäßigem Erfolg. Seine erste Aktion war der Kauf von zwei Aktien einer Eisenfirma. Danach 25 Wertpapiere einer englischen Gesellschaft in der portugiesischen Kolonie Moçambique. In den Bereichen, in die Kostolany aufgrund seiner Arbeit die besten Einsichten und Kenntnisse hatte, durfte er nicht spekulieren. Er tat es dennoch, über einen Strohmann. Sämtliche Ergebnisse konnten nicht als besonders ermutigend bezeichnet werden. Andrés Wunsch nach Reichtum blieb weiterhin unerfüllt.

Im Jahre 1927 schloss er sein Volontariat bei Monsieur Alexander ab und wechselte zur Wertpapierfirma Amerongen et Compagnie, die ihren Sitz ebenfalls in Paris hatte. Sein erster Tag an der Börse blieb denkwürdig. Ein Mann sprach Kostolany an und fragte, woher er käme. Nachdem André sich vorgestellt und seine Firma genannt hatte, erwiderte der Mann, dass er die Firma gut kenne und deshalb ihm, Kostolany, den wichtigsten Rat sozusagen kostenlos mit auf den Weg geben wolle. So hänge alles an der Börse nur von einer Sache ab: Ob es mehr Dummköpfe als Papiere oder mehr Papiere als Dummköpfe gebe. Nach Andrés Meinung die beste Definition, die er je gehört hat.

Kostolany begann seine Arbeit an der Effekten- oder Wertpapierbörse als Makler. Handelsobjekte waren dort die sogenannten „verzinslichen Massenpapiere“, die Effekten. Zu ihnen gehörten Aktien, Anteile und Anleihen. Er musste seine eigenen Kunden werben und Aufträge über die Firma Amerongen et Compagnie abwickeln. Für ausgeführte Aufträge erhielt er seine Provision, die Courtage. An diesem Berufsbild hat sich bis heute nichts geändert. Es gab kein Festgehalt. Wer seinen Lebensunterhalt bestreiten und sich, wie André, noch etwas Luxus leisten wollte, der war angehalten, ständig neue Kunden zu akquirieren und von diesen möglichst viele oder möglichst große Aufträge zu bekommen. Eine der Anekdoten Kostolanys zum Berufsbild des Maklers, beziehungsweise des Brokers, geht etwa folgendermaßen: Ein Kunde ruft seinen Broker an und fragt, was er kaufen solle. Der Makler antwortet, dass er unbedingt Gold erwerben müsse. Darauf wendet der Kunde ein, dass er eigentlich daran gedacht habe, sein Gold zu verkaufen. Der Broker sagt zu ihm: „Verkaufen? Na, verkaufen ist auch nicht schlecht.“ An dieser Geschichte wird deutlich, dass der Makler dem risikofreudigen Kunden, dem „Zocker“, durchaus zugetan ist.

André versuchte in seiner neuen Beschäftigung immer den Mittelweg zu gehen. Die Kunden sollten gewinnen, und er wollte genügend Courtage erhalten. Das hielt die Kunden „bei der Stange“ und sie empfahlen ihn in ihrem Freundes- und Bekanntenkreis weiter. Auf „Prestigekunden“ legte Kostolany großen Wert. Auch wenn diese vielleicht gar nicht viel Umsatz bei ihm machten, so trugen sie doch dazu bei, sein Ansehen, seinen Ruf zu verbessern. Sie fungierten geradezu als „Aushängeschild“.

Die Kundenwerbung fiel André nicht besonders schwer. Monsieur Alexander war ein absoluter Könner auf diesem Gebiet gewesen, und das hatte bei André Spuren hinterlassen. Bald wechselte er zu einem neuen Unternehmen, der Firma Lippmann et Co. Dort arbeitete schon länger ein Jugendfreund aus Budapest, Hans Kanitz. Beide nahmen sich zusammen eine Wohnung. Hans war schon in Kindertagen der beste Freund gewesen. Das setzte sich in der Pariser Zeit fort. Er war offenbar zu 100 Prozent verlässlich und so integer, dass dies auf André manchmal etwas naiv wirkte. Betrug und Courtagewucher gehörten an der Börse zur Tagesordnung. Nicht so für Kanitz. Derartiges lag weit außerhalb seiner Vorstellungskraft. Er war, wie Kostolany, jüdischer Herkunft und hatte sich evangelisch taufen lassen. Das bewahrte ihn und André aber nicht vor der späteren Flucht vor den Nationalsozialisten. Kanitz traf allerdings die falsche Wahl hinsichtlich seines Zufluchtslandes. Er ging in das zu Beginn des Krieges neutrale Budapest zurück, wurde dort 1944 verhaftet und kam für sechs Monate in das Konzentrationslager Mauthausen. Seine ohnehin schwache Gesundheit hatte sich dort erheblich verschlechtert. Bereits vor dem Krieg litt er an Tuberkulose und musste sich einen Lungenflügel entfernen lassen. André Kostolany hat ihn seit dem Krieg in jeder Hinsicht finanziell unterstützt.

Die Pariser Jahre mit Hans Kanitz müssen zu den glücklichsten im Leben Kostolanys gehört haben. André hatte in der Firma Lippmann einen recht guten Start, obwohl er sich auch hier wieder einen eigenen Kundenstamm aufbauen musste. Das Einkommen war zuerst dementsprechend niedrig. André bemerkte einen seltsamen Wandel in seinem Wesen und seiner damaligen Einstellung zum Geld. Er, der jeden Tag den Luxus um sich herum sah, hatte nach wie vor nicht das nötige „Kleingeld“, um ihn sich leisten zu können. Er wollte nicht mehr nur zusehen, sondern endlich selbst ein Teil dieser Glamourwelt sein. Geld erschien ihm nach und nach als das Wichtigste überhaupt. Der Besitz von Geld, im Grunde nur das Mittel, um ein Ziel zu erreichen, wurde nach und nach selbst zum Ziel, alles andere geriet zweitrangig. Kostolanys persönliches Wertesystem, die ethischen und moralischen Grundsätze, hatten sich vollkommen verwandelt. Er berichtete darüber rückblickend mit Schaudern: „Nichts interessierte mich mehr, nur das Geld. Ich war damals einfach nicht fähig, eine, wenn ich so sagen darf, unentgeltliche Freude zu genießen. Ich träumte von einem Kassenschrank voller Banknoten, von Geldsäcken, die ich betrachten, befühlen, hin und her schaffen konnte wie Volpone seine Schätze. Diese Einstellung führte automatisch zu einer gewissen Trägheit. Wozu ein Luxusauto kaufen, wenn man es – wann immer man will – haben kann, vorausgesetzt, man hat das nötige Geld in der Tasche. Hat aber jemand das Scheckbuch, dann spürt er bereits alle anderen Genüsse des Lebens, als ob er sie schon besäße. Auf der einen Seite stieg die Bewertung des Geldes. Im gleichen Maße aber entwertete man auf der anderen Seite alles, einschließlich der sogenannten realen Werte, das heißt 'all that money can buy', alles, was man mit Geld kaufen kann."

In dieser Zeit befand sich die Pariser Börse in einer absoluten Hochstimmung. Alle darin Tätigen erzählten nur von sagenhaften Gewinnen. Das politische Klima in Frankreich tat das Seinige, um diese Hausse zu untermauern. Die Stabilisierungsbemühungen der Regierung Poincaré wurden seit 1926 noch dadurch begünstigt, dass die für Frankreich wichtigen Weltmärkte gerade jetzt deutlich prosperierten. Dadurch konnte, trotz der Deflationsmaßnahmen, eine Produktionskrise im eigenen Land vermieden und das Ansteigen der Arbeitslosigkeit in erträglichen Grenzen gehalten werden. Um dennoch aufkommendem Unmut vorzubeugen, wurden Gesetze zur Arbeitslosenunterstützung und zur obligatorischen Einführung der Sozialversicherung der Arbeitnehmer verabschiedet. Letztere wurden übrigens von den Unternehmen bis zum Ende des Zweiten Weltkriegs sabotiert. Das alles nahm Kritikern der konservativen Politik den Wind aus den Segeln. Die Wähler bedankten sich im April 1928 auf ihre Weise und bestätigten die Vorgehensweise Poincarés, der daraufhin das Kabinett der „Nationalen Union" bildete.

Nach dem Wahlerfolg konnte Poincaré es wagen, die Finanzsanierung mit einer offiziellen Franc-Abwertung abzuschließen. Am 25. Juni 1928 wurde der neue Wert der Währung auf ein Fünftel des

Vorkriegsstandes festgelegt. Das war etwas niedriger, als der seit jener Zeit eingetretene Kaufkraftverlust es erforderte. Damit wurde ein Schlussstrich unter die Hoffnungen auf eine Rückkehr der Siegernation zu den Verhältnissen der „Belle Epoque“ gezogen. Es war ein heilsamer, von den Wirtschaftsexperten schon lange geforderter Schritt, der nach dem Abschied von den Großmachtambitionen in der Außenpolitik nun auch in das wirtschaftliche Handeln ein größeres Maß an Realitätssinn brachte. Für Kleinanleger, die zuletzt wieder ihr Vertrauen in die Heilungskräfte Poincarés gelegt hatten, war es allerdings eine herbe Enttäuschung.

André Kostolany verachtete die „Angeber“ an der Börse, die in dieser Zeit mit ihren Gewinnen und ihren richtigen Prognosen prahlten. Die Mitglieder der Börse schienen sich samt und sonders aus Genies und Propheten zusammenzusetzen, die, ob dazu aufgefordert oder nicht, einem jeden ihre persönliche Erfolgsgeschichte präsentierten. In den Grundzügen habe sich, so Kostolany während eines Gesprächs mit dem Journalisten Johannes Gross, bis heute an den Wertpapiermärkten der Welt dieser Habitus gehalten. Komme ein Neuling an die Börse, so werde er von der Atmosphäre völlig betäubt. Die Menschen hier sprächen nicht über Kunst, Politik oder Frauen. Die Gespräche drehten sich ganz und gar und ausschließlich um Geld. Wieviel hätte man gewinnen können oder sollen, wann wäre der richtige Zeitpunkt für Kauf oder Verkauf gewesen? Die Menschen würden danach eingeschätzt, was sie besäßen und in welchem Maße sie für den einen oder anderen Makler als Kunde von Interesse sein könnten. Kostolany gestand ein, dass er sich mit den Jahren an diese Atmosphäre gewöhnt habe.

André ging damals in Paris davon aus, dass alle Prahlerei nur Bluff sein musste. Die Erklärungen und Argumente der „Wunderspekulanten“ erschienen ihm primitiv und kindisch. Seine eigenen Überlegungen führten in eine erschreckende Richtung: „Meine Einstellung zum Geld führte zu einer typischen deflationistischen Wirtschaftstheorie. Ich steigerte diese abscheulich perverse Einstellung ins Absurde und gelangte zu einer globalen Missachtung aller Werte, die sich nicht durch Bargeld ausdrücken lassen. Werte in Bargeld ausdrücken bedeutet, für alles einen Preis festzusetzen. Da ich im Geist den Wert des Geldes überschätzte, fand ich den Preis jeder Ware – auch Aktien – zu hoch. Diese Ansicht ließ nur cine Möglichkeit zu. Wenn alle Leute auf Hausse spekulieren, muss ich justament das Gegenteil machen und auf die Baisse setzen. Zu meiner Geringschätzung der reellen Werte kam auch noch eine Geringschätzung der Leute, die ich an der Börse traf. Mein Entschluss stand fest. Ich werde mit der Baisse gewinnen und mir überdies die – boshafte – Genugtuung verschaffen, alle diese Angeber verlieren zu sehen. Wenn der Rockefeller verliert, weil seine Werte sinken, und ich bei der gleichen Baisse verdiene, dann verringert sich entsprechend der Abstand zwischen ihm und mir ... Das war meine einfältige, tägliche Überlegung. Ich hatte nur einen einzigen Wunsch. Mich auf die Spekulationen zu stürzen, denn dies war und ist die einzige Methode, schnell an Geld zu kommen, ja sogar Millionär zu werden.“

4. Der Durchbruch zum großen Geld

Kostolany begann, Aktien auf Termin anzubieten. Seine Absicht war es, sie später zu einem niedrigeren Kurs zurückzukaufen. Parallel dazu entwickelte sich sein Provisionsgeschäft ausgesprochen günstig. Auch für seine Kunden verkaufte er Wertpapiere auf Termin. Sein Baisseengagement sollte schon bald viele Früchte tragen.

Zum Ende der Zwanzigerjahre zeigten sich vor allem im Nachbarland Deutschland unverkennbare Anzeichen einer bevorstehenden, schweren Krise. Der im Verlauf des Jahres 1928 einsetzende Abschwung beendete den Konjunkturaufschwung von 1926/27. Er begann erstaunlicherweise und „regelwidrig" im Bereich der Konsumgüterproduktion, während die Produktionsgüterherstellung noch bis Mitte 1929 anstieg. Erst zu diesem Zeitpunkt ging auch hier der Produktionsumfang zurück. Diese Erscheinungen waren teilweise auf die außerordentliche Strenge des Winters 1928/29 zurückzuführen, die viele Investitionen in die folgenden Monate drückte, teils auch durch die günstige Lage auf dem Weltmarkt bedingt, die eine Ausdehnung der Ausfuhr gestattete. Daneben wurden allgemein große Anstrengungen unternommen, die zu Zeiten gesicherter Kapitalversorgung aufgestellten Investitionsprogramme durchzuführen. Im Herbst 1929 waren aber die Rücklagen, die hierfür herangezogen werden konnten, erschöpft. Die kurzen Jahre der Hochkonjunktur gingen zu Ende. Sie waren für Deutschland infolge der hohen Kapitalzufuhr, vor allem aus den USA, möglich gewesen. 1929 betrug die deutsche Auslandsverschuldung 25 Milliarden Reichsmark, davon waren zwölf Milliarden kurzfristige Anleihen. Dem standen nur zehn Milliarden Auslandsguthaben gegenüber. Der Winter 1928/29 machte deutlich, wie gefährlich diese Prosperität „auf Pump" war. Die Erwerbslosenziffer stieg auf über zwei Millionen. Empfindliche Fehlbeträge im Reichshaushalt wurden offenbar. Im Zusammenhang mit dieser beginnenden Krise erlebten die Nationalsozialisten einen neuen Aufschwung.

Der Lauf der Geschichte änderte sich auch für die übrige Welt, als im Oktober 1929 die New Yorker Börse zusammenbrach. Dieses Ereignis kam unvermittelt und mit Schrecken. Hatte man doch bis dato in vielen Ländern eine optimistische Einstellung zur wirtschaftlichen Entwicklung gepflegt. Nun fielen die Aktienwerte, und niemand konnte den Kurssturz aufhalten. Am 29. Oktober 1929 sank ihr Wert an der New Yorker Börse um insgesamt fünf Milliarden Dollar. Die Banken in den Vereinigten Staaten sahen sich bald zur Zahlungseinstellung gezwungen. Die ausgelöste Weltwirtschaftskrise hatte weitverzweigte und verwickelte Ursachen. Wirtschaftliche Gründe spielten die größte Rolle: fessellose Wirtschaftsexpansion, blinde Überproduktion, überhitzte Spekulationen und ein im Vertrauen auf die ununterbrochene Fortdauer der „Prosperity" ungesund überhöhtes Kreditgebäude in den USA. Hinzu kam eine schon lang andauernde Agrarkrise. Nach einer Reihe guter Weizenernten waren die Preise für landwirtschaftliche Erzeugnisse völlig zusammengebrochen, zumal die Ausfuhr agrarischer Produkte sank. Weltpolitische Gründe sind ebenfalls zu nennen: das Netz von Reparations- und Kriegsschulden, die Ausdehnung und Steigerung des Hochschutzzolls und die Unsicherheit der weltpolitischen Lage seit Ende des Ersten Weltkriegs.

Zunächst wirkte sich die US-amerikanische Krise aber nicht mit ganzer Wucht in Europa aus. Der Dollarstrom versiegte zwar, der auch die Aktienbörsen auf dem alten Kontinent beflügelt hatte. Es kam zu keinem „Crash", aber die Kurse begannen zu bröckeln. Als einer von ganz wenigen lag André Kostolany nun richtig. Seine Kunden waren begeistert. Sein „Riecher" sprach sich herum und bescherte ihm neue Kunden. Nach eigenen Angaben kam er gegen Ende seiner Laufbahn in Paris, bevor er in die USA übersiedelte, auf insgesamt 600 Kunden. Besonders wichtig waren seine Verbindungen zu Schweizer Banken, unter denen sich ausgesprochen vornehme Häuser befanden. Zu ihrer Klientel gehörten zum Teil ausschließlich deutsche Aristokraten, die schon damals die Schweiz als Finanzplatz sehr schätzten.

Kostolany fuhr öfters in die Schweiz, um dort Kunden zu werben. Dafür hatte er eine gut funktionierende Strategie entwickelt. So kam er nie mit leeren Händen, sondern brachte immer Empfehlungen und Tips für ein etwaiges Engagement an der Pariser Börse mit. Darauf sprangen Privatkunden und Bankiers in der Regel an. Denn schließlich geht es bei den Tätigkeiten an jeder Börse in erste Linie nur um Eines: Geld zu machen. André Kostolany verstand sich auf die Kunst, bei den Menschen Interesse zu wecken und sie zum finanziellen Einsatz zu bewegen. Der „richtige" Umgang mit Menschen blieb eine seiner vielen Begabungen. Zu diesem Umgang gehörte natürlich auch die Kundenpflege, die, wie jeder Unternehmer weiß, eminent wichtig ist. Die Kunden wollen umschmeichelt werden, wollen Werbegeschenke bekommen, in welcher Form auch immer. Und so lud Kostolany seine Kunden oftmals in das strahlende Paris ein, bezahlte ihren Aufenthalt und sorgte dafür, dass sie sich nicht langweilten. Diese Einladungen wurden vor allem von den Schweizer Bankiers sehr gern angenommen. Sie entflohen für einige Zeit ihrem manchmal nicht eben weltoffenen Staat und genossen in Paris den Geruch der großen Stadt. Insbesondere das Nachtleben hatte es ihnen angetan.

Der erste Prokurist der bekannten Schweizer Bank Eugen von Burren & Co. ließ sich von Kostolany in erster Linie die sagenumwobenen Pariser Bordelle zeigen. Auf diesem Gebiet hatte die Stadt eine große Anzahl von Attraktionen zu bieten. Das Erstaunlichste war eines in der Rue Chabannet. Es war so berühmt, dass man sogar Touristen gegen Eintritt hindurchführte. Jedes Zimmer war anders ausgestaltet. Eines hieß „Train Bleue" wie einer der Züge von London nach Nizza. Er trug diesen Namen, weil er lange Zeit parallel zur Côte d'Azur fuhr. Die Liebeslaube war eingerichtet wie ein Zugabteil. Aus dem Fenster sah man auf das blaue Meer. Das Abteil schaukelte und wackelte sogar wie in einem echten Zug. Ein weiterer Raum war komplett mit Spiegeln ausgestattet. Ein Dritter glich einem Heuboden. Es gab viele weitere Mottos. Diskretion war selbstverständlich. Alles war so organisiert, dass sich die Kunden niemals begegneten. Es hätte schließlich ein Bekannter darunter sein können. Heute ist dieses Haus geschlossen. Bordelle gibt es in Paris offiziell nicht mehr. In den Zwanzigerjahren gab sich die Stadt allerdings sehr freizügig. Kostolany erklärte in seinen Erinnerungen, dass er ein häufiger Besucher des Hauses in der Rue Chabannet war, jedoch immer nur in begleitender Funktion. Nutznießer der „Dienstleistungen“ sei er nie gewesen, denn das habe ihm seine Erziehung verboten.

Eine große Attraktion des Nachtlebens war ein weiteres Bordell in der Rue Marzet. Ein kleines Loch in der Wand eines Zimmers gestattete es beispielsweise, jemanden in einem anderen Raum mit einem der Mädchen zuzuschauen. Der Chef des erwähnten Kreditinstituts Eugen von Burren & Co. hatte für dieses Haus die größte Vorliebe. In einem weiteren Etablissement in der Rue St. Martin zelebrierte man Schwarze Messen. Es wurden Masken verteilt und dann konnte, wer wollte, sich in die Menge stürzen und mittun. Im Grunde also Gruppensex. Auch wenn heute „öffentliche Häuser“ in Paris verboten sind, so gibt es doch eine große Zahl inoffizieller Bordelle. Sogar in Kostolanys Wohnviertel, dem besten von Paris, existieren viele solcher Treffs.

André Kostolany wurde gegen Ende der Zwanzigerjahre der umsatzstärkste Makler an der Pariser Börse. Er hatte bald den Status inne, der einem Guru gleichkommt. Die Börsen- und Finanzwelt hörte auf ihn, seine Worte bekamen ein enormes Gewicht und wurden zu Verheißungen von schnellem Reichtum. Seine Tips schienen todsicher. Kostolany sagte dazu, dass es nicht schwer sei, zum Börsenguru zu werden, wenn man einmal mit seinen Spekulationen richtig lag. Das Schwierige sei allerdings, als Weissager zu überdauern.

Die Wirtschafts- und Finanzkrise der USA griff unterdessen auf die südamerikanischen Staaten sowie auf Kanada, Australien und Neuseeland über. Seit 1930 dehnte sie sich langsam auf Europa aus. Entscheidend dafür war die 1931 im Deutschen Reich ausbrechende Liquiditätskrise. Mit ihr zerfiel das internationale Zahlungssystem. Vor allem die deutsche Wirtschaft war durch ausländische, vor allem amerikanische Kredite gestützt, die zu etwa 50 Prozent kurzfristig liefen. Die Banken hatten als Vermittler diese Gelder wiederum kurzfristig ausgeliehen, die Empfänger hatten sie aber zumeist für langfristige Anlagen verwandt. Die Kreditbanken selbst besaßen nur geringes Eigenkapital. Im Mai des Jahres brach die Österreichische Credit-Anstalt zusammen, mit schweren Auswirkungen auf eine der damaligen vier deutschen Großbanken, die

Darmstädter und Nationalbank (Danat-Bank). Als die Gelder von den Gläubigern abgerufen wurden, kamen die Geschäftswelt und die Banken in Schwierigkeiten. Die Dresdner- und die Danat-Bank wurden im Juli 1931 zahlungsunfähig. Sie konnten ihren Verpflichtungen nicht mehr nachkommen und schlossen vorübergehend ihre Schalter. Durch Stützungsaktionen der Reichsregierung wurden weitere umfangreiche Zusammenbrüche vermieden. Im Zusammenhang mit der Kreditkrise kam es zu einer Transferkrise, da der deutsche Export rapide zurückging. Die Reserven der Reichsbank schmolzen. Es war nicht mehr möglich, die erforderlichen Devisen aufzubringen. Die Gläubiger sämtlicher Länder riefen nun ihre Auslandsguthaben zurück. England wurde von amerikanischen und französischen Gläubigern bedrängt. Es zog die Notbremse: Preisgabe der Goldwährung. Der Wechselkurs des Pfunds sank, war nun der freien Marktpreisbildung überlassen. Diesem Schritt folgten an die zwanzig Staaten, sogar die USA, die aus ihren enormen Goldvorräten nicht den erhofften Gewinn ziehen konnten.

Die Weltwirtschaftskrise lähmte das gesamte Wirtschaftsleben der betroffenen Länder. Landwirtschaft, Industrie, Finanzen, Welthandel, Erzeuger, Verbraucher: Alle wurden gleichmäßig von ihr betroffen. Das Loslassen der Goldwährung brachte eine staatliche Lenkung der Währungen. Folgen davon waren unterschiedliche In- und Auslandswerte der Zahlungsmittel, Devisenzwangswirtschaft, instabile Wechselkurse. Die Goldwährung hatte die Staaten noch zu einem solidarischen Verhalten veranlasst, beinahe gezwungen. Nun war allenthalben ein Umschwung zu einer ausgesprochen nationalistischen Wirtschaftspolitik zu beobachten. Die Währungen waren nicht mehr konvertierbar, deswegen traten bilaterale Handels- und Verrechnungssysteme an die Stelle der multilateralen. Der Welthandel verkümmerte. In den hochindustrialisierten Ländern, besonders in den USA, England und Deutschland, wuchs die Zahl der Arbeitslosen in einem bisher nie gekannten Ausmaß. Im Jahre 1932 zählte man um die 30 Millionen auf der Welt.

Die wirtschaftlichen Schwierigkeiten verstärkten die Neigungen zu staatlichen Regulierungen. Das Vertrauen in die Selbstkontrolle der Wirtschaft war zusammengebrochen. Wagnisbereitschaft wurde mehr und mehr durch Wünsche nach der Sicherung des Daseins verdrängt. Der Staat sollte Retter in der Not sein. Er allein schien dazu noch fähig. Er avancierte zum allmächtigen Herrn der Wirtschaft. Vor allem in Deutschland erhielt die Tendenz zur Diktatur von der wirtschaftlichen Seite starken Auftrieb.

Die französische Wirtschaft war von der Krise zuerst keinesfalles so stark betroffen wie das Deutsche Reich. Weniger exportorientiert und weniger mit amerikanischem Kapital finanziert, hatte der New Yorker Börsenkrach von 1929 zunächst überhaupt keine negativen Auswirkungen auf das französische Wirtschaftsleben. Im Gegenteil: Paris wurde zum Zufluchtsort für mobiles Kapital, das anderswo bedroht war. Der Franc avancierte zu einer weltweit geachteten und gesuchten Währung: Die Goldreserven der Banque de France wuchsen und wuchsen. Die Produktion der Volkswirtschaft erreichte bislang unbekannte Ausmaße. Das Frankreich der Jahre 1929 und 1930 schien eine Insel des Wohlstands inmitten eines Meeres aus Not und Zusammenbrüchen.

Der Einbruch im Frankreich des Jahres 1930 war, verglichen mit den Entwicklungen in Deutschland, den USA und England, vergleichsweise klein. Insbesondere die sozialen Konsequenzen waren nicht so gravierend wie in Deutschland. Der Beschäftigungsmangel stellte ein gerade noch überschaubares Problem dar. Wirklich hemmend wirkte sich auf den Modernisierungsprozess das Ausbleiben von Investitionen aus. Während die akute Krise in den anderen Industrienationen um 1934/35 im Grunde ihrem Ende entgegenging, erreichte sie in Frankreich erst jetzt ihren Höhepunkt und dauerte ohne nennenswerte Erleichterungen bis 1938 an.

Im Herbst 1930 begannen die Kurse der Pariser Börse abzubröckeln. Kostolanys Intuition, auf sinkende Kurse zu spekulieren, erwies sich nun als richtig. Seine Kunden strichen große Gewinne ein, und er kassierte dementsprechende Provisionen. Dass André Kostolanys Gewinnen der Schmerz und die Zusammenbrüche anderer Menschen gegenüberstanden, war ihm dabei durchaus klar und ein Wermutstropfen in seiner Erfolgsbilanz. Dennoch zeigte sich Kostolany berauscht vom plötzlichen Reichtum und von der Richtigkeit seiner Vorhersagen. Seinem Aufstieg in den Zenit der Börsenpropheten stand nun nichts mehr im Wege. Kollegen besuchten ihn, um seinem Denken und Handeln auf die Spur zu kommen. Er wurde bewundert. Außerdem besaß er nun endlich die finanziellen Mittel, um ein Teil der großen Welt zu werden, ein Mitglied im Club der Reichen und Schönen. Sein Freund Hans Kanitz war zurück nach Budapest gegangen. So zog Kostolany in eine neue Wohnung ein, eine Studiowohnung in der Rue de Monceau, genau gegenüber einem Palais der sagenhaften Rothschilds.

Die Wohnung blieb im Grunde das Einzige, woran er sich wahrhaftig erfreuen konnte. Seine Kollegen, Kameraden und Freunde waren größtenteils ruiniert, hatten in der Krise ihre Stellung oder ihr Geld oder beides verloren. Kostolany konnte sich demgegenüber nun jede Form von Luxus leisten, jede Vergnügung, von der er früher allenfalls geträumt hatte. Er besuchte teure Hotels und Restaurants, mietete Autos mit livriertem Chauffeur. Sehr viel Spaß bereitete es ihm nicht, weil seine Freunde nicht dabei waren. Die gute Atmosphäre war längst vorbei, Trübsinn und schlechte Laune beherrschten das Bild. Kaviar und Champagner machten nur halb soviel Vergnügen, wenn die besten Freunde sich mit einem Mineralwasser zufrieden geben mussten. Die Folge war, dass Kostolany sich schlecht und schuldig fühlte und es nicht wagte, glücklich zu sein.

Mit dem Niedergang der Pariser Börse gaben auch viele Maklerfirmen auf. Zu ihnen gehörte auch Kostolanys Arbeitgeber. Doch war André dies mittlerweile egal, da er über genügend Geld verfügte. Er betätigte sich in der Folgezeit nur noch als Spekulant. Da er mit der Baisse seine bisher größten Erfolge gehabt hatte, setzte er weiterhin auf diese Tendenz. Dabei stand er den Haussiers an der Börse wie ein Feind gegenüber. Ein Baissier verdient am Schmerz des anderen. Haussiers sind Bohemiens und Optimisten, Baissiers sind Pessimisten. Kostolany verdiente weiterhin sehr gut. Seine Grundeinstellung erhielt ständig Nahrung durch die Schuldenprobleme Deutschlands, das die riesigen, von Frankreich verlangten Reparationen für die Schäden des Ersten Weltkriegs nicht aufbringen konnte. Frankreich beharrte nach wie vor auf seinen Forderungen, obwohl seine Verbündeten oftmals kopfschüttelnd und verständnislos diesen harten Kurs verurteilten. Sie erkannten, dass die überhöhten Zahlungen natürlich auch ein politisches Druckmittel darstellten, um dem Nachbarn Deutschland keine Möglichkeit zu geben, jemals wieder eine nennenswerte wirtschaftliche oder militärische Rolle in Europa zu spielen. Dass Frankreich sich auf diese Weise zur ersten europäischen Macht „mausern" wollte, missfiel vor allem England, das auf keinen Fall gegenüber Frankreich in den Hintergrund treten wollte.

Der 29. März 1930 brachte die Ratifizierung des „Youngplans". Es war ein internationales Abkommen zur endgültigen Regelung der deutschen Zahlungsverpflichtungen, das unter Vorsitz des amerikanischen Managers Owen D. Young ausgearbeitet worden war. Dieser Plan löste den bis dahin gültigen Dawesplan ab und war de facto bis zum Lausanner Abkommen von 1932, praktisch jedoch nur bis 1931 in Kraft. Die jährlichen Reparationsleistungen sollten bis 1988 durchschnittlich zwei Milliarden Goldmark betragen. Zur bankmäßigen Verwendung der Zahlungen wurde die Bank für Internationalen Zahlungsausgleich geschaffen. Die Franzosen akzeptierten und verpflichteten sich, im Gegenzug ihre Truppen aus dem Rheinland abzuziehen. Der Youngplan sah darüber hinaus eine internationale Anleihe des Deutschen Reichs über 300 Millionen US-Dollar zur Finanzierung der Reparationsverpflichtungen vor.

Das Deutsche Reich, an der Spitze Reichskanzler Brüning, gab sich redliche Mühe, die Vertragsbedingungen zu erfüllen. Die Probleme in Deutschland, die riesige Arbeitslosigkeit und die gewaltigen wirtschaftlichen Schwierigkeiten, waren jedoch so drängend, dass es unmöglich schien. Der Plan einer Wirtschaftsunion mit Österreich scheiterte am Widerstand Frankreichs, das auf den Versailler Vertrag pochte. Brüning kündigte rigorose Schritte an, um der Situation Herr zu werden. Als 1931 die Liquiditätskrise mit ganzer Wucht ausbrach, griff er zu harten Maßnahmen, damit die Weimarer Republik nicht noch mehr ins Schlingern kam: Steuererhöhungen, Gehaltskürzungen, Herabsetzung der Arbeitslosenunterstützung und allgemein eine Verminderung öffentlicher Ausgaben. Dieses Verfahren erwies sich im Großen und Ganzen aber als falsch. Seine hauptsächlichen Effekte bestanden in der Vergrößerung der Not des Einzelnen und einer Schwächung der Wirtschaft insgesamt.

Diese „Hungernotverordnungen“ wurden scharf kritisiert. Jeder Versuch antizyklischen Verhaltens des Staates, also in Zeiten der Not die Ausgaben zu erhöhen, indem Staatsaufträge vergeben oder Kredite bereitgestellt wurden, fehlte. Der Youngplan war bald nicht mehr einzuhalten.

Gleich zu Beginn seiner Amtszeit hatte der neue Reichskanzler Brüning im April 1930 bekanntgegeben, dass er der Notlage Herr werden wolle und, wenn das Parlament die Zustimmung zu unpopulären Maßnahmen verweigern sollte, er von den „letzten Mitteln der Verfassung Gebrauch“ machen werde. Er sollte bald Gelegenheit haben, das unter Beweis zu stellen. Als im Juni 1930 der Reichstag seine Zustimmung zu einschneidenden finanziellen Verfügungen nicht gab, griff Brüning auf Artikel 48 der Reichsverfassung (den sogenannten Diktaturparagraphen) zurück und erließ zwei Notverordnungen, die der Reichstag allerdings außer Kraft setzte. Daraufhin löste Reichspräsident Hindenburg auf Vorschlag Brünings den Reichstag auf. Der Kanzler regierte bis zur Neuwahl im September 1930 mit dem sogenannten „Notverordnungsparagraphen“. Da der Reichstag nur von seinem verfassungsmäßigen Recht Gebrauch gemacht hatte, lief die Anwendung des Auflösungsparagraphen dem Sinn des Artikels 48 entgegen und damit auch der Verfassung. Auf diese Weise trat die antiparlamentarische Tendenz des Hindenburg-Brüning-Regiments klar zu Tage. Hier wurde ein Boden bereitet, auf dem die radikalen Parteien gut gediehen. Das zeigte sich bei den nächsten Wahlen. Die Mittelparteien schrumpften zusammen, die Parteien des äußersten linken und rechten Rands gewannen. Die Nationalsozialisten zogen mit 107 Abgeordneten in den Reichstag ein. Fortan billigten die gemäßigten Parteien immer wieder neue Notverordnungen. Sie befürchteten, bei Neuwahlen weiter Stimmen zu verlieren. Alles in allem vollzog sich ein stiller Verfassungswandel, eine gefährliche Entwicklung für den demokratischen Staat. Durch die Selbstabdankung der Parteien und des Parlaments begann mit der Präsidentschaftsrepublik ein autoritäres Regime.

Auf Betreiben der USA, allen voran ihres Präsidenten Herbert Clark Hoover, wurde 1931 das „Hoover-Memorandum“ verkündet.

Angesichts der schlechten Wirtschaftslage in Europa und der katastrophalen Entwicklung in Deutschland stundete die USA ihren Gläubigern für ein Jahr alle Kriegsschulden und Reparationen. Das Deutsche Reich profitierte am meisten davon. Selbstverständlich lagen dem Hoover-Plan in erster Linie weltwirtschaftliche Gesichtspunkte zu Grunde. Die Amerikaner hatten ein deutliches Interesse an der Gesundung der europäischen Kaufkraft und Einfuhrfähigkeit, die durch die gegenseitigen Schuldversprechungen blockiert waren. Es galt, den völligen Zusammenbruch der deutschen Kreditfähigkeit, an dem das noch immer stark engagierte amerikanische Kapital kein Interesse haben konnte, zu verhindern. Schwierig gestalteten sich die Verhandlungen mit Frankreich, dem größten europäischen Reparationsgläubiger. Die Vereinigten Staaten konnten durchsetzen, dass es von seinen Forderungen für dieses eine Jahr Abstand nahm. Deutschland wurde ein „Feierjahr" zugebilligt. Auf der Lausanner Konferenz im Juli 1932 verzichteten die Sieger des Ersten Weltkriegs im Angesicht der Weltwirtschaftskrise endgültig auf deutsche Reparationsleistungen.

Die Börsen antworteten auf die Veröffentlichung des „Hoover-Memorandums" mit steigenden Kursen. Diese Belebung bedeutete für den Baissier Kostolany den finanziellen Ruin. Er und alle anderen, die Aktien auf „Termin short" verkauft hatten, mussten nun, bei steigenden Kursen, zurückkaufen. Das wiederum trieb die Kurse noch weiter in die Höhe. Am Ende der sogenannten „Hoover-Hausse" hatte André Kostolany sein gesamtes Vermögen verloren. Tatsächlich musste er jetzt zu ganz „normaler" Arbeit zurückkehren, um seinen Lebensunterhalt zu verdienen. Er suchte einen Pariser Börsenmakler auf, Marquis D'Espinay, der alle bisherigen Höhen und Tiefen überlebt hatte. Man kannte sich bereits recht gut aus glücklicheren Tagen. Kostolany machte ihm den Vorschlag, als Makler für ihn tätig zu werden. Gleichzeitig erbat er sich einen Vorschuss auf zukünftige Provisionen. D'Espinay zögerte keinen Moment, auf diese Bedingungen einzugehen. Er gewährte Kostolany darüber hinaus noch einen großen Kredit, damit dieser seine Schulden abtragen konnte und versprach äußerste Diskretion über Kostolanys Lage zu wahren. D'Espinays Einwilligung verwunderte im Grunde nicht. Immerhin hatte er den vielleicht bekanntesten und, bis auf die jetzige unrühmliche Ausnahme, erfolgreichsten Pariser Makler engagiert. Was sollte schiefgehen?

Für einen anderen Bereich der Pariser Börse, der von D'Espinay nicht abgedeckt war, bewarb sich Kostolany bei seinem Kollegen Adrien Perquel. Auch von ihm erhielt er einen Kredit auf noch zu erarbeitende Provisionen. André Kostolany gelang es in der Folgezeit schnell, seine Verbindlichkeiten abzutragen und auf ein ordentliches Salär zu kommen. Im Jahre 1936 hatte er wieder ein Einkommen von mehr als 151 000 Franc. Das entsprach damals fast 12 000 Dollar. Eine Summe, die heutzutage sicherlich das Zwanzigfache ausmachen würde.

5. Bedenkliche Entwicklungen in Deutschland

In Frankreichs Nachbarland Deutschland braute sich zu Beginn der Dreißigerjahre ein Unheil zusammen, das in seinen Konsequenzen unfassbares Unglück für Millionen Menschen brachte. Auch André Kostolany und seine Familie waren als Menschen jüdischer Abstammung davon betroffen.

Für den politisch interessierten und aufmerksamen Beobachter deutscher Politik nahm das Verhängnis mit der Ernennung Brünings zum Reichskanzler seinen Lauf. Dessen autoritäre Regierungsweise war möglich gewesen, weil Reichspräsident Hindenburg und die Reichswehr hinter ihm standen. Wie überaus gefährdet die Weimarer Republik war, zeigte sich bei der Wahl zum Reichspräsidenten, die im Frühjahr 1932 stattfand. Der mittlerweile 84jährige Feldmarschall Hindenburg erhielt im zweiten Wahlgang 53 Prozent der Stimmen, der Kommunist Thälmann 10 Prozent und Adolf Hitler, der Kandidat der NSDAP, 37 Prozent. Auch die Länderwahlen in Preußen, Bayern und Württemberg brachten erhebliche Gewinne für die Nationalsozialisten. Besonders kleinbürgerliche und landwirtschaftliche Schichten, denen durch die Krise sozialer und wirtschaftlicher Abstieg drohte, schlossen sich der NSDAP und ihren Gliederungen an. Viele von ihnen hielten, entweder unwissend bis hilflos oder auch hämisch-triumphierend, die Krise der Wirtschaft für eine Krise der Demokratie. Die immer schneller verelendende Arbeiterschaft suchte ebenfalls nach Rettung aus ihrer Not. Im Jahre 1932 zählte man in Deutschland sechs Millionen Arbeitslose. Hitler versprach Rettung. Brüning dagegen, so ahnte es fast jedermann dunkel, schien die Not absichtlich zu verschärfen. Er wollte offenbar vor den Reparationsgläubigern mit Fug und Recht den Offenbarungseid leisten. Sein Plan schien zu sein, auf diese Weise die Siegermächte des Ersten Weltkriegs endgültig von der Unmöglichkeit ihrer Forderungen zu überzeugen.

Erstaunlicherweise waren gerade das Elend und die wirtschaftliche Not jener Jahre von einer nationalen Aufbruchstimmung begleitet.

Die Ressentiments und Komplexe, die sich in den Worten „Dolchstoßlegende“ und „Novemberverbrecher“ manifestierten, wurden nie ganz überwunden. In den Jahren von 1919 bis 1924 waren sie aber mehr oder weniger auf die politische Rechte, auf die Wähler der „Deutschnationalen Volkspartei“ (DNVP), beschränkt gewesen. In den Jahren nach 1925, als diese Partei mitregierte, hatten sie sich sogar noch abgeschwächt. Nun, in der Krise, redeten plötzlich wieder alle in nationalistischen Termini. Sie wurden sogar Gemeingut der Kommunisten. Geradezu selbstverständlich fielen auch die heimlichen und offenen Monarchisten, die hinter Brünings Präsidialkabinett standen, in den Chor mit ein. Ihre scharfe Wortwahl nahm sich jedoch gegenüber der Propaganda der Nationalsozialisten noch gemäßigt aus. Keine Partei appellierte mit solcher Inbrunst und Aggressivität an Nationalstolz, Nationalismus und nationale Ressentiments. Dadurch wuchs ihre Überzeugungskraft immens. Kein Politiker außer Hitler wagte öffentlich so unumwunden zu behaupten, dass Deutschland den Ersten Weltkrieg eigentlich gewonnen habe und nur durch Verrat und Hinterlist um seinen Sieg gebracht worden sei. Niemand sprach so unverblümt aus, dass dieser Sieg eines Tages nachgeholt würde.

Adolf Hitler war ein Charismatiker ohnegleichen. Seine Wirkung auf die Deutschen war mitreißend, anziehend. Sein scharfes politisches Profil und Format stellten all seine Konkurrenten in den Schatten und ließen sie fast grau erscheinen. Der größte Fehler seiner Gegner war sicherlich der, ihn immer wieder als klein, hässlich, lächerlich und ungefährlich darzustellen. Doch das war er keineswegs, und die genauen Beobachter wussten dies. Hitler besaß große Kühnheit in seinen Visionen und einen schlauen politischen Instinkt, den er in den folgenden Jahren immer wieder unter Beweis stellte. Seine Person wirkte auf viele Menschen geradezu magisch. Sie erkannten in ihm die lang ersehnte Führerfigur, die hart und schlau war, Ordnung schuf, das Volk disziplinierte, dem verhassten, ineffektiven Parteienwesen ein Ende setzte, die alleinige Führung an sich zog und mit dieser auch umzugehen wusste.

Hitler schien wie die Erfüllung eines Wunschtraums vieler Deutscher, die der „Schmach“ des Ersten Weltkriegs zu entkommen suchten. Er trat ganz nach ihren Vorstellungen auf: Mit großer

Beredsamkeit und einem Talent, unerwartete Auswege aus scheinbar ausweglosen Situationen zu finden. Wie aber standen die Menschen zu seinem fanatischen Antisemitismus? Offenbar nahmen viele diesen in Kauf.

Die Not, der Nationalismus, die Person Hitlers, – dadurch nährte sich die NSDAP, wurde zu einer Massenbewegung, zu einer starken politischen Kraft, der die alte deutsche Rechte, die unter dem Schutz Hindenburgs ihre Einflüsse augeübt und ihre Forderungen gestellt hatte, nichts Gleichwertiges entgegensetzen konnte. Sie erging sich zu Beginn der Dreißigerjahre in Intrigen und Auseinandersetzungen und vergeudete dabei ihre Energien. Als Brüning, nach der Wiederwahl Hindenburgs zum Reichspräsidenten, die nationalsozialistischen Organisationen SA und SS verbot, entzog ihm General von Schleicher, der ihn ursprünglich für den Posten des Reichskanzlers empfohlen hatte und seit Jahren als „graue Eminenz“ im Hintergrund wirkte, das Vertrauen. Hindenburg verlangte auch ein Verbot des „Reichsbanners“, einer hauptsächlich sozialdemokratischen Organisation, die eben noch die Wahlversammlungen gegen SA und SS geschützt und damit die Republik verteidigt hatte. Zudem forderte der greise Reichspräsident, dass fortan mehr „nach rechts“ zu regieren sei. Er entließ Brüning am 30. Mai 1932 in taktloser Form.

Für die alte monarchistische Rechte, zu der das traditionell adelige und arrogante preußische Offizierskorps gehörte, war die NSDAP im wahrsten Sinne des Wortes ein „rotes Tuch“. In deren Gliederungen hatte sich nach ihrer Ansicht der „Pöbel“ organisiert und spielte Militär, wie etwa in der SA. Man belächelte sie und war gleichzeitig angewidert von ihren stumpfen Parolen, die gefährlich nach Kommunismus klangen. Tatsächlich rückten die „Volksgemeinschaftsideale“ der NSDAP die Partei verdächtig nahe an die KPD heran. Ein Umstand, weshalb auch die Großindustrie sich keinesfalls für die Nationalsozialisten spendenmäßig so stark engagierte, wie es ihr nachgesagt wurde.

In vielen Städten und vor allem in den industriellen Zentren Deutschlands grassierte in diesen Jahren eine Art Bürgerkrieg.

Straßenkämpfe zwischen Kommunisten und Nationalsozialisten waren beinahe an der Tagesordnung. Terrorakte von rechts und von links, Anschläge, Feuerüberfälle, Sprengstoff- und Revolverattentate und politische Morde. Vor allem die Nationalsozialisten taten sich in ihrer kompromisslosen Brutalität hervor, die mehr als alle anderen den Tod des politischen Gegners billigend in Kauf nahm.

Sämtliche Versuche der Nachfolger Brünings, die NSDAP zu spalten und auf Hitler mäßigend einzuwirken, schlugen fehl. Franz von Papen, der von Juni bis November 1932 die Reichskanzlerschaft innegehabt hatte, schlug Hitler schließlich vor, mit ihm eine gemeinsame Regierung zu bilden, die von beiden in gleichberechtigter Weise geleitet werden sollte. Hitler verlangte den Kanzlerposten und versprach, Papens Anhänger in seine Regierung als Minister aufzunehmen. Papen setzte daraufhin bei Hindenburg die Ernennung des „böhmischen Gefreiten" Adolf Hitler zum Reichskanzler durch.

Als die Koalition der Nationalsozialisten mit den Deutschnationalen in den letzten Januartagen des Jahres 1933 zustandekam, antwortete Papen einem entsetzten Kritiker, der ihm vorhielt, Hitler an die Macht gebracht zu haben: „Sie irren sich, wir haben ihn engagiert." Wer hier irrte, war Papen.

André Kostolany berichtete in seinen Erinnerungen, dass er sofort nach der Machtergreifung sehr beunruhigt gewesen sei. Hitlers Politik der folgenden Jahre machte ihn ausgesprochen pessimistisch und er begann, sich an der Börse wieder à la baisse zu orientieren. Doch die französische Börse nahm offenbar überhaupt keine Notiz von den Zuständen in Deutschland. Die Kurse stiegen, als sei nichts geschehen. Kostolany debattierte mit seinen Kollegen immer wieder über die Zustände im Deutschen Reich und die außenpolitischen Pläne Hitlers. Seine Kameraden an der Börse hätten ihn allerdings nur schulterzuckend gefragt: „Was geht uns Hitler an? Wir sind hier nicht in Deutschland, sondern in Paris. Die Börse wird steigen." Kostolany war wütend auf seine Kollegen und warf ihnen politische und wirtschaftliche Kurzsichtigkeit vor. Allein, er wurde nicht erhört. Stattdessen stiegen die Kurse weiter und er kam in arge finanzielle Bedrängnis. Schon wieder sah es so aus, als würde er seinen gesamten Einsatz verlieren, denn sein ganzes Geld war in Verkaufsoptionen investiert, die nun wertlos auszulaufen schienen. Erst ein erneuter Börsenzusammenbruch kam ihm zu Hilfe.

6. *Frankreich in den Dreißigerjahren – der Beginn des Zweiten Weltkriegs*

Wie bereits erwähnt, nahm die französische Wirtschaftskrise in den Dreißigerjahren nicht jene dramatischen Ausmaße an, wie etwa in Deutschland. Dennoch brachen die sozialen Grundlagen der Republik nach und nach zusammen. So setzte eine Kapitalflucht aus Furcht vor krisenhaften Erscheinungen ein, die den Zusammenbruch zahlreicher Kleinbanken nach sich zog. In Handel und Industrie mussten viele Kleinbetriebe schließen, während die größeren sich zur Konzentration gezwungen sahen. Vor allem unter den Arbeitern breitete sich Arbeitslosigkeit aus. Der Kaufkraftverlust von fast 15 Prozent führte zum Preisverfall für Produkte der Landwirtschaft und des Mittelstands. Mitglieder der freien Berufe und andere Unternehmer litten generell nicht so stark unter der Krise, blickten aber sorgenvoll in die Zukunft. Das zur Konzentration fähige Großkapital erzielte dagegen Gewinne.

Die häufig wechselnden Regierungen bekämpften die Schwierigkeiten nur langsam, unentschlossen und mit unzureichenden Maßnahmen. Auch hier, ebenso wie im Deutschen Reich, löste die Krise Kritik an den Schwächen des Parlamentarismus aus, wurden Individualismus und Protektionismus verurteilt. Hauptsächliche Träger dieser Angriffe waren die Politiker der extremen Rechten und Linken. Sie sahen das System der Dritten Republik auseinanderbrechen und boten ihre Alternativen an.

Die Geisteshaltungen der französischen Bevölkerung für oder gegen die Dritte Republik waren denen im Deutschen Reich für oder gegen die Weimarer Republik nicht ganz unähnlich. Vor allem die nachwachsende französische Intellektuellengeneration lehnte den Parlamentarismus und das langatmige Hin und Her der Parteien ab und äußerte ihre Sehnsucht nach klarer politischer Führung, Überwindung von Klassengegensätzen, radikalem Engagement und nach einer neuen Ordnung, die nichts mit der allgegenwärtigen Mittelmäßigkeit zu tun haben sollte. Der Ruf nach einem starken Mann erscholl immer lauter. Viele setzten auf die Integrationskraft des Nationalismus. Auch die Eingliederung der Arbeiter in die neue Ordnung gehörte zu den Zielen der Kritiker. Linker und rechter Radikalismus wiesen viele Gemeinsamkeiten auf. Viele Republikgegner wechselten im Laufe ihrer Karriere das politische Lager, zumeist von links nach rechts. Sie waren häufig von dem eher pseudorevolutionären Kurs der Kommunistischen Partei enttäuscht. Ähnliche Erscheinungen waren zu Beginn der Dreißigerjahre auch in Deutschland zu beobachten gewesen.

Eine große Zahl Unzufriedener sah einen Ausweg in einer Revolution nach marxistischem Vorbild. Diese „Revolutionäre" engagierten sich sowohl in der Kommunistischen Partei als auch bei den Anarchisten und den Erben des revolutionären Syndikalismus. Man fand sie in Gruppen antibolschewistischer Kommunisten, bei den Trotzkisten, bei marxistisch-aktivistischen Zusammenschlüssen. Ein reger literarischer Austausch der Linken hatte eingesetzt. Zeitschriften erschienen, die Titel trugen wie „Revue marxiste", „Critique sociale", „Masses" oder „Commune". Zu ihren Autoren gehörten so bekannte Namen wie Boris Souvraine, Georges Bataille, Raymond Queneau, Henri Lefebre und Jacques Soustelle. Die Surrealisten um André Breton und Louis Aragon standen in enger Beziehung zu der linken Revolte. Tatsächlich blieb die linke Revolutionsbegeisterung im Grunde eine Intellektuellenbewegung ohne Massenanhang. Eine fundierte und ernsthafte Analyse der gesellschaftlichen Entwicklungen wurde von ihr nicht geleistet. Die Energien der Bewegungen verpufften in Richtungskämpfen und in Auseinandersetzungen mit den anderen Arbeiterparteien.

Verbreitet war auch die Suche nach Gesellschaftsmodellen außerhalb der bekannten Ideologien. Große Resonanz fanden zum Beispiel die „Neo-Sozialisten" und „Neo-Radikalen", die die parlamentarische Demokratie durch eine Wirtschaftsdemokratie ergänzen wollten. Viele ihrer Theoretiker gelangten zu ausgesprochen faschistischen Positionen, wie Bertrand de Jouvenel von den „Radicaux" und Adrien Marquet und Marcel Déat von den Sozialisten. In den Reihen des sozialen Katholizismus setzte sich eine „personalistische“ Bewegung um Emmanuel Mouniert ab, die eine „wahre“ Demokratie gegen den Parlamentarismus durchsetzen wollte. Darüber hinaus entstand in Anlehnung an die Traditionen des libertären Sozialismus eine „föderalistische“ Bewegung. Ihr Wortführer hieß Robert Aron. Sie trat radikal-demokratisch, antiparlamentarisch und antimarxistisch auf.

Wie im Deutschen Reich, so fanden sich auch in Frankreich die meisten Gegner der Republik bei jenen Gruppierungen, die mehr oder weniger deutlich faschistische Positionen vertraten. Der Schriftsteller Pierre Drieu la Rochelle gehörte zu den Chefideologen eines französischen Faschismus. Zusammen mit Kollegen gab er Zeitschriften entsprechenden Inhalts heraus, die ein Massenpublikum fanden. Das Aufkommen militanter Organisationen der extremen Rechten war dem der Wehrverbände in Deutschland ähnlich. Bauern- und Veteranengruppen gefielen sich in rechtsextrem-populistischen Auftritten. Die „Croi de Feu“, ein Verband von Ehrenzeichenträgern des Ersten Weltkriegs, vergrößerte sich rasch zu einer paramilitärischen Massenorganisation. Ihre Ziele waren die Vernichtung der Linken und die Schaffung eines starken Staats. Im Jahre 1933 entstanden die kleinbürgerlich-nationalsozialistische „Solidarité Française“ unter Jean Renaud und die nach italienischem Vorbild ausgerichtete Gruppe der „Franquisten“ unter Marcel Bucard.

Mit der Verschärfung der wirtschaftlichen Krise wurden die autoritären und faschistischen Gruppierungen zu starken politischen Formationen. Die „Feuerkreuzler“ zählten bald 150 000 Mitglieder und riefen mit ihren Aufmärschen in den Jahren 1933 und 1934 den Eindruck einer mächtigen Bewegung hervor. Die „Parti Social Français“ brachte es nach 1936 auf 800 000 Anhänger und die eindeutig faschistische „Parti Populaire Français“ unter Leitung des ehemaligen Kommunistenführers Jacques Doriot auf 170 000 Mitglieder. Eine einigende französische Gesamtorganisation des Faschismus kam aber nicht zustande.

Moskau zeigte sich alarmiert durch die immer bedrohlicher werdende Politik Hitlers. Es galt, die eigenen Verbündeten im Ausland zu stärken. Auch die französische Kommunistische Partei erhielt die Genehmigung zur Bildung einer Koalition mit den Sozialisten und den Radikalsozialisten. Dies war die Voraussetzung für die Schaffung der „Volksfront“. Die Initiative dazu ging von den Sozialisten aus, die sich mehr Einfluss wünschten. Im Jahre 1935 hatten sie die Bildung der „Sozialistisch-Republikanischen Union“ durchgesetzt, einer Gruppierung aus verschiedenen Strömungen des französischen Sozialismus. Diese erhielten bei den Wahlen im April und Mai 1936 die Mehrheit der Stimmen. Am 4. Juni 1936 kam die vom Sozialistenführer Léon Blum geleitete Koalition aus Kommunisten, Sozialisten und Radikalsozialisten zustande, die als „Front populaire“ die französische Politik bis 1938 bestimmte.

Diese Regierung sah sich gleich zu Beginn ihrer Amtszeit großen Streikbewegungen und Fabrikbesetzungen gegenüber. In der Folge setzte sie beträchtliche Lohnerhöhungen und soziale Reformen durch. Daneben verstaatliche sie die Bank von Frankreich und einen Teil der Rüstungsindustrie. Direkte Konsequenz derartiger Maßnahmen war eine schwere Finanzkrise, verbunden mit steigenden Preisen und einer deutlichen Abwertung des Franc. Die französische Rechte attackierte die Regierung, wo sie nur konnte. Léon Blum trat zurück. Ihm folgte die Regierung unter Chautemps, die vom Juni 1937 bis März 1938 tätig war. Sie gebot neuen Experimenten der Volksfrontideologen energisch Einhalt. Ein weiteres Kabinett, wieder unter Blum, begann im Frühjahr 1938 jedoch, an die alten Vorstellungen anzuknüpfen. Diesmal verweigerte der Senat seine Zusage. Einem neuen Kabinett unter Daladier, das vom April 1938 bis zum März 1940 die Regierungsgeschäfte führte, gelang es schließlich, der Krise Herr zu werden.

Das allgemeine politische Interesse konzentrierte sich im Laufe der Zeit mehr und mehr auf die Entwicklungen in Deutschland und das Verhältnis zu Adolf Hitler und seiner NSDAP. Hitler gab deutlich zu erkennen, dass er bei der Durchsetzung seiner Revisionspolitik auch vor militärischer Gewalt nicht zurückschrecken würde. Gegner und Befürworter der Verständigungspolitik mit dem Deutschen Reich trugen heftige Auseinandersetzungen aus. Daneben gingen Teile der militanten Rechten in Frankreich in ihrem Hass auf den

Bolschewismus so weit, Sympathien mit dem „Erbfeind“ Deutschland zu entwickeln, um gemeinsam mit diesem gegen die Linksextremisten Front zu machen. Auf der anderen Seite fanden sich ehemals pazifistische Linke, Kommunisten und Sozialisten in der Überzeugung zusammen, gegenüber Hitler-Deutschland die Verteidigungsanstrengungen zu forcieren.

Einen energischen Anlauf zur Eindämmung der vermeintlich deutschen Gefahr nahm Louis Barthou, Außenminister der im Februar 1934 gebildeten Regierung Doumergue. Er ging davon aus, dass Hitler nur dann von seinen Plänen abzubringen sei, wenn er einer großen Abwehrfront aller europäischen Mächte gegenüberstünde. Barthou versuchte, die traditionellen Freundschaften und Bande, die sein Land in Europa hatte, zu aktivieren. Auch die bislang noch weitgehend isolierte Sowjetunion und das faschistische Italien sollten in diesem Verbund mitwirken. Stalin ließ sich tatsächlich auf Annäherungsversuche ein und Italiens Mussolini, der Deutschlands Plänen zum Anschluss Österreichs skeptisch gegenüberstand, zeigte sich ebenfalls geneigt. Eckpunkte dieser Entwicklungen waren der Eintritt der Sowjetunion in den Völkerbund im September 1934 und eine englisch-französisch-italienische Garantieerklärung für Österreichs Unabhängigkeit.

Barthous Nachfolger Pierre Laval setzte dessen Politik nicht fort, sondern fuhr einen zögerlichen Kurs gegenüber Deutschland. Ohne größere Proteste ließ er die Aufrüstungsanstrengungen Deutschlands, das Saar-Plebiszit und den Einmarsch der deutschen Wehrmacht in die entmilitarisierte Zone links des Rheins geschehen. Frankreich und seine Bundesgenossen schritten auch nicht ein, als Hitler im März 1938 den Anschluss Österreichs an das Deutsche Reich herbeiführte. Die weitere Forderung des Diktators nach Angliederung der sudetendeutschen Gebiete beschwor ein halbes Jahr später die unmittelbare Gefahr eines europäischen Krieges herauf. Daladier und der britische Ministerpräsident Chamberlain gaben sich verständigungsbereit. Das an einem Krieg – noch – nicht interessierte Italien betätigte sich als Vermittler. Das „Münchner Abkommen“ vom 29. September 1938 rettete noch einmal den Frieden. Der Preis war hoch: Frankreich ließ seinen tschechoslowakischen Verbündeten im Stich. Im Zusammenhang mit der Drangsalierung Polens durch Hitler gaben Frankreich und Großbritannien ihre Beschwichtigungspolitik auf. Als am 1. September 1939 deutsche Truppen die polnische Grenze überschritten, griffen wieder die Bündnissysteme, ähnlich wie 1914. Am 3. September 1939 befanden sich auch England und Frankreich mit dem Deutschen Reich im Kriegszustand. Sie kamen aber ihrem polnischen Bundesgesnossen nicht zu Hilfe. Ende September war Polen bereits am Boden und die deutschen Armeen wurden an die Westgrenze verlegt.

André Kostolany schilderte in seinen Lebenserinnerungen die nun einsetzende, merkwürdige Zeit, die von den Franzosen „drôle de guerre“ genannt wurde. Eigentlich war es gar kein Krieg. War derselbe vielleicht schon beendet, mit dem Überfall auf Polen Hitler zufriedengestellt? Die französischen Soldaten konnten nicht ahnen, dass Hitler den Angriffstermin von Oktober 1939 bis April 1940 fast dreißigmal verschob. Eigentlich hatten sie sich den kommenden Krieg noch schlimmer als den Ersten Weltkrieg vorgestellt. Nun sahen sie sich seltsamerweise einer zermürbenden Langeweile gegenüber. Um dieselbe zu mindern, traten Varieté-Girls, Sänger und Schauspieler auf, darunter Josephine Baker und Maurice Chevalier. Feldbüchereien wurden eingerichtet, man trieb Sport. Alle Arten von Unterhaltung wurden organisiert.

Kostolany beobachtete in diesen Monaten sehr genau, was sich östlich des Rheins abspielte. Seine Verbindungen zur französischen Presse nutzte er, um an etwaige „Insider“-Informationen zu gelangen. Von einem befreundeten Journalisten hörte er in den Wochen vor Kriegsausbruch, dass es ganz gewiss nicht zu einem Kampf kommen werde. An der Börse müsse also gekauft werden. Die Regierung Daladier würde abdanken und Pierre Laval, der nächste Ministerpräsident, werde mit den Nationalsozialisten in Deutschland eine Einigung über den Hauptstreitpunkt, die Stadt Danzig und den zugehörigen „Korridor“, herbeiführen. Ein verbreitetes Schlagwort jener Zeit hieß: „Sterben für Danzig?“ Der Feldzug gegen Polen begann. Auch in diesem Zusammenhang äußerte sich Kostolanys Freund bei der Presse ähnlich wie im Vorfeld des Krieges. An der Börse sei nach wie vor Kaufen angesagt, der Frieden stünde unmittelbar bevor. Kostolany wunderte sich über die Einstellung der Pariser Spekulanten, die bei den günstigen Preisen einfach „drauflos“ kauften, da nach ihrer Meinung keinerlei Risiko bestand. Wenn es nicht zum Krieg käme, würde eine gewaltige Hausse einsetzen. Komme der Krieg, sei sowieso alles egal, das Ende der Welt nahe.

Geirrt haben sich alle. Kostolany hatte sich schon seit längerem an der Börse in Richtung Baisse orientiert. Die Preise fielen zwar langsam, aber dennoch gewinnbringend. Am 23. August 1939 überraschten Hitler und Stalin die Welt mit einem Nichtangriffspakt, den ihre Außenminister, Ribbentrop und Molotow, in Verhandlungen, die mit denen zwischen der Sowjetunion und den Westmächten parallel liefen, ausgearbeitet und abgeschlossen hatten. Nicht nur Kostolany war nun überzeugt davon, dass es jetzt unweigerlich zum Krieg kommen musste. Er überlegte, wie nun kühl und rational vorzugehen sei. Würde der Krieg beginnen, so wäre auch die Börse betroffen, ein Zusammenbruch unabwendbar. Man würde allerdings die Börse vorher schließen und den Banken Moratorien gewähren. Die Gefahr bestand, dass Kostolany seine Terminengagements nicht auflösen könnte und seine Bankdepots eingefroren würden. Er gab deshalb jegliches Profitdenken auf und überwies seine Depots in die USA.

Obwohl der Krieg kam, wurde nichts geschlossen, der Terminhandel ging weiter, keine Devisenkontrollen, keine Moratorien. Zum allgemeinen Erstaunen stiegen die Kurse sogar stürmisch an. Diejenigen, die gekauft hatten, und Kostolany, der sein Baisseengagement abgesichert hatte, atmeten auf. In den folgenden Monaten und Jahren sollte sich zeigen, dass es keinesfalls egal ist, ob man in katastrophalen Zeiten Geld hat oder nicht, wie es einige Börsenkollegen von Kostolany behaupteten. Tatsächlich konnten viele Menschen mit ihrem Geld ihr Leben retten. André Kostolanys Freund, der Journalist, ließ indes nicht locker. Seine Prognosen standen noch auf eine stürmische Hausse, als die deutschen Truppen schon dreißig Kilometer vor Paris standen. Er ging wiederum davon aus, dass der Krieg für Frankreich in zwei Tagen beendet sei und deshalb die Kurse in die Höhe schnellen müssten. Irgendwelche Aktien hatte er wohl schließlich gekauft, Kostolany erinnerte sich nicht mehr daran, welche es waren. Aber der Journalist hat nicht recht behalten. Nach der Besetzung Frankreichs fielen die Kurse, die Börse wurde tatsächlich geschlossen. Nach dem Krieg hörte Kostolany, dass dieser Publizist wegen Kollaboration mit den Deutschen zu einer langen Kerkerstrafe verurteilt worden war.

Die Monate nach der Besetzung Polens waren für den aus dem neutralen Ungarn stammenden André sehr unbehaglich. Seine französischen Freunde und Kollegen waren bereits eingezogen und lugten aus den Schützengräben der Maginot-Linie in Richtung Deutschland oder mussten sich täglich in den Kasernen einfinden. Kostolany dagegen hielt sich an der Börse auf, spazierte auf den Champs-Élysées und verfolgte aus seinem Fauteuil die Kurse. Trotz des „drôle de guerre", des komischen Krieges, in Deutschland auch „Sitzkrieg" genannt, arbeitete die Börse weiter, die Preise kletterten höher und höher. Seinen hohen Lebensstandard wollte André nicht aufgeben, doch verzichtete er auf die äußeren Anzeichen des Wohllebens: Keine Havannazigarren mehr, sondern die „demokratische Pfeife" mit möglichst schwarzem Tabak. Trotzdem erfolgte weiterhin der Besuch bester Restaurants, wobei Kostolany sich voller Schuldgefühle in der hintersten Ecke verbarg, um dort seinen lukullischen Abenteuern nachzugehen.

Eines Tages hatte sich Kostolany in einer seiner Lieblingsweinstuben eingefunden und sich in einen schlecht einsehbaren Winkel der Gastwirtschaft gesetzt, um dort ungestört zu dinieren. In einer Gesellschaft, die plötzlich das Lokal betrat, befand sich eine Dame, die er schon des öfteren in Geldangelegenheiten beraten hatte. André erschrak. Er hoffte, dass diese Bekannte nicht auf ihn zukommen würde, um sich mit ihm womöglich lautstark über Geldangelegenheiten und über Börsentips zu unterhalten. Das wäre ihm sehr peinlich gewesen. Er wollte keinesfalls in dem vollbesetzten Lokal als „planqué" gelten, als Drückeberger und Ausländer, der sich bereicherte, während Frankreichs Söhne an der Front zugrunde gingen. Er versuchte, sich hinter seiner Zeitung zu verstecken, aber die Bekannte hatte ihn schon gesehen, kam auf ihn zu und verwickelte ihn, wie nicht anders zu erwarten war, in ein Gespräch über das Auf und Ab der Wertpapierkurse. Kostolany, der am liebsten im

Erdboden versunken wäre, bemerkte jedoch im Laufe der Unterhaltung, dass die Pariser um ihn herum nicht im Entferntesten so zimperlich waren wie er. Krieg und Frieden scherte sie in Geldangelegenheiten offensichtlich wenig. Tatsächlich wollte jeder soviel verdienen wie irgend möglich. Die Industrie an ihren Lieferungen, die Kaufleute an der plötzlichen Konjunktur hinter den Frontabschnitten, die Spekulanten und solche, die es werden wollten, an der Börse. Die Gäste in der Weinstube hätten damals sicherlich sehr gerne gewusst, wer denn der Börsenfachmann in der entferntesten Ecke des Restaurants war, und sie hätten sicher gern etwas von den Tips gehört, um die er von der Dame gebeten wurde.

Kostolany brauchte tatsächlich kein schlechtes Gewissen zu haben. Wie er erfuhr, haben seine Freunde und Kollegen in den Kasernen und an der Front eifrig an der Börse weiter ge- und verkauft. Tatsächlich waren sie teilweise über das Börsengeschehen besser informiert als er selbst. Wenn sie nur einen einzigen Urlaubstag bekamen, fuhren sie sofort nach Paris, und ihr erster Gang führte sie in ihr Heiligtum.

Wie erwähnt, haben die westlichen Alliierten ihre während des Polenfeldzugs fast dreifache Überlegenheit an der deutschen Westgrenze, der Maginot-Linie, nicht dazu benutzt, einen Angriff zu führen, um das verzweifelt gegen die Übermacht kämpfende Polen zu entlasten. In der Zeit des „drôle de guerre" gelang es der deutschen Wehrmacht dagegen, ihre Westarmee so zu verstärken, dass sie im Frühsommer 1940 den Streitkräften der Alliierten, einschließlich denen der Belgier und Niederländer, zahlenmäßig fast gleich, qualitativ jedoch, vor allem hinsichtlich der Panzer- und Luftwaffe, um ein Vielfaches überlegen war.

Die deutsche Offensive begann in der Morgendämmerung des 10. Mai 1940. Der „Sitzkrieg" war beendet. Die französische Generalität erwartete von den Deutschen wieder die Anwendung des Schlieffenplans von 1914, doch gingen die Deutschen nach einem von General von Manstein, dem neuen strategischen Genie der Wehrmacht, entworfenen Operationsplan vor. Vier Tage später gelang den deutschen Panzereinheiten bei Sedan der entscheidende

Durchbruch durch die französische Front. Die Niederländer und Belgier kapitulierten am 14. und 28. Mai. Sofort danach stießen die deutschen Armeen zur Kanalküste vor und kreisten die gesamte Nordgruppe der Alliierten in der Schlacht bei Dünkirchen Ende Mai und Anfang Juni ein. Es waren jene denkwürdigen Tage, die bis heute den Historikern Rätsel aufgeben, denn der „Gröfaz", der selbsternannte „Größte Feldherr aller Zeiten", Adolf Hitler, befahl eine zweitägige Feuerpause. Die nutzte das britische Expeditionskorps, floh auf seine Schiffe und konnte sich nach England absetzen, während die Eliteregimenter Frankreichs diesen Rückzug deckten, um danach in Gefangenschaft zu gehen. Für die deutschen Armeen hätte die Möglichkeit bestanden, auch die Engländer entscheidend zu schwächen, sogar zu vernichten. Diese Chance war aufgrund des „Führerbefehls" vertan worden.

Die Deutschen drangen daraufhin in das Innere Frankreichs vor, durchbrachen im Nordosten an Aisne und Somme die sogenannte Weygand-Linie, weiter südlich an mehreren Stellen sogar die für uneinnehmbar geltende Maginot-Linie, die auch von ihrer Rückseite „in die Zange" genommen wurde und am 22. Juni 1940 kapitulierte. Schon am 14. Juni war Paris kampflos in die Hände der Deutschen gefallen. Am 17. Juni erschienen die Panzerspitzen der Armeen Kleist und Guderian im Raum Dijon und an der Schweizer Grenze. Mussolinis Italien, das bei der Verteilung der Siegesbeute nicht zu spät kommen wollte, war noch rasch am 10. Juni 1940 in den Krieg eingetreten, tat sich aber schwer und war wenig erfolgreich, sodass deutsche Verbände ihrem Verbündeten noch zu Hilfe eilen mussten. Der deutsche Vormarsch hatte sich währenddessen auch über die Loire ausgedehnt und bedrohte nun Südwestfrankreich. Schon Mitte Juni des Jahres stand somit fest, dass Frankreich, von seinem englischen Verbündeten im Stich gelassen, angesichts dieser unglaublichen militärischen Katastrophe an wirksamen Widerstand nicht mehr denken konnte.

In den Tagen vor der Besetzung von Paris war es Kostolany endgültig klar geworden, dass er Frankreich verlassen musste. Er wusste, dass ihm seine jüdische Abstammung Schwierigkeiten machen würde, ob er nun katholisch getauft war oder nicht. Es würde für

Hitler und seine Gestapo keine Rolle spielen. Kostolany kaufte sich einen großen B 14-Citroën. Das sollte sein Fluchtauto werden. In einem nicht sichtbaren Gürtel verstaute er zehn 1 000-Dollar-Scheine. Daneben hatte er 200 einzelne Dollarnoten und 100 000 Franc in kleinen Scheinen bei sich. André Kostolany war sich klar darüber, dass er auf seiner Flucht diesen oder jenen seiner Mitmenschen würde bestechen müssen, um an Genehmigungen, Lebensmittel und Kraftstoff zu gelangen. Und er wollte dies nicht mit großen Scheinen tun, wenn dies auch mit einigen Dollarnoten ging. Diesbezügliche Hinweise hatte er von einem russischen Freund erhalten, der nach der Revolution geflüchtet war. Für diesen war seine Flucht ausgesprochen teuer geworden, da er Bestechungen zum Teil mit dem wertvollen Brilliantschmuck seiner Frau vornehmen musste.

Der Abschied von Paris, Kostolanys zweiter Heimat, fiel ihm besonders schwer. Hier waren seine Freundinnen und Freunde, seine Kollegen und viele Menschen, die er liebgewonnen hatte. Er liebte die Straßen und Boulevards, die Cafés, Bistros, Weinstuben, Restaurants, das Flair der Stadt, die Weltoffenheit. Sicherlich: Börsen gab es überall auf der Welt. Aber es würde nicht dasselbe sein. Kostolany ging davon aus, dass er Paris niemals wiedersehen würde.

Der Buchhalter seines Arbeitgebers Perquel, er hieß Metzger, wollte ebenfalls Paris verlassen. Eine Entscheidung war verkündet worden: Die Börse würde schließen, um sie danach nach Vichy zu verlegen. Für Kostolany bedeutete der Plan Metzgers großes Glück. André war ein sehr schlechter Autofahrer, hatte kaum Übung, da es ihm sein Einkommen der vergangenen Jahre immer erlaubt hatte, einen Chauffeur zu mieten. Metzger sollte nun fahren. Er und Kostolany besprachen sich und entschieden, zunächst nach Vichy zu reisen, wo eine frühere Freundin und Geliebte Kostolanys wohnte. Ihr Künstlername war May Reves. Tatsächlich hieß sie aber Maria Müller und stammte aus Karlsbad. Bevor André mit ihr zusammengewesen war, hatte sie eine Affäre mit Charlie Chaplin gehabt, über den sie später auch ein Buch veröffentlichte.

Am 11. Juni 1940 hatte sich die französische Regierung unter Paul Reynaud, die am 20. März des Jahres das Kabinett Daladier abgelöst hatte, nach Tours begeben, um nur drei Tage später nach Bordeaux auszuweichen. Dort trat sie am 17. Juni zurück und äußerte die Empfehlung, Marschall Philippe Pétain mit den Amtsgeschäften zu betrauen. Nur diesem Sieger von Verdun könne es gelingen, einen nicht übertrieben harten Waffenstillstand mit den Deutschen abzuschließen. Pétain bildete daraufhin seine Regierung, der zunächst Chautemps und dann Laval als Präsident vorstanden. Seiner Bitte um einen Waffenstillstand wurde entsprochen. Die Unterzeichnung fand am 22. Juni 1940 im Wald von Compiègne statt, in eben demselben historischen Eisenbahnwagen, in dem schon am 11. November 1918 die Deutschen die Waffenstillstandsbedingungen der Entente hatten akzeptieren müssen. Die Bedingungen, die diesmal die Deutschen stellten, sahen eine Besetzung der Gebiete nördlich und westlich der Linie Genf, Dôle, Tours, Mont-de-Marsan bis zur spanischen Grenze vor. Die Kanalküste und die Biscaya blieben zur Verfügung der deutschen Truppen. Die französische Armee wurde bis auf ein kleines Freiwilligenheer und die Kolonialtruppen aufgelöst. Die Flotte sollte weiterhin der französischen Regierung unterstehen, die nach Vichy, ins unbesetzte Frankreich, verlegt wurde. Diesem Waffenstillstand folgte am 24. Juni in Rom der mit Italien. Nach sechs Wochen Krieg war der „Spuk" vorbei. Die Alliierten hatten zwei Millionen Kriegsgefangene an Deutschland verloren.

Damit war das Ende der Dritten Republik besiegelt. Ihre formelle Auflösung erfolgte am 9. und 10. Juli 1940. Beide Häuser des Parlaments, Senat und Deputiertenkammer, übertrugen alle Machtbefugnisse in die Hände Pétains, der als „Chef des Französischen Staates" für die Aufrechterhaltung der Ordnung, der Wiederherstellung des Landes und für einen Friedensvertrag sorgen sollte. Auch gestand man dem 84-Jährigen das Recht zu, eine neue Verfassung vorzubereiten und zu verabschieden. Damit war die Verfassung der Dritten Republik, die 70 Jahre Bestand hatte, außer Kraft gesetzt.

Der Waffenstillstand bedeutete für Frankreich, zusammen mit der Installierung einer autoritären Regierung mit diktatorischen Vollmachten, einen tiefgreifenden politischen Wendepunkt. Nun ersetzte die konservative Devise „Travail, Famille, Patrie" die republikanische Losung der Französischen Revolution. Es sollte eine moralische Erneuerung durchgeführt werden: Militärische Disziplin, Opferbereitschaft, Patriotismus und Rückkehr zum traditionellen, monarchisch-katholisch orientierten Frankreich. Ein amerikanischer Diplomat teilte im Juli 1940 seiner Regierung mit, dass die Einwohner Frankreichs sich ganz und gar mit dem Schicksal Frankreichs als einer Provinz Deutschlands abgefunden hätten. Ihre Hoffnung gehe momentan dahin, dass Frankreich Hitlers Lieblingsprovinz werden möge. Grundsätzlich bestehe der Wunsch, dem allseits verehrten Pétain und der neuen Regierung in Vichy werde es gelingen, weitgehende Unabhängigkeit von Deutschland zu erreichen. Es kam jedoch anders. Der Marschall machte sich mehr und mehr zum willigen Handlanger der Besatzer.

7. *Flucht aus Frankreich*

Kostolanys Flucht aus Paris gestaltete sich, trotz der minutiösen Vorbereitungen, wahrhaftig nicht sehr einfach. Im Frühsommer 1940, mit jedem Kilometer, mit dem die deutschen Armeen der Stadt näherkamen, hatten sich Hunderttausende von Zivilisten, letztendlich drei Fünftel der Bevölkerung, in Bewegung gesetzt, um Paris zu verlassen. Nach der Bombardierung der Pariser Flughäfen und der Flugzeugwerke am 3. Juni waren weitere Luftangriffe zu befürchten. Die Fotos des brennenden Rotterdam in den Tageszeitungen versetzten zusätzlich in Angst und Schrecken.

Viele Bürger flohen panikartig, ohne ein bestimmtes Ziel vor Augen. Die deutschen Besatzer fanden in der französischen Hauptstadt Häuser vor, in denen die Tische gedeckt waren und die Briefe noch in den Schreibmaschinen klemmten. Gewaltige Flüchtlingstrecks bewegten sich über die Landstraßen in Richtung Süden. Insgesamt waren acht Millionen Franzosen unterwegs. Matratzen, Koffer, Vogelkäfige, Wertsachen: Alles wurde mitgeführt. Fußgänger, Radfahrer, vollgepackte Autos, Zivile und Soldaten mit Handwagen, Karren oder Pferdewagen schoben sich langsam vorwärts. Organisierte Hilfe gab es nicht. Jeder war auf sich selbst angewiesen, musste sich selbst durchschlagen. Angst vor Luftangriffen und Hunger trugen zusätzlich zum Chaos bei. An den Pariser Ausfallstraßen versuchten Flüchtlinge, sich einen Platz in einem der vorbeifahrenden Autos zu sichern. Am Gare d'Austerlitz, dem einzigen Bahnhof, der noch in Betrieb war, kampierten die Einwohner in der Hoffnung auf eine Mitfahrgelegenheit. Die hoffnungslos überfüllten Züge verkehrten jedoch immer unregelmäßiger. An den Tankstellen stritten sich die Autofahrer um jeden Liter Benzin und füllten selbst Weinflaschen und Teekessel mit Sprit.

Wer von den verzweifelten Flüchtlingen keine Landkarte besaß, sah sich unüberwindlichen Hindernissen gegenüber. Sämtliche Wegweiser hatte man umgerissen, um der feindlichen Armee die Orientierung zu erschweren. Niemand wusste, wo die Front im Moment verlief und wie weit die Deutschen noch entfernt waren. Selbst die französischen Soldaten, die sich auf dem Rückzug befanden, zuckten mit den Achseln. Sie waren auf der Suche nach ihren Einheiten, ihren Offizieren. Die letzten Flüchtlinge, die Paris verlassen hatten, wurden bereits von den nach Süden vorstoßenden deutschen Truppen überholt.

Die deutsche Wehrmacht rückte schließlich in ein fast ausgestorbenes Paris ein. Die Läden waren geschlossen, die großen Boulevards menschenleer. Metro und Buslinien hatten ihren Dienst eingestellt, die Tageszeitungen erschienen nicht mehr. Die meisten der geflohenen Einwohner kamen nach und nach in die Stadt zurück. Eine bedrückende, unwirkliche Stille umfing sie. In den folgenden Jahren bestimmten Fußgänger und Radfahrer das Bild. 1944 zählte man zwei Millionen Fahrräder. Die wenigen Autos im Stadtbild trugen Wehrmachtsnummern. Einige tausend Fahrberechtigungen blieben Ärzten und Privilegierten vorbehalten. Pferde bestimmten bald wieder das Stadtbild, einige qualmende Lastwagen mit Holzvergaser und unzählige Fahrradtaxis. Die Metro fuhr wieder, allerdings nur bis 23 Uhr und am Wochenende überhaupt nicht. Die Sperrstunde begann um 24 Uhr. Danach herrschte in Paris völlige Stille und Finsternis. Nach einer Anzahl von Attentaten auf deutsche Soldaten wurde die Sperrstunde auf 21 Uhr, schließlich sogar auf 18 Uhr vorverlegt. Dies war als Repressalie gedacht.

Das unter diesen Umständen „normale" Leben nahm schon bald nach der Besetzung wieder seinen geregelten Lauf. Die Schulen öffneten, Strom- und Wasserversorgung funktionierten. In den Geschäften lagen wieder Waren aus. Es handelte sich zunächst noch um Lebensmittel und sonstige Artikel des täglichen Bedarfs. Die wirtschaftliche Situation Frankreichs wurde allerdings zunehmend schlechter. Die Hälfte des Staatshaushalts war für den Unterhalt der deutschen Truppen im Lande abzuführen. Die Inflation nahm ihren Lauf. Außerdem fehlten der französischen Wirtschaft mehr als 1,5 Millionen Arbeitskräfte, die in Deutschlands Industrie und Landwirtschaft eingesetzt waren. Verbote, Gebote und Vorschriften reglementierten den Alltag. Den Bistros war es nur an drei Tagen in der Woche gestattet, Alkohol auszuschenken. Je nach Versorgungs- und Wetterlage durfte nur bis zu vier Stunden am Tag geheizt werden. Elektrizität gab es ebenfalls nur stundenweise. Wie die Lebensmittel, so waren auch Kleidung und Schuhe rationiert. Die Modehäuser Nina Ricci, Paul Poiriert, Jacques Fath, Balenciaga und Dior entwarfen weiterhin ihre Haute Couture, während die meisten Einwohner zerschlissene Wäsche und ausgetretene Schuhe trugen. Nach und nach wurde in den französischen Wortschatz das deutsche Wort „Ersatz" aufgenommen, denn es erschienen seltsame Artikel auf dem Markt: Kaffee, der mit Eicheln oder Kichererbsen gestreckt war, der sogenannte „café national" oder Holzsohlen für Schuhe. Manche Dinge, wie Schokolade oder Tee, verschwanden völlig. Die Preiserhöhungen waren hart und unpopulär. Unter ihnen litten besonders die Arbeiter und kleinen Angestellten, da die Löhne nicht angeglichen wurden. Allgemeine Unter- und Mangelernährung, vor allem in den großen Städten, führten zu wachsender Säuglingssterblichkeit und Tuberkulose.

André Kostolany ließ mit seiner Flucht all dies hinter sich, ohne natürlich zu ahnen, wie schlimm es kommen würde. Sein Chauffeur, der Buchhalter Metzger, lavierte den Wagen durch die Massen, die aus Paris flohen. Den Kampf ums Benzin erlebten beide hautnah mit. Es war reglementiert und der Tankwart wollte für den doppelten Preis, den Kostolany ihm bot, nur zehn Liter abgeben. Für die nächsten zehn musste er demselben Tankwart bereits den dreifachen Preis zahlen. Geld war genug da. Ein reines Gewissen habe er, Kostolany, bei diesen Bestechungen nicht gehabt. Jedoch sei es die einzige Möglichkeit gewesen, irgendwie weiter zu kommen. Niemals hätte er so im Falle einer Hungersnot gehandelt. Doch sei seiner Ansicht nach zwischen Brot und Benzin immer noch ein himmelweiter Unterschied.

Mit dem Benzin fuhren Metzger und Kostolany weiter in Richtung Vichy. In Paris hatten beide gehört, dass der französische General Weygand an der Loire eine neue Verteidigungslinie aufbauen wollte, um den Vormarsch der Deutschen dort zu stoppen. Kostolany erinnerte sich, dass beide nach nicht sehr langer Fahrt an ein kleines Flüsschen, besser noch, einen Bach gelangten. Ein Schild wies darauf hin, dass es sich hierbei um die Loire handelte. Auf seine Frage hin bestätigte Metzger noch einmal, dass es tatsächlich die Loire sei. „Na, wenn das die Loire ist, dann fahr' ich nach Amerika", war die Entgegnung Kostolanys. Metzger kehrte später nach Paris zurück und erzählte den Vorfall Kostolanys alten Freunden, die darüber herzlich lachen mussten und den Ausspruch gern zitierten.

Die Reise hatte wegen des allseitigen Verkehrschaos einige Tage in Anspruch genommen. In Vichy, im Hotel Albert I, stieg man ab. Doch es hatte den Anschein, dass die Deutschen ihren Vormarsch nicht stoppten. Sollte Vichy ebenfalls besetzt werden? Kostolany wollte schnell weiterreisen. Der Buchhalter Metzger brauchte ihn nicht mehr zu begleiten. Er hatte nichts zu befürchten, da er nicht jüdischer Abstammung war. Die Börse befand sich jetzt in Vichy, insofern war Metzger am Ziel seiner Wünsche. Er erhielt von Kostolany den Citroën zu treuen Händen, während dieser sich auf die Suche nach einem Mietwagen mit Chauffeur machte. Das Spiel, das Kostolany mit dem Tankwart erlebt hatte, wiederholte sich. Das Feilschen begann erneut. Erst hieß es vom Hotelportier, den er nach einem Wagen mit Fahrer fragte, dass an so etwas schlicht und einfach nicht heranzukommen sei. Erst als Kostolany einen nennenswerten Betrag bot, war plötzlich Auswahl vorhanden. Natürlich verdiente der Portier dabei kräftig mit. Allerdings kam diesem der unbedingte Wunsch Kostolanys, sofort abzureisen, sehr verdächtig vor. Er fragte einen Bekannten Andrés, der ebenfalls im Hotel Albert I wohnte, ob Kostolany gesucht werde, ob er vielleicht ein Schwindler oder etwas Derartiges sei. Der Bekannte lachte allerdings nur und klärte den Irrtum auf.

Für Kostolany ging es am folgenden Morgen weiter in Richtung Biarritz. Auch diese Fahrt nahm wegen des Verkehrschaos einige Tage in Anspruch. In Biarritz, am Golf von Biscaya, war vom Krieg kaum etwas zu spüren. Die Kämpfe fanden woanders statt, weit weg. Im Radio hörte André dieser Tage die Rede von Marschall Pétain, in der er verkündete, dass mit Deutschland eine Einigung zustande gekommen sei. Eine Linie sei festgelegt worden, quer durch Frankreich, die von den deutschen Truppen nicht überschritten werde. Hinter dieser Linie bleibe Frankreich frei. Kostolany traute dieser Vereinbarung nicht. Er hatte in den vergangenen Jahren die „große Politik" beobachtet und immer wieder feststellen können, wie wenig Hitlers Versprechen wert gewesen waren. Warum sollte es sich gerade jetzt grundsätzlich anders verhalten? André Kostolany fasste einen Entschluss, von dem er nicht mehr abrückte: Er wollte um jeden Preis nach Amerika, in das „Gelobte Land", wo der Dollar regierte.

André begann mit der Organisation seiner weiteren Flucht. In Biarritz hatte er ein befreundetes Ehepaar getroffen, das er noch aus Budapest kannte. Der Name des Mannes war Lassi Boros, der Chefredakteur der größten Budapester Zeitung. Seine Ehefrau war die Tochter eines gewissen Gustav Hofmanns, seines Zeichens der größte Baissier der Budapester Börse. Die Boros wollten Europa ebenfalls in Richtung Vereinigte Staaten verlassen. In Spanien wollte man einschiffen. Kostolany beschloss, sich dem Ehepaar anzuschließen und mit ihnen nach Spanien weiterzureisen. Er hatte immer noch die 100 000 Franc in der Tasche. Da er fest damit rechnete, dass die französische Währung sich total entwerten werde – seine Annahme bestätigte sich in den nächsten Jahren –, wollte er den Betrag ausgeben, ihn „loswerden". Er ging die eleganten Straßen von Biarritz entlang und schaute bei Hermès hinein. Der Besitzer, Monsieur Hermès, bediente ihn persönlich. Er war ebenfalls aus Paris geflohen. Kostolany gab seine Franc bei ihm aus und erwarb dafür Reiseutensilien, Taschen und Accessoires von allerhöchster Qualität.

In den nächsten Monaten und Jahren stellte sich heraus, dass André Kostolany gut daran getan hatte, seine zweite Heimat zu verlassen, denn die Judenverfolgung setzte auch in Paris und Frankreich ein. Um 1940 lebten 300 000 bis 350 000 Juden im Land, knapp ein Prozent der Bevölkerung. Die Hälfte von ihnen besaß die französische Staatsbürgerschaft. Besonders bedroht waren zunächst aber die deutschen und die osteuropäischen Juden, die schon vor vielen Jahren in Frankreich Zuflucht gesucht hatten. Sie waren, oft nach einer langen und leidvollen Odyssee kreuz und quer durch Europa, endlich in Frankreich angekommen. Nun stellte sich heraus, dass sie auch hier bedroht waren, obwohl sie sich als gleichberechtigte Staatsbürger jüdischen Glaubens eingelebt hatten. Das galt insbesondere für jene Familien, die schon seit Generationen hier lebten und sich unter anderem in den Kriegen 1870/71 und 1914 bis 1918 für ihr neues Vaterland eingesetzt hatten. Kaum einer glaubte an eine ernsthafte Gefährdung seines Lebens oder der gesellschaftlichen Stellung. Selbst nachdem Paris besetzt worden war, wähnten sich viele von ihnen noch in Sicherheit, da sie als französische Bürger mit der Fürsprache ihrer Regierung rechneten. Das Verhängnis nahm jedoch seinen Lauf. Im September 1940 begann eine Zwangszählung der jüdischen Einwohner in der Region Paris. Etwa 150 000 Menschen erhielten daraufhin den Stempel „JUIF“ in ihrem Ausweis.

Die französische Regierung in Vichy unter Marschall Pétain versuchte unterdes den Spagat, „französisch zu handeln und doch nicht die Blitze der Besatzungsmacht auf sich zu ziehen“. Die Anordnungen und das Verhalten der Vichy-Regierung verwirrte die Franzosen zunehmend, da es immer wieder zur Kollaboration mit den Deutschen aufrief und zu Zugeständnissen bereit war. Im Zuge dieser Entwicklung gewannen auch französische Faschisten wie Marcel Déat, Philippe Henriot und Jacques Doriot Einfluss auf den Vichy-Staat. Die öffentliche Meinung verurteilte bald die Exponenten der Vichy-Regierung, Pétain und Laval, die im Jahre 1940 die undankbare Aufgabe übernommen hatten, einer Marionettenregierung zu dienen und dabei das eigene Ansehen zu opfern. Deren Unterstützung der Deutschen erschien oft als allzu willfährig. Die Verfolgung der Juden wurde geradewegs mit vorauseilendem Gehorsam zusammen mit den deutschen Stellen durchgeführt. Schon wenige Tage, nachdem Pétain die Regierungsgewalt übernommen hatte, ordnete er bereits diskriminierende Maßnahmen an. Im Oktober 1940 wurden Juden von jeder öffentlichen Tätigkeit ausgeschlossen. Ihre Ämter in Justiz, Verwaltung und Armee waren niederzulegen. Ärzte, Architekten und Rechtsanwälte durften nicht länger ihren Berufen nachgehen. Auch im Kultursektor wurde „gesiebt“: Viele Juden mussten ihre Posten bei Presse, Radio, Film und Theater räumen. Jüdische Geschäfte waren durch Anschlag als solche zu kennzeichnen. Im Zuge der „Arisierung“ wurden sie bald enteignet. Einbürgerungen seit dem Jahr 1927 wurden überprüft, viele davon rückgängig gemacht.

In Frankreich war, früher als im übrigen Europa, schon 1791 die uneingeschränkte Emanzipation der Juden verkündet worden. Dennoch hatte es immer antisemitische Tendenzen gegeben, die zuweilen, wie jetzt in den 1940er Jahren, deutlich zunahmen. Die französische Rechte strebte zwar keine „Endlösung" an, begrüßte aber trotzdem die neuen Vorschriften. Der Antisemitismus gedieh, gerade und vor allem vor dem Hintergrund der massiven jüdischen Zuwanderung der vorangegangenen Jahre. Vorurteile, Neid um den geschäftlichen Erfolg und ein tradiertes Judenbild spielten dabei ihre Rollen. Die deutschen Besatzer schürten die vorhandenen Ressentiments unter der Bevölkerung mit gezielten Maßnahmen. 200 000 Personen besuchten zum Beispiel die Ausstellung „Le juif et la France", die im Herbst 1941 im Pariser Palais Berlitz ihre Pforten öffnete. Antisemitische Werke der französischen Literatur wurden wieder aufgelegt. Im März des Jahres richtete die Vichy-Regierung das „Commissariat Général aux Questions Juives" ein, das die Umsetzung der antijüdischen Politik in beiden Zonen koordinierte. Die gesammelten Daten gingen in eine „Judenkartei" ein, die als Grundlage für die Verschleppung in die Vernichtungslager diente. Schließlich und endlich war seit dem 29. Mai 1942 in der besetzten Zone das Tragen eines gelben Sterns mit der schwarzen Aufschrift „JUIF" für Juden obligatorisch. Viele Nichtjuden, die sich darüber empörten und aus Solidarität ebenfalls einen Stern an ihre Kleidung hefteten, wurden verhaftet und erfuhren am eigenen Leib, wie ernst es den Besatzern mit der Judenverfolgung war. Am 15. Juli 1942 trat ein weiterer Erlass in Kraft, der allen Juden den Besuch von Restaurants, Kinos, Theatern, Konzerten, Schwimmbädern, Stränden, Museen, Denkmälern, Bibliotheken und Parks untersagte. Anschläge verkündeten überall „Etablissement interdit aux Israélites". Sie durften in der Metro nur noch den jeweils letzten Wagen benutzen, in Geschäften erhielten sie nur noch zwischen 15 und 16 Uhr Einlass. Daneben hatten sie eine Ausgangssperre von acht Uhr abends bis sechs Uhr morgens zu beachten und mussten ein völliges Reiseverbot sowie die Beschlagnahme von Telefon und Radio hinnehmen.

Die ersten Massenverhaftungen von Juden erfolgten im Mai, August und im Dezember 1941. Aus dem XI. Pariser Arrondissement wurden über 3 000, zumeist ausländische Juden in ein Internierungslager nach Drancy, nördlich von Paris gebracht. Im März 1942 begannen sodann die Transporte in die Konzentrationslager. Theo Dannecker, seines Zeichens fanatischer Nationalsozialist und Antisemit, organisierte in enger Abstimmung mit dem Beauftragten der Vichy-Regierung, Louis Darquier Pellepoix, den Abtransport von Tausenden Pariser Juden. Die örtliche Polizei und Gendarmerie erwiesen sich dabei als willige Helfer der Besatzungsmacht. Den Höhepunkt erreichten die Verhaftungswellen mit der „Grande rafle du Vel d'hiv" am 16. und 17. Juli 1942. Die französische Polizei nahm insgesamt 15 000 Juden fest und hielt sie eine Woche unter unmenschlichen Bedingungen im „Vélodrome d'Hiver" fest, der Radrennbahn im XII. Arrondissement. Von hier aus erfolgte die Überführung der entkräfteten und verzweifelten Opfer in die französischen Lager „Beaune-la-Rolande", „Pithiviers" und „Drancy". Dort starben viele an Hunger, Überanstrengung und Misshandlung. Die ersten Verhaftungen hatten nur den Männern gegolten. Jetzt waren ganze Familien betroffen.

Welche Ausmaße die Judenverfolgung annahm und welche mörderische Entschlossenheit mit ihr verbunden war, konnte Kostolany damals kaum ahnen. Allein dadurch ist es zu erklären, dass er seine weitere Reise nach Spanien recht gemächlich anging und dabei der Genuss dessen, was dort das Leben zu bieten hatte, nicht zu kurz kam. Das befreundete Ehepaar Boros und auch André Kostolany hatten ein spanisches Visum bekommen. Wer Frankreich verlassen wollte, benötigte allerdings ein zusätzliches Exitvisum, das bei der Präfektur in Bayonne zu beantragen war. Dort wartete Kostolany imVorraum, als ein sehr dicker, hässlicher und großer Mann den Raum betrat. Kostolany wusste sofort, um wen es sich handelte. Es war Baron Maurice Rothschild Senator, ein Vetter des letzten Seniorchefs des Rothschild-Familienimperiums aus Paris. Rothschild verlangte, den Präfekten zu sprechen. Auf die Frage, wer er denn sei, nannte dieser seinen Namen und den Titel. Das beeindruckte den Beamten wenig. In barschem Ton wies er den Baron an, Platz zu nehmen. Kostolany erinnerte sich, dass er in diesem Moment fast empört war. Obwohl ihm der Baron nicht besonders sympathisch war, staunte er: So behandelt man nun einen Rothschild, der zudem noch Senator ist? War der Antisemitismus schon so schnell von Paris bis nach Bayonne vorgedrungen? Wie würde man ihn, Kostolany, behandeln? Die Ängste wurden allerdings schnell wieder zerstreut, denn nach kurzer Frist kam der Beamte zurück und bat Rothschild wortreich und überaus freundlich um etwas Geduld. Der Präfekt werde ihn in Kürze empfangen. Für André war die Welt danach wieder in den richtigen Bahnen. Er hörte später, dass Maurice Rothschild ebenfalls über Spanien floh und sich auf den Bermudas wiederfand. Dort angekommen, begab er sich zum amerikanischen Konsulat, um ein US-Visum zu beantragen. Er versuchte, den Konsul mit 200 Dollar zu bestechen. Was er dafür erhielt, war der Hinauswurf. Ein amerikanischer Konsul lässt sich nicht bestechen, da er ein Angestellter der Bundesregierung und nicht des Staates ist. Richter und Politiker sind dagegen in den USA durchaus käuflich. Rothschild ging nach Kanada, denn ein amerikanisches Visum bekam er niemals.

In Bayonne bekamen André Kostolany und die Boros ihre Exitvisa und fuhren danach gemeinsam nach San Sebastian. Das Geld, das Kostolany noch besaß, ließ er vorschriftsgemäß in seinen Pass eintragen, um es beim Verlassen des Landes wieder mitnehmen zu können. Die Entscheidung, sich in Spanien aufzuhalten, war im Grunde nicht ungefährlich. Wer konnte wissen, ob Franco sich aus dem Krieg heraushalten würde und konnte? Immerhin lagen seine Sympathien eher bei Hitler und Mussolini als bei den Alliierten. Schließlich war er diesen seinen Helfern aus dem spanischen Bürgerkrieg noch einiges schuldig.

Unter dem Eindruck des faschistischen Sieges in Italien war Spanien schon 1923 zu einer gemäßigten Diktatur unter General Primo de Rivera übergegangen. Der konnte jedoch die Monarchie, die durch die demokratisch-linksradikale Opposition und einen sich ausbreitenden revolutionären Sozialismus höchst gefährdet war, nicht retten. Primo de Rivera trat 1931 zurück, der König verließ das Land, die republikanischen Parteien siegten. Doch eine wirklich parlamentarische Regierung kam nicht zustande. An ihre Stelle trat ein bürgerkriegsähnliches Chaos, verursacht durch den Gegensatz der unversöhnlichen Parteien. Die revolutinäre Stimmung im Lande richtete sich gegen die allgewaltige Kirche, die Großgrundbesitzer und das Offizierskorps, die Stützen der Monarchie. Im Jahre 1936 siegte bei den Neuwahlen die Volksfrontkoalition, die von Linksliberalen bis zu Kommunisten und Anarchisten ging und deren radikalste Elemente eine Diktatur des Proletariats nach russischem Vorbild forderten. Das spanische Alltagsleben wurde unterdessen von Raubüberfällen, Morden und Brandstiftungen geprägt. Im selben Jahr erhob sich General Franco an der Spitze spanischer Truppen von Marokko aus, errang aber lediglich Teilerfolge. Ein brutaler Bürgerkrieg verheerte das Land. Es wurde zum kriegerischen Versuchsfeld der feindlichen europäischen Lager, die dort ihre Panzer, Flugzeuge und neuen Strategien erprobten. Obwohl sämtliche führenden Mächte Europas Ende August 1936 ein Nichteinmischungsabkommen abgeschlossen hatten, wurde die spanische Linke von der Sowjetunion und der französischen Volksfront, Franco von Hitler und Mussolini unterstützt. 1939 ging Franco als Sieger aus dem Bürgerkrieg hervor. Spanien wurde unter seiner Führung zum Diktaturstaat, in der nur eine einzige Partei, die „Falange“, zugelassen war. Italien und Deutschland hatten Franco den Sieg über die von der Sowjetunion unterstützten Streitkräfte der Volksfront gesichert.

Ungeachtet dieser Entwicklungen ging Kostolany in San Sebastian jeden Tag in vollkommener Sorglosigkeit zum „Fronton“, einer Art Squash im heutigen Sinne. Aber er spielte nicht etwa aktiv mit, denn das hätte gegen seine Grundhaltung verstoßen, die genau wie die Winston Churchills lautete: „No sports“. Vielmehr war er interessiert an der Möglichkeit, auf die verschiedenen Teams, die gegeneinander spielten, Wetten abzuschließen. Wenn schon die Spekulationstätigkeiten an der Börse momentan ruhen mussten, so war dies wenigstens ein, wenn auch magerer, Ersatz. Einen Stierkampf schaute sich Kostolany ebenfalls an. Ob er auch dabei wettete, wer gewinnen würde, der Torrero oder der Stier, darüber schweigt sich André Kostolany in seinen Erinnerungen aus. Auch über Sinn und Unsinn des Stierkampfes. Ernest Hemingway, der einige Jahre vorher einen ähnlichen Weg wie Kostolany genommen hatte, liebte dagegen den Stierkampf und übersteigerte seine Bedeutung gemäß seiner eigenen Auffassung von Männlichkeit, Tapferkeit und Kampf. Kostolany befand sich, sowohl was seine Jahre in Paris als auch seine Zeit in Spanien betraf, durch Zufall immer an Orten, die auf die damaligen Künstler und Literaten den größten Einfluss ausübten.

Die Eindrücke, die etwa Georges Bataille in Spanien gesammelt hatte, fasste dieser in kongenialer Weise in seiner Schrift „Die Geschichte des Auges“ als scharfe Kritik am verschwenderischen Adel und Großbürgertum Europas zusammen, das aus lauter Sorglosigkeit und Langeweile sich den fragwürdigsten Exzessen hingab und eigentlich seine Existenzberechtigung verwirkt habe. Eine Einstellung, die dem in damaligen Kreisen der Intelligenz populären Kommunismus nahestand, der während des Bürgerkriegs in Spanien unterlag. Im Prinzip gehörte André Kostolany zu diesem kritisierten Großbürgertum. Seine Herkunft und der Kapitalismus waren die Rahmenbedingungen seines persönlichen Reichtums. Auch seine Flucht aus Frankreich nach Spanien war eine Flucht „de luxe“, wie sie sich arme Juden keinesfalls leisten konnten. Dessen war sich André Kostolany allerdings bewusst. Und er betonte dies immer wieder in seinen Erinnerungen. Aber er wies auch auf die Spielregeln des Umfelds hin, in dem er sich bewegte und die zu befolgen waren, wenn man nicht untergehen wollte.

Kostolany fand in San Sebastian schnell Gleichgesinnte und Freunde. Man flanierte, saß in den Straßencafés, schloss Wetten ab und hörte nur von fern die schlimmen poltischen Nachrichten, die aus der Mitte Europas hinüberdrangen. Einige davon waren zu entsetzlich, als dass sie tatsächlich wahr sein konnten. So tat man das, was die meisten Menschen im Angesicht des Schreckens tun: Sie verdrängen und leben ihr gewohntes Leben weiter. Was sollten sie auch anderes tun?

Nach San Sebastian hatte sich ein großer Teil der französischen Wirtschaftselite abgesetzt. So sahen André und ein Freund von ihm eines Tages sogar Horace Finaly in einem Café sitzen. Der Freund hatte ihn auf den recht unansehnlichen Mann aufmerksam gemacht und darüber aufgeklärt, um wen es sich handelte. Horace Finaly war der Chef der größten Geschäftsbank Frankreichs, der Banque de Paribas. Er galt als so einflussreich, dass nach seiner Empfehlung der Präsident der Banque de France ernannt wurde. Von Finaly wurde gesagt, er könne Regierungen stürzen. Bei seiner Bank, der Paribas, handelte es sich um eine reine Geschäftsbank, ausschließlich geleitet von der jüdischen Hochfinanz. Die Depotbank Crédit de Lyonnais dagegen wurde von Katholiken, die Bank Union Parisienne von Protestanten geleitet. So hatte alles seine Ordnung. Der Ruf Horace Finalys war in jenen Tagen phänomenal. Es hieß, er sei der klügste Mann Frankreichs. Er war inmitten der geistigen Elite des Landes aufgewachsen. Seine Eltern hatten in Budapest von einem Onkel aus Wien, Horace Landau, ein gewaltiges Vermögen geerbt. Landau gehörte zu den Partnern der Rothschild-Bank. Finalys Mutter, kulturbegeistert ohnegleichen, betrieb den Umzug nach Paris, wo sie einen literarischen Salon eröffnete, in dem auch Marcel Proust verkehrte. Horace Finaly ist später selbst ein großer Literat geworden und ein exzellenter Musiker auf der Violine. Er allein hatte die Banque de Paribas zu der mächtigsten Bank gemacht. Nach seinem Tod hinterließ er ein Vermögen, das an die 100 Millionen Dollar betrug und eine Bibliothek von unschätzbarem Wert. Kostolany sollte Finaly in den kommenden Jahren in New York noch persönlich kennenlernen.

Der Weg führte André Kostolany nach einigen Wochen aus San Sebastian fort nach Madrid. Hier hielt sich sein väterlicher Freund Carlos Soria auf, der aus Deutschland geflohen war. Soria war, zusammen mit Graf Arco, Begründer der Firma Telefunken. Kostolany hatte Soria über einen gemeinsamen Bekannten kennengelernt, den deutschen Krimiautor Frank Arnau. Dieser ließ seine guten Kontakte spielen, um Soria zu ermöglichen, das nationalsozialistische Deutschland zu verlassen und einen spanischen Pass zu bekommen. Carlos Soria war zwar erheblich älter als Kostolany, aber beide hatten ein Thema, das sie über jegliche Altersgrenze hinweg miteinander verband: Die Liebe zur Musik. In Madrid verbrachten sie in seiner Villa viel Zeit miteinander. Soria war ein großer Verehrer der Musik Richard Wagners, ein waschechter Wagnerianer. Er hatte übrigens in der Stadt eine Stellung bei Siemens inne. Sie war von der Firma dort extra für ihn eingerichtet worden, um ihm ein Einkommen zu ermöglichen.

Obwohl Kostolany sich kaum über seine Zeit in Madrid ausließ, dürfte ihm die Lebensweise der Einwohner durchaus gefallen haben. Die Madrilenen wissen nach wie vor zu leben und zu feiern, obwohl sich hier der bürokratische Wasserkopf des Franco-Regimes breitmachte und Zensur und Staatspropaganda betrieb. Madrid war und ist die kulturelle Hauptstadt Spaniens. Soria und Kostolany werden hier auf ihre Kosten gekommen sein. Die Nächte in dieser Stadt sind lang und die Menschen verbringen einen Grossteil ihrer Zeit auf den Straßen und in den Cafés. Zu Abend aß man hier nie vor 21 Uhr. Einige Etablissements öffneten ihre Pforten erst in den frühen Morgenstunden. Um sechs oder sieben Uhr morgens verabschiedete man sich in dieser Stadt mit „Gute Nacht“, nachdem mindestens fünf Lokale besucht worden waren. Für denjenigen, der von der Spielleidenschaft gepackt war, bot die Pferderennbahn sogar Nachtrennen an. Letzteres begann gegen halb drei am frühen Morgen.

8. Die Ankunft im „Gelobten Land“

Sicherlich kam Madrid den Neigungen André Kostolanys entgegen und erinnerte ihn vielleicht auch ein wenig an Paris. Trotzdem ließ er sich nach einiger Zeit von Carlos Soria nach Vigo bringen. Von dort gingen die großen Passagierschiffe nach Amerika. Kostolany hatte mit der Begründung, er wolle seine Ferien in den USA verbringen, ein Visitor-Visum beantragt. Selbstverständlich hätte er gern ein Einwanderungsvisum bekommen, doch das war zu jenem Zeitpunkt so gut wie unmöglich. Die US-Behörden glaubten ihm, dass er Urlaub machen wolle, da er vermögend war und aus Ungarn stammte. Das Land war noch nicht in den Krieg eingetreten und betrieb auch keine Judenverfolgung wie das verbündete Deutschland. Deutsche Juden erhielten dagegen nicht einmal ein Visitor-Visum, da man wusste, dass sie in ihre Heimat nicht zurückkehren würden.

Als André Kostolany mit dem Schiff in New York eintraf, beendete dies eine zweimonatige Flucht, die diese dramatische Bezeichnung eigentlich nicht verdiente. Es war eher eine Reise mit recht vielen Annehmlichkeiten gewesen. Auch die Überfahrt hatte sich sehr amüsant gestaltet. Kostolany lernte eine ganze Anzahl illustrer Persönlichkeiten auf dem Schiff kennen. Unter ihnen befanden sich der ungarische Maler Marcel Vertes, der Komponist Paul Abraham und der ehemalige Mann der Woolworth-Erbin Barbara Hutton. Kostolany hatte bei vielen Gesprächen Gelegenheit, sein Englisch zu verbessern. Es war noch alles andere als perfekt, aber er würde zurechtkommen.

Am Pier von Brooklyn wartete bereits Baron Felix von Gerlitzky auf André. Er hatte von einem ehemaligen Kunden Kostolanys, dem Marquis de Villroy, erfahren, dass sich Kostolany auf dem Schiff befinde. Der Marquis de Villroy war übrigens der Onkel von Monsieur Boch, der die Porzellanfirma Villeroy & Boch gründete. Nicht nur unter diesen Umständen zeigte sich einmal mehr, dass die

Bekanntschaft mit bekannten und einflussreichen Persönlichkeiten das Leben angenehmer machen kann. Gerlitzky hatte Frankreich wegen seiner auffällig gewordenen Homosexualität verlassen müssen. Während der Taxifahrt in Richtung Uptown New York gab er Kostolany wertvolle und wichtige Verhaltensregeln für die „Stadt der Städte". Mit an oberster Stelle stehe die Auswahl der richtigen Clique, in der man verkehre. Umgang mit den falschen Leuten könne nämlich verheerende Auswirkungen haben.

In den USA ließ Kostolany sein Besuchervisum ständig verlängern. Er hatte Glück, da nach einiger Zeit ein Gesetz erlassen wurde, welches den mit Visitor-Visum in den USA lebenden Ungarn erlaubte, sich für die ungarische Einwanderungsquote zu bewerben. Da kriegsbedingt sowieso keine Ungarn einreisen konnten, waren die Kontingente frei.

In den Zwanzigerjahren war in den USA ein Quotensystem festgelegt worden, das die Einwanderung aus den einzelnen Ländern zahlenmäßig regelte. Es benachteiligte die unterentwickelten Länder, um den einheimischen Unternehmen die Anwerbung billiger Arbeitskräfte in Lateinamerika und Asien zu erschweren. Privilegiert waren die West- und Nordeuropäer. Insofern hatte das Einwanderungsgesetz auch eine rassische Komponente. André Kostolany machte seine ganz eigenen Erfahrungen mit diesen Regelungen. In Rückblicken auf sein Leben erzählte er einige Anekdoten, die diese Politik illustrieren und zum einen die puritanische Seite Amerikas belegen, zum anderen aber auch die großzügige.

Kostolany kam in Beweisnot und riskierte seine Staatsbürgerschaft, als er einem alten Bekannten half. Es handelte sich um Emil Weiß, einen Börsianer aus Wien. Er hielt sich in Lissabon auf und schrieb an Kostolany, dass er gerne nach Amerika kommen wolle. Er hätte sogar die Möglichkeit, an ein Visum zu gelangen, allerdings nur, wenn er nachweisen könne, dass er in den USA Geld besitze. Emil Weiß bat seinen alten Freund André, auf irgendeine Weise einen fingierten Beweis für ein entsprechendes Vermögen in den Vereinigten Staaten zu beschaffen. Kostolany richtete daraufhin auf den Namen seines Freundes bei einer bekannten Brokerfirma ein Konto mit 5 000 Dollar ein. Nachdem Weiß den Kontoauszug erhalten hatte, bekam Kostolany sein Geld zurück. Emil Weiß durfte einreisen. Ein halbes Jahr danach erhielt Kostolany vom Immigration Office eine Vorladung. Er sollte mit seinen Papieren erscheinen. Das Verhör war streng und unangenehm. Es kam genau der berichtete Vorfall zur Sprache. Das Immigration Office hatte, auf welchen Wegen auch immer, genaue Kenntnis von den Manipulationen. Allerdings konnte André glaubhaft machen, dass er nichts dabei verdient, sondern aus reiner Freundschaft zu Emil Weiß gehandelt hatte. Ihm wurde geglaubt. Nach einer ernergischen Belehrung ließ man ihn gehen. Kostolany erinnerte sich, dass er ungemein erleichtert das Büro verließ und sich dabei selbst eingestand: „Das ist Amerika. Freiheit und Humanität."

Noch zweimal spielte André mit dem Feuer. Die Einwanderungsbehörde erhielt Kenntnis davon, dass Kostolany, nach dem Kriegseintritt Ungarns, Geld nach Budapest geschickt hatte. Es war strengstens verboten, in feindliches Gebiet Geld oder sonstige Werte zu überweisen. Da es sich bei dem Empfänger aber um den Vater handelte, drückte man noch einmal beide Augen zu. Solange aus familiären oder humanitären Gründen gegen das Gesetz verstoßen wurde, zeigten sich die Amerikaner sehr nachsichtig. Davon abgesehen stellte sich Kostolany gegenüber den Behörden absichtlich immer ein wenig dumm und unbeholfen an. Er wusste, dass man als jüdischer Flüchtling nur Misstrauen erweckte, wenn man allzu selbstsicher und oberklug erschien. Die Staatsdiener fühlten sich hingegen „einfachen" Personen überlegen und konnten sich als gnädige und herzensgute Menschen wähnen.

Der dritten Auseinandersetzung mit dem Immigration Office war ein Streit mit Armin Weinreb vorangegangen, einem alten Bekannten aus Wien. Aus Ärger oder Rache zeigte er Kostolany bei der Polizei an und behauptete, dass dieser ein gefährlicher Faschist sei. Er hätte im Auftrag Mussolinis ein Buch zur Problematik des Suezkanals geschrieben. Die Auseinandersetzungen um den Kanal hatten Italien letztendlich zum Kriegseintritt gegen Frankreich bewogen. Deshalb nahmen die Behörden die Angelegenheit sehr ernst und erkundigten sich bei Alex Foldes, einem Ungarn, der in New York zu Andrés bestem Freund geworden war. Er stellte die Angelegenheit klar, indem er einfach darauf hinwies, dass Kostolany jüdischer Flüchtling war, die ganze Sache also absurd sei. Tatsächlich hatte André es aber dieser Verleumdung zu vedanken, dass er nie in den Krieg ziehen musste. Durch die behördlichen Recherchen verzögerte sich seine Einberufung erheblich. Als schließlich seine Erfassung erfolgt war, wurde ein Gesetz verabschiedet, das das Höchstalter der Soldaten auf 35 Jahre begrenzte. Da er bereits älter war, bewahrte ihn diese Verfügung vor dem Militärdienst.

Kostolany gesteht selbst ein, dass seine Flucht und sein Aufenthalt in den Vereinigten Staaten eine einzige Verkettung von glücklichen Umständen war. Auch seine Brüder und Eltern hatten es relativ gut getroffen. Der älteste Bruder Emmerich befand sich in London bei einer Privatbank. Béla hielt sich in Barcelona auf. Vor Ausbruch des Zweiten Weltkriegs hatte er André in Paris besucht. Als die Kriegshandlungen begannen, wollte er nicht mehr zurück nach Budapest. In Paris konnte er jedoch nicht bleiben, da er Ausländer war und weder Aufenthaltsgenehmigung noch Anstellung vorweisen konnte. Béla fuhr deshalb mit seinem Auto nach Lissabon, wo er bei den Jesuiten Unterschlupf fand. André hatte in Paris Kontakte zu den Jesuiten geknüpft und konnte deshalb seinem Bruder ein Empfehlungsschreiben des Pariser Jesuitenpfarrers mit auf den Weg geben. Allerdings bekam er auch nach Vorlage des Schreibens bei den Lissaboner Behörden keine Aufenthaltsgenehmigung. Die Portugiesen standen den Jesuiten skeptisch gegenüber. So wies man Béla außer Landes. Er traf schließlich und endlich in Barcelona ein, trat dort eine Stellung an und konnte später sogar seine Frau aus Budapest nachholen.

Andrés Schwester und die Eltern blieben in Budapest. Die Schwester hielt sich einige Zeit bei nichtjüdischen Freunden versteckt. Auch die Eltern erhielten Schutz durch Freunde, die Urchristen waren. Dennoch fielen sie kurz vor dem Ende des Krieges in die Hände der Nationalsozialisten und wurden interniert. Doch zeigte sich ein Wachhabender des Lagers gnädig. Sie konnten entkommen. Obwohl die Familie Kostolany katholisch getauft war, galten sie nach Hitlers Rassegesetzen trotzdem als Juden. André hielt sich nach dem Krieg wieder in Paris auf, holte seine Eltern aus dem mittlerweile kommunistischen Budapest und brachte sie nach Zürich. Dort verlebten sie den Rest ihres Lebens in Wohlstand, da sie ihr Sohn, dank seiner Erfolge, großzügig unterstützen konnte.

Durch den Krieg und die anschließende Sowjetisierung Ungarns war das Familienunternehmen der Kostolanys verlorengegangen. Die Inflation hatte überdies das Barvermögen der Eltern vernichtet. André griff nach 1945 nicht nur seinen Eltern finanziell unter die Arme, sondern musste auch seinen Brüdern zuweilen „aushelfen". In diesem Zusammenhang wies André in seinen Erinnerungen darauf hin, wie wichtig es ist, einen Börsianer in der Familie zu haben. Hätte er, André, eigene Kinder und bei deren Berufswahl ein Stimmrecht, so würde der erste Sohn Musiker, der zweite Maler oder Bildhauer, der dritte Schriftsteller oder Journalist und der vierte unbedingt Börsianer, um die anderen drei zu ernähren.

Die unmittelbaren Familienmitglieder waren also alle dem Holocaust entkommen. In der weiteren Verwandtschaft gab es allerdings Opfer. So wurden alle Vettern Kostolanys, die während des Krieges in Budapest geblieben waren, erschossen und in die Donau geworfen. Kenntnis darüber erhielt André erst nach dem Krieg. Während des Zweiten Weltkriegs berichteten die Medien und Menschen in den USA zwar von solchen Greueltaten, doch klangen sie so aberwitzig, dass André ihnen keinen Glauben schenkte. Die Diskussion hält bis heute an, inwieweit die Alliierten von den Massenmorden Kenntnis hatten. André berichtete, dass er damals mit seiner Frau im Kino war. Man zeigte schlimme Bilder von den Konzentrationslagern. Damals habe er zu seiner Frau gesagt: „Das ist alles Propaganda". Er habe sich einfach nicht vorstellen können, dass die Deutschen, die er als Kulturvolk, als „Land der Dichter und Denker" kennen- und liebengelernt hatte, solche Untaten begingen. Nach dem Krieg stellte sich heraus, dass alles noch viel grotesker und entsetzlicher gewesen war, als man es sich hatte ausmalen können. Da sei ihm klar geworden, welches Ausmaß sein Glück und das der Familie gehabt hatte. Während seiner fast sorglosen Emigration sei er sich dessen nie bewusst gewesen.

Tatsächlich wurden während des Krieges Berichte über Greuel, die in den Konzentrationslagern stattfanden, vor allem in England und den USA nicht allzu ernst genommen. Das ist erklärbar vor dem Hintergrund der Kriegspropaganda im Ersten Weltkrieg. Auch damals wurden die Deutschen in der Berichterstattung als unmenschliche, überaus grausame und wahnsinnige „Hunnen" dargestellt, die angeblich mitleidlos und brutal Kriegsgefangene, Verwundete, Frauen, Kinder und alte Menschen niedermetzelten. Nach 1918 stellte sich heraus, dass die Propaganda maßlos übertrieben hatte. Offenbar hatten sich die Deutschen an die Regeln der Behandlung von Kriegsgefangenen und der Zivilbevölkerung gehalten. Aus diesem Grund meinte man in den angelsächsischen Ländern, bei den erneuten Berichten über die Grausamkeiten der Deutschen handele es sich allenfalls um eine Neuauflage der üblichen Propaganda, von der große Abstriche zu machen seien.

Als André Kostolany in Europa den endgültigen Entschluss fasste, in die Vereinigten Staaten zu fliehen, befanden sich diese übrigens schon längst auf dem Weg in den Zweiten Weltkrieg. Für den amerikanischen Präsidenten Roosevelt markierte insbesondere die Sudetenkrise vom Herbst 1938, die Judenpogrome im November 1938 und der deutsche Einmarsch in Prag im März 1939 den definitiven psychologischen und damit politischen Wendepunkt. Während Roosevelt noch Ende 1938 dem englischen Premierminister Neville Chamberlain zum Erfolg seiner „Appeasement-" Bemühungen gratuliert hatte, erklärte er nach der Besetzung der Tschechoslowakei durch die Deutschen vor dem amerikanischen Kongress, „gottesfürchtige Demokratien" dürften und könnten der „internationalen Gesetzlosigkeit" nicht tatenlos zusehen. Die öffentliche Meinung in den USA war allerdings nicht so einfach zu beeinflussen und recht schwergängig. Außerdem spaltete sie sich in zwei Lager. Zum einen meldeten sich die Isolationisten zu Wort, die entweder für einen Rückzug in die unangreifbare „Festung Amerika" plädierten oder am Pazifismus festhielten. Zum anderen gab es die Internationalisten, die das Sicherheitsinteresse der USA global verstanden und eine Unterstützung der Demokratien gegen totalitäre Bedrohungen forderten.

Die isolationistische America-First-Bewegung schien zunächst die Oberhand zu gewinnen. Sogar nach Hitlers Überfall auf Polen, im

September 1939, lehnten es, einer Gallup-Umfrage zufolge, noch 84 Prozent der Amerikaner ab, die eigene Flotte oder Berufsarmee, die übrigens kaum grösser war als die bulgarische, gegen das Deutsche Reich einzusetzen. Anders als T. Woodrow Wilson, der von 1913 bis 1921 Präsident war und sich lange um eine echte Neutralität bemüht hatte, steuerte Franklin D. Roosevelt die USA ab Ende 1939 entschlossen in Richtung Krieg. Mit Rücksicht auf die America-First-Stimmung, musste er dabei allerdings sehr behutsam und manchmal auch verdeckt oder sogar geheim arbeiten. Sein Hauptziel bestand darin, einen Sieg Hitlers in Europa zu verhindern, weil er erkannte, dass es nach einer Unterwerfung Englands und Frankreichs für die auf sich selbst gestellten Vereinigten Staaten keine dauerhafte Sicherheit geben konnte. Sollte die britische Flotte Hitler-Deutschland in die Hände fallen, dann waren grundlegende und vitale Interessen der USA massiv gefährdet. Darüber hinaus entsprach die Autarkiepolitik des Nationalsozialismus keinesfalls dem traditionellen Verlangen der Vereinigten Staaten nach einem offenen, ungeteilten Weltmarkt. Unnötig zu sagen, dass die NS-Ideologie mit den amerikanischen Vorstellungen von Selbstbestimmung und Völkerrecht unvereinbar war. In einer Welt autarker Machtblöcke musste die amerikanische Demokratie im Verständnis Roosevelts und der Internationalisten zwangsläufig zu Grunde gehen. Natürlich war das eine sehr weite, geographisch fast unbegrenzte Auslegung des Begriffs „nationale Sicherheit".

Ein erster Schritt in Richtung des Zusammenhalts der westlichen Hemisphäre war ein Arrangement mit Mexiko. Die „Erklärung von Panama" sah 1939 die Einrichtung einer „Sicherzeitszone" um Nord- und Südamerika vor, die gemeinsam gegen jeden Angriff von außen verteidigt werden sollte. In Washington nahm man die deutschen Lateinamerika-Ambitionen sehr ernst. Der englische Geheimdienst bemühte sich nach Kräften, diese Ängste zu schüren. Noch vor Ablauf des Jahres wurde die Neutralitätsgesetzgebung gelockert. Von nun an durften kurzfristige Kredite an Kriegführende vergeben sowie Waffen und weiteres Kriegsmaterial „cash and carry" ausgeliefert werden. 1940 stellte der Kongress vier Milliarden Dollar für die Aufrüstung bereit. Nach der Niederlage Frankreichs vollzog Roosevelt den Übergang von der Neutralität zur „Nichtkriegführung", der „nonbelligerency". Auf den dringenden

Hilferuf Winston Churchills hin, dessen Land unter dem deutschen U-Boot-Krieg und den Luftangriffen zusammenzubrechen drohte, schlossen Großbritannien und die USA ein Destroyer-for-Bases-Geschäft ab. Im Gegenzug für die Lieferung von 50 amerikanischen Zerstörern aus dem Ersten Weltkrieg traten die Briten sechs Flottenstützpunkte in der Karibik und in Kanada an die Vereinigten Staaten ab. Angesichts der militärischen Erfolge der Achsenmächte in Europa und der Japaner im Fernen Osten führte der Kongress im September 1940 erstmals in Friedenszeiten die Wehrpflicht ein.

Die Aktivitäten Deutschlands, Italiens und Japans wurden unterdes in der amerikanischen Öffentlichkeit zunehmend als unmittelbare Bedrohung empfunden. Nach der unangefochtenen Wiederwahl Roosevelts zum Präsidenten, forderte dieser eine industrielle Mobilisierung, um die USA zum „Arsenal der Demokratie" zu machen. Der Lend-Lease-Act vom März 1941 war gleichbedeutend mit einer „wirtschaftlichen Kriegserklärung" an das Deutsche Reich. Durch sie war der Präsident autorisiert, Kriegsmaterial an andere Staaten zu verkaufen, zu verleihen oder zu verpachten. Das betraf insbesondere Großbritannien, wurde nach dem deutschen Angriff auf die Sowjetunion aber auch auf diese ausgeweitet. Im März des Jahres verkündete der Präsident ebenfalls den „unbegrenzten nationalen Notstand". Einige Monate später gab er schließlich ein streng geheimes amerikanisch-britisches Atomwaffenprogramm frei, das „Manhattan Project". Im Atlantik dehnten die Vereinigten Staaten ihre „Sicherheitszone", die nun auch Grönland und Island umschloss, weiter und weiter aus und leisteten der britischen Flotte Hilfe gegen deutsche U-Boote.

Roosevelts Schießbefehl auf angreifende U-Boote im Herbst 1941 und ein Konvoischutz für bewaffnete Frachtschiffe bis in englische Häfen war die bewusste Inkaufnahme kriegerischer Verwicklungen. Zwei Drittel der Amerikaner billigten inzwischen die Unterstützung Großbritanniens. Eine offene Kriegserklärung an Deutschland lehnten aber immer noch 75 Prozent der Bevölkerung ab. Adolf Hitler betrachtete in diesen Tagen die USA schon als gefährlichsten „Endgegner" im Kampf um die Weltherrschaft. Er wollte sich allerdings nicht durch Roosevelt zum Krieg provozieren lassen. Die Entscheidung über den Kriegseintritt der USA fiel, entgegen der

Erwartung Roosevelts, schließlich auch nicht im Atlanktik, sondern im Pazifik.

Die Japaner hatten nach der Niederlage Frankreichs die Gelegenheit genutzt, Indochina zu erobern und auf die Philippinen und Niederländisch-Ostindien Druck auszuüben. Die USA und Großbritannien beantworteten das Vordringen der Japaner in China und im „pazifischen Rand“ mit Wirtschaftssanktionen, die langsam verschärft wurden und am Ende fast einem völligen Boykott gleichkamen. Während der Verhandlungen mit dem japanischen Botschafter, die im Frühjahr 1941 in Washington begannen, beharrte der US-Außenminister auf dem vollständigen Rückzug der Japaner aus China. Japan war aber nur bereit, auf zusätzliche Eroberungen zu verzichten. Die Unterredungen scheiterten, woraufhin sich die Japaner zum Präventivschlag gegen die Vereinigen Staaten entschlossen. Sie hofften, dadurch ein bis zwei Jahre Zeit zu gewinnen, um weiter expandieren und einen uneinnehmbaren Verteidigungsring um ihre Machtsphäre legen zu können. Am 7. September 1941 starteten sie mit einem Flugzeugträgerverband einen Überraschungsangriff auf die Basis der US-Pazifikflotte in Pearl Harbor auf Hawaii. Sie zerstörten an diesem Tag acht Schlachtschiffe, drei Kreuzer und drei Zerstörer und setzten fast 200 Flugzeuge außer Gefecht. Die Amerikaner zählten auf ihrer Seite 2 400 Tote und fast 1 100 Verletzte, während die Japaner 29 Flugzeuge und drei Klein-U-Boote verloren. Gleichzeitig hatten die Japaner mit ihrer Offensive gegen die Philippinen, Malaysia, Thailand und Niederländisch-Ostindien begonnen.

Die Niederlage war schmachvoll und löste über Nacht in den USA einen Stimmungswandel aus, der bis weit über das Ende des Zweiten Weltkriegs hinaus fortdauern sollte. Roosevelt erklärte Japan am 8. Dezember 1941 den Krieg. Deutschland und Italien erklärten wiederum den Vereinigten Staaten den Krieg und hielten sich damit an die Bestimmungen ihres Dreimächtepaktes von 1940. Der Krieg hatte damit globale Dimensionen angenommen. Im Januar 1942 fanden sich in Washington Vertreter der 26 Staaten ein, die mittlerweile gegen Deutschland, Italien und Japan Krieg führten. Sie gründeten ein Bündnis, dass sich „United Nations“ nannte.

9. Die Jahre der Emigration

Es sollte sich herausstellen, dass André Kostolanys Wahl, in die USA zu emigrieren, für ihn in jeder Hinsicht von Vorteil war. Er befand sich in New York, der größten Stadt der Vereinigten Staaten, die vielen US-Bürgern als die europäischste ihres Landes galt: Eine Art „Super-Europa“ aus der Retorte, das sie gutgläubig „Melting Pot“ oder „Big Apple“ nannten. Und doch war dieser Gigant am Hudson River anders als alles, was Europa zu bieten hatte. Das lag nicht nur an den vollkommen anderen Dimensionen, an den Wolkenkratzerwäldern, dem Völker- und Sprachenbabel, dem Verkehrsüberdruck und der Wirtschaftsballung. Es lag vor allem auch an der Spannung, die in dieser Stadt wie mit Händen zu greifen war, an den ungelösten Problemen. Hier wohnten mehr Iren als in irgendeiner Stadt Irlands, fast so viele Italiener wie in Rom. Fast jeder vierte New Yorker war Jude, jeder achte Afro-Amerikaner oder Deutscher, es wimmelte von Polen, Schotten, Chinesen, Franzosen, Engländern und Indern. In der Park Avenue befanden sich die Büros der Firmenchefs von halb Amerika. In der Stadt lebten die meisten Dichter der USA und die meisten Gangster. Bettler und Millionäre waren friedliche Nachbarn, die Block an Block lebten. Es gab Kirchen und Tempel für 150 verschiedene Religionen.

Kostolany beherzigte den Rat seines Freundes Gerlitzky und bewegte sich bald in der „Clique der Cliquen“, nämlich der jüdisch-ungarischen, die sich vornehmlich aus Leuten mit Geld und Intellekt zusammensetzte. Die Warnung aber, auf keinen Fall mit dem berüchtigten Serge Rubinstein zu verkehren, der zwar großen Reichtum angehäuft habe, dies aber offenbar auf dunklen Wegen, schlug André in den Wind. Er kannte Rubinstein noch aus seiner Pariser Zeit. Beliebt war dieser auch damals nicht gewesen, da er Geldgeschäfte betrieb, die in der Branche keinen guten Ruf genossen. Weswegen er aus Frankreich ausgewiesen wurde, wusste niemand so genau. Zuerst hatte er sich nach Japan begeben und dort die Kontrolle über eine Goldmine übernommen, die er hemmungslos ausbeutete.

Seine erste Nacht in New York verbrachte Kostolany standesgemäß, und zwar im Hotel St. Moritz. Es galt übrigens als das einzige große und bekannte Hotel der Stadt, in dem auch Schwarze ein Zimmer bekommen konnten. Am Abend dieses ersten Tages lief ihm ausgerechnet Serge Rubinstein höchstpersönlich über den Weg. Sie befanden sich in einer Bar und es war für Kostolany unmöglich, ihm aus dem Weg zu gehen. So setzte er sich über Gerlitzkys Rat hinweg und nahm in der Folgezeit auch Kontakt zu Rubinstein auf. Dieser lud ihn zur Einweihungsparty seines neuen Hauses an der Fifth Avenue ein. Es war das Palais eines berühmten New Yorker Bankers gewesen. Die High Society zerriss sich zwar die Münder über diesen Sachverhalt, erschien aber trotzdem vollzählig zu Rubinsteins Party.

Nach Amerikas Eintritt in den Krieg wurde Serge Rubinstein zum Militärdienst einberufen. Durch einige recht fragwürde Tricks gelang es ihm, eine Freistellung zu erwirken. Die Staatsanwaltschaft hatte jedoch die Augen aufgehalten und verhaftete ihn. Er musste zwei Jahre im Gefängnis absitzen. Die Boulevard-Presse machte sich über dieses gefundene Fressen her. Sie verfolgte mit Schadenfreude, wie dieser halbseidene Glücksritter nun aus dem Verkehr gezogen wurde. Nachdem er seine Strafe verbüßt hatte, besuchte ihn Kostolany, um zu zeigen, dass er sich um die Gehässigkeiten und den „Gossip" um Rubinsteins Person nicht kümmerte. Die ganze Gesellschaft boykottierte Rubinstein nämlich. Er besaß zwar noch Vermögen, konnte sich damit aber keine Sympathien mehr erkaufen. Seine Frau hatte ihn während des Gefängnisaufenthaltes verlassen. Seine schlechte Angewohnheit, jede Frau zu verführen, die verheiratet und also nicht frei war, kostete ihn letztendlich das Leben. Es war eine Art „Sport" von ihm, sich und anderen zu beweisen, dass er allein durch sein Geld in der Lage war, anderen die Frauen „auszuspannen". Freie Damen interessierten ihn seltsamerweise nicht. Irgendwann fand man Rubinstein in seinem Palais, ermordet, kastriert und brutal verstümmelt. Die Mörder konnten niemals gefunden werden, aber die Art und Weise der Tat deutete klar auf mazedonische Täter hin. Denn in Mazedonien ist es üblich, den Mann zu kastrieren, der die Frau oder Geliebte eines anderen verführt hat.

Kostolany vertritt die Auffassung, dass Rubinstein im Grunde ein netter Mensch gewesen sei, trotz seiner schlechten Eigenschaften. Ein Monster sei er nie gewesen, wie es die Presse darstellte. Erstaunlicherweise haben ihn nur die Frauen verteidigt, egal wie vernichtend die Kampagnen gegen ihn ausfielen. Wahrscheinlich war Serge Rubinstein ein echter Kavalier und ein guter Liebhaber.

Trotz seiner Freundschaft zu Rubinstein gelang es André Kostolany dennoch, die „richtigen Leute" in New York kennenzulernen und in deren Gemeinschaft aufgenommen zu werden. Die vielen Ungarn in der Stadt ließen ihn vergessen, wie weit er von Europa und seiner Heimat entfernt war. Man traf sich täglich in der Halle des Hotels Pierre, wo Kostolany für 100 Dollar im Monat ein Zimmer gemietet hatte. Zu der Clique hatte sich auch Ferenc Molnár, ein berühmter ungarischer Schriftsteller, gesellt. Bekannte amerikanische Literaturzeitschriften hatten ihm Artikel und Porträts gewidmet. Er war bald der „Fixstern" der Gruppe, um den sich alles drehte. Jeder wollte ihn kennenlernen. Doch Molnár wies Fremde ab. Er verkündete, dass er genug Freunde habe und keine zusätzlichen brauche. Kostolany wusste von dieser Haltung und beachtete deshalb Molnár zunächst überhaupt nicht, was diesen wiederum ärgerte. Erst nach längerer Zeit kamen beide zufällig ins Gespräch. Von da ab sah man sich öfters, ging zusammen essen und führte angeregte Gespräche über Kostolanys Fachgebiet.

Ansonsten verbrachte André seine erste Zeit in New York in Restaurants, Kaffeehäusern und auf unzähligen Partys. Sein Vermögen, das er rechtzeitig aus Europa in die USA überwiesen hatte, ermöglichte ihm diesen elitären Lebenswandel. Auf seinem Bankkonto bei der Garant Trust lagen bereits 200 000 Dollar, die nach heutiger Kaufkraft wohl das Zwanzigfache wert sein dürften. Davon überwies er sogleich 100 000 Dollar an die Irving Trust Bank, deren Direktor er persönlich kennengelernt hatte. Einige Dollarbonds, mit Kredit belastet, blieben bei der Pariser Privatbank Lehideu Co. Finanziell bestand also keinerlei Grund zur Sorge. Eigentlich hatte sich André auch vorgenommen, nichts zu tun, sondern als seriöser „Playboy" sein Leben zu fristen. Schließlich gab es in den USA unendlich viel zu sehen, zu entdecken und zu studieren. So machte er selbstverständlich eine große Amerika-Rundreise, sah sich alle großen Städte an. Vor allem Hollywood interessierte ihn, da hier viele Ungarn im Filmgeschäft tätig waren und bis heute noch sind.

Kostolany spekulierte weiterhin mit Rohstoffen und Aktien, machte Termingeschäfte. Nachdem er jedoch das sorglose, verpflichtungs- und weitgehend arbeitsfreie Leben ausgekostet hatte, überkam ihn die Langeweile. Daneben passte es ihm nicht, dass man in Amerika oftmals „schief angesehen“ wird, wenn man keiner „richtigen“ Arbeit nachgeht. Kostolany wollte deshalb wieder als Makler tätig werden. Er bewarb sich bei verschiedenen Brokerhäusern, vor allem bei jenen, die in der Wall Street lagen. Das war nicht ganz uneigennützig, denn er stellte sich vor, dass es sehr nobel und schick sein könnte, auf der Visitenkarte mit einer Wall-Street-Adresse „anzugeben“. André ging davon aus, dass sich die Firmen schon die Finger nach ihm lecken würden. Er stellte sich vor, wie er in den Vorstellungsgesprächen mit seinem ungeheuren Wissen brillieren würde und Vorträge über das Thema Börsenspekulation hielt, während die Chefs der Firmen andächtig lauschten. Kostolany hatte sich sehr geirrt. Niemand wollte ihn einstellen, er bekam ausschließlich Absagen, ohne dass ein Gespräch überhaupt stattgefunden hätte. Nur von einer Firma, der weltweit bekannten Investmentbank Goldman, Sachs & Co., wurde er eingeladen und das auch nur deshalb, weil er den Seniorchef persönlich kannte. Dieser war auch bereit, Kostolany einzustellen, doch der Personalchef sprach sich dagegen aus. André verstand die Welt nicht mehr, dass sie ihn, den wirklichen Spezialisten, ablehnten. Wenig später erfuhr er die Gründe dafür und erhielt Kenntnis über seinen Kardinalfehler, den er in seinen Anschreiben beging. So hatte er immer darauf hingewiesen, dass er finanziell unabhängig sei. Die Firmen wollten solche Leute aber nicht haben. Sie waren auf der Suche nach „ausgehungerten“ Mitarbeitern, die schuften mussten, um Kunden zu akquirieren und um Provisionen zu kassieren. Bei Kostolany vermuteten sie dagegen den Lebemann, der zwar das Know-how besaß und vielleicht interessante Vorträge über sein Thema halten konnte, der aber kein „Big Producer“ sein würde. Wer zufrieden und relaxt an diesen Job heranging, hatte in ihren Augen schon verloren.

Kostolany war sich keineswegs zu schade für Tätigkeiten, die nicht seinem Metier entsprachen. Er besann sich auf seine Liebe zur Musik und wollte in einem großen Grammofongeschäft arbeiten. Er hoffte darauf, dass dort viele hübsche Frauen einkauften, denen er den Hof machen könnte. Doch auch dort wollten sie ihn nicht. Aus diesem Grund gründete er etwas später mit ungarischen Freunden eine eigene Firma, die eine der wenigen Investitionen außerhalb des ihm vertrauten Börsenterritoriums darstellte. Das Geschäft hieß Ballay & Company und spezialisierte sich auf die Berechnung von Buchforderungen. Das Büro befand sich am Hannover Square, in unmittelbarer Nähe der Wall Street. Kostolany fungierte im Grunde nur als Geldgeber. Das Geschäft betrieben seine Freunde. André erledigte aus dem Büro seine privaten Angelegenheiten, denn viel zu tun gab es für ihn nicht. In der Regel verließ er die Firma gegen elf Uhr morgens schon wieder. Sein Leben hatte sich nicht tiefgreifend verändert. Er ging ins Kino, war ständiger Besucher der Oper, des Theaters und der Kunstmuseen. Geradezu luxuriös nahm sich in Kostolanys Erinnerungen der Überschuss an Frauen aus. Die Männer waren eingezogen, im Krieg. Aus diesem Grund gab es wenig Konkurrenz. Damals lernte André auch seine erste Frau, eine Wienerin, kennen. Sie besaß schon länger die amerikanische Staatsbürgerschft, da sie zuvor mit einem Amerikaner verheiratet gewesen war. Nach Kostolanys Heirat mit ihr wurde auch er amerikanischer Staatsbürger. Man genoss fortan das Leben zu zweit.

So vollkommen sorgenfrei war das Dasein allerdings nicht. Wie ein Damoklesschwert schwebte über allen Emigranten die Ungewissheit, ob sie jemals wieder in ihr Heimatland würden zurückkehren können. Die USA vermittelten Sicherheit, und es war unwahrscheinlich, dass Hitlers Armeen jemals hier einmarschieren würden. Europa jedoch schien für immer verloren. Dem waschechten Wiener, Ungarn oder Franzosen fehlte vor allen Dingen sein Kaffeehaus, in dem er Zeitung lesen und philosophieren konnte, ihm fehlten die Straßen und Boulevards zum geruhsamen Flanieren. Das Leben in den Vereinigten Staaten war nun einmal nicht jenes, an das der Europäer gewöhnt war und das er für glücklich gehalten hatte. Viele Emigranten glaubten an einen umfassenden Sieg Hitlers. Zu ihnen gehörte auch Kostolany. Er war vor allem über einige Anordnungen der amerikanischen Regierung erstaunt und fragte sich allen Ernstes, ob mit so etwas ein Krieg zu gewinnen sei. Ganz besonders kurios wirkten auf ihn und viele andere Emigranten einige Maßnahmen der Textilindustrie. Eine der vielen Kommissionen, die gebildet worden waren, um das Wirtschaftsleben auf die Kriegsbedürfnisse einzustellen, hatte verfügt, dass zweireihige Herrenanzüge keine Westen mehr haben dürften. Einreiher waren davon ausgenommen. Aufschläge an Herrenhosen wurden abgeschafft. Außerdem hatte die Bundfalte zu verschwinden. Die Europäer in New York fragten sich amüsiert bis verzweifelt, ob der Verzicht auf Bundfalten die Wehrmacht aufhalten und zerstören könne.

Doch bald wusste man es besser. Minutiös bereitete sich Amerika auf den Krieg vor. Das alltägliche Leben wurde dem neuen Zustand schnell und effektiv angepasst. Es gab unzählige Erlasse und Dekrete, die verfügten, dass bestimmte Artikel nicht mehr produziert werden durften. Davon betroffen waren etwa Füllfederhalter, Taschenradios und Schreibmaschinen für den privaten Gebrauch. Geradezu faszinierend fand Kostolany die Aufforderung der Industrie an die Verbraucher, nunmehr zu sparen. Tatsächlich machten Großkonzerne Negativwerbung, forderten das Publikum auf, die eigenen Produkte nicht zu kaufen! Nach Kostolanys Meinung ist ein Teil der amerikanischen Stärke auf diesen Zusammenhalt von Industrie und Staat zurückzuführen. Den USA gelang und gelingt es immer wieder, auf diese Weise ungeahnte Potentiale zu entwickeln.

Der Zweite Weltkrieg bestätigte Tocquevilles Beobachtung aus dem frühen 19. Jahrhundert, die dahin ging, dass Amerika als republikanische Nation zwar lange zögere, bevor sie einen Krieg führe, ihn dann aber umso entschlossener und leidenschaftlicher angehe. Die USA verfügten im Jahre 1941 über gewaltige menschliche und materielle Ressourcen, die sie mit den oben beschriebenen Maßnahmen schnell aktivierten. Die Vereinigten Staaten führten 45 Monate Krieg. Über 16 Millionen Amerikaner dienten währenddessen in den Streitkräften, darunter 100 000 Frauen im „Women's Army Corps". Die finanzielle Lend-Lease-Hilfe für die Alliierten betrug 50 Milliarden Dollar, wovon allein 31 Milliarden an Großbritannien gingen. 60 Prozent der Kriegskosten von insgesamt 370 Milliarden Dollar wurden durch den Verkauf von „War Bonds“ und ähnlichen Anleihen aufgebracht. Das Bruttosozialprodukt stieg erheblich. Ökonomisch brauchten die Vereinigten Staaten nicht einmal an die Grenze der Belastbarkeit heranzugehen, da auf Grund der Depression noch viele ungenutzte Kapazitäten zur Verfügung standen. Die Kriegsproduktion konnte enorm gesteigert werden, ohne dass die Regierung den privaten Konsum allzu stark drosseln musste. Zu den Ausnahmen gehörte sicherlich die Produktion von Automobilen, die für die Dauer des Krieges zugunsten des Lastwagen- und Panzerbaus gestoppt wurde. Ab 1942 vollzog die Volkswirtschaft den Übergang von der leichten Erholung zum sich selbst tragenden Aufschwung mit Vollbeschäftigung und steigenden Löhnen und Preisen. Während sich die Unternehmensgewinne verdoppelten, stiegen die Realeinkommen der Arbeitnehmer um 50 Prozent. Da nun häufig mehrere Familienmitglieder verdienten, steigerten sich die Einkommen der Privathaushalte sogar um 135 Prozent. Bis zu einem gewissen Grade sorgte der Krieg also für eine gerechtere Einkommensverteilung.

Als besonders folgenreich erwies es sich, dass die Streitkräfte ermächtigt wurden, Rüstungsaufträge direkt an die Unternehmen zu vergeben. Bis zum September 1944 gingen auf diese Weise „Government Contracts“ in Höhe von fast 175 Milliarden Dollar an die Wirtschaft, wobei große Konzerne wie General Motors und General Electric besonders günstig abschnitten. Hier begann eine Symbiose, die später einmal als „militärisch-industrieller Komplex“ bezeichnet wurde. Die Mobilisierung der Arbeitskräfte verlief sehr viel reibungsloser und effizienter als etwa in Deutschland, wo sich ideologische Vorbehalte, speziell Hitlers Aversion gegen die Frauenarbeit, ausgesprochen störend auswirkten. Im Unterschied zum Deutschen Reich, das 1939 die Vollbeschäftigung verzeichnete, konnten in den USA noch mehrere Millionen Arbeitskräfte durch die „War Manpower Commission“ in die Kriegsproduktion eingegliedert werden. Die großen Städte des amerikanischen Westens und Nordens erlebten einen starken Bevölkerungszustrom aus dem Süden und vor allem aus den ländlichen Gebieten. Die Afro-Amerikaner waren an dieser sieben Millionen Menschen umfassenden, riesigen Bevölkerungswanderung mit etwa zwei Millionen beteiligt. Darüber hinaus verstärkten an die sechs Millionen weibliche Arbeitskräfte die industrielle „Work Force“. Unter ihnen befanden sich in zunehmenden Maße auch verheiratete Frauen, die sich durch gezielte Propagandamaßnahmen und gute Verdienstmöglichkeiten zu dieser Entscheidung durchrangen. Was konnte auf deutscher Seite dagegengesetzt werden, wenn die Machthaber zwar den totalen Krieg verkündeten, ihn aber nicht total organisierten? Eine wirkliche, totale Mobilmachung hat im Deutschen Reich nie stattgefunden. Im Gegenteil: Hitler verließ sich im zivilen Sektor möglichst lange auf die einmal ernannten Verantwortlichen. Für dringende Sonderaufgaben, wie etwa den Arbeitseinsatz, berief er immer mehr Sonderbeauftragte. Es entstanden viele, Hitler unmittelbar unterstellte, aber nicht ausreichend gegeneinander abgegrenzte Behörden, was im Endeffekt zu einem Verwaltungswirrwarr führte und sich produktionshemmend auswirkte.

Die USA konnten im Zweiten Weltkrieg ihre Industrieproduktion verdreifachen. Die optimistischsten Erwartungen wurden übertroffen. Besonders spektakulär waren natürlich die Steigerungsraten in der Rüstungsproduktion, die nach einiger Zeit zwei Drittel des alliierten Schiffraums zur Verfügung stellte und damit die Verluste durch die Angriffe deutscher U-Boote mehr als wettmachte. 1943 bauten die Vereinigten Staaten über 30 000 Panzer, 1944 erreichte die Produktion von Flugzeugen etwa 100 000 Stück. Mit einem Anteil von 45 Prozent an der Erzeugung aller Kriegsgüter wurden die USA zum größten „Waffenarsenal“ der Welt, das nicht nur die verbündeten Demokratien mitversorgte, sondern auch der Sowjetunion und China aushalf. Die amerikanische Siegesgewissheit und Überlegenheit fand ihren deutlichsten Niederschlag darin, dass die Washingtoner Lenkungsgremien im Jahre 1944, als sich die anderen Staaten verzweifelt um Produktionssteigerungen bemühten, bereits den „sanften“ Übergang auf die Friedenswirtschaft vorbereiteten.

Auch die wissenschaftlichen Ressourcen des Landes wurden voll ausgeschöpft. So gaben die Bemühungen um die Entschlüsselung der feindlichen Geheimcodes einen wichtigen Anstoß zur Entwicklung der Computertechnologie. Bedeutendste, aber auch fragwürdigste wissenschaftliche Errungenschaft war die Entwicklung der Atombombe, in die zwei Milliarden Dollar investiert wurde. Den Anlass dazu gaben politische Flüchtlinge wie Albert Einstein und Enrico Fermi, die schon Ende der 30er Jahre vor einer deutschen Atombombe gewarnt hatten.

Vor diesem Hintergrund ist der mangelnde Optimismus, mit dem André Kostolany und seine Freunde in New York zeitweise auf die Ereignisse in Europa schauten, nur schwer verständlich. Aber der Krieg hatte für die USA gerade erst begonnen. Kostolany berichtete von einem makabren Spruch, der damals in Emigrantekreisen die Runde machte und mit dem definiert wurde, was ein Optimist und ein Pessimist sei: „Der Pessimist ist in Amerika und der Optimist ist in Auschwitz".

Kostolany hielt sich häufig in New Yorks 86. Straße auf, die auch die „Deutsche Straße" genannt wurde. Es gab deutsche Buchhandlungen, Restaurants und Cafés. Sie trugen zum Teil bezeichnende Namen: Café Hindenburg oder Café Loreley. Auch ein deutsches Kino befand sich dort. André hatte es häufiger besucht, bevor die USA mit Deutschland Krieg führten. Hier lief die Wochenschau mit den Kriegsberichterstattungen von der Ost- und der Westfront. Es war dasselbe Material, das auch in Deutschland gezeigt wurde. Nach einem dieser Kinobesuche hatte Kostolany Gelegenheit, in einer Konditorei deutsche Landsmänner beim Gespräch zu belauschen. Es handelte sich zwar nicht um Nationalsozialisten, wohl aber um glühende Patrioten. Sie waren überzeugt davon, dass Hitlers Armeen den Sieg davontragen würden. Ihre Selbstsicherheit und die Siegesgewissheit hinterließen bei Kostolany einen starken Eindruck. Er bekam tatsächlich Angst, dass Hitler womöglich doch seine Vorstellungen realisieren könne. Und diese Angst teilten viele mit ihm. Kostolany berichtete von Edward Pfeffer, dem besten Freund seines Pariser Arbeitgebers Adrien Perquel, der sich ebenfalls in New York aufhielt. Wenn Pfeffer ausnahmsweise einmal nicht von seinen homosexuellen Abenteuern erzählt habe, hätten er und Kostolany über die politische Lage diskutiert. Irgendwann sei Edward Pfeffer vollkommen aufgelöst zu André gekommen, um ihm mitzuteilen, dass die Deutschen eine Geheimwaffe, ein Massenvernichtungsmittel, entwickelt hätten. Daraufhin war Kostolany noch mehr beunruhigt. Am Ende würden vielleicht noch die USA von den Deutschen besetzt! André ließ seine Verbindungen spielen, um zu erfahren, ob das Gerücht stimme. Jemand, der Verbindungen bis zum Weißen Haus hatte, lächelte daraufhin nur und beruhigte ihn. Man sei über alles informiert, es bestehe keinerlei Gefahr.

Unter den fast 200 000 Deutschen, die wegen des Nationalsozialismus in die USA emigriert waren, befanden sich viele prominente Intellektuelle, Wissenschaftler und Künstler, deren Namen in aller Welt mit dem Begriff der „deutschen Kultur“ identifiziert wurden. Zu dieser geistigen Elite gehörten die Schriftsteller Thomas Mann und Carl Zuckmayer, der Dramatiker Bertolt Brecht, der erwähnte Physik-Nobelpreisträger Albert Einstein, die Sozialwissenschaftler Franz Neumann, Max Horkheimer, Theodor Adorno und Herbert Marcuse, die an der New Yorker „New School for Social Research“ zusammenarbeiteten. Weitere berühmte Namen waren der Psychologe Max Wertheimer, die Psychoanalytiker Erich Fromm und Erik H. Erikson sowie die Philosophen Hannah Arendt und Leo Strauss. Die Architekten Mies van der Rohe und Walter Gropius brachten den Stil des Bauhauses in die USA. Erwin Piscator, Ernst Lubitsch und Billy Wilder gaben dem amerikanischen Film neue Impulse. Komponisten und Dirigenten wie Arnold Schönberg, Kurt Weill, Bruno Walter und Otto Klemperer bereicherten die Musikszene. Heinrich Brüning, der ehemalige Reichskanzler, lehrte seit 1939 an der Havard University Verwaltungswissenschaften. Er war der bekannteste unter den emigrierten Politikern, die allen ideologischen Richtungen angehörten, von der kommunistischen Linken bis zur konservativ-monarchistischen Rechten. Die genannten Personen bildeten aber zahlenmäßig nur die Spitze eines Eisbergs. Der gewaltige Exodus der geistigen Elite fügte Deutschland intellektuell und künstlerisch schweren Schaden zu, kam gleichzeitig aber dem amerikanischen Geistesleben zugute. Viele der Flüchtlinge empfanden die Vereinigten Staaten als Gegenpol zum europäischen Totalitarismus und hatten sich bei Kriegsende so gut eingelebt, dass sie eine Rückkehr nicht mehr in Betracht zogen. Der linksliberale „New Deal“ schaffte im Übrigen eine Atmosphäre, mit der sich sogar viele Kommunisten und Sozialisten anfreunden konnten.

Eine große Anzahl deutscher Emigranten leistete freiwillig Kriegsdienst. Einige, wie Franz Neumann, Herbert Marcuse und der Historiker Felix Gilbert, ließen sich etwa für die Analyseabteilung des Geheimdienstes OSS rekrutieren.

Wie grundlos Kostolanys Befürchtungen und die seiner Freunde und Bekannten in New York hinsichtlich eines umfassenden Sieges der Hitler-Armeen waren, zeigte sich ab 1942. Im November griffen die USA in den Krieg der europäischen Mächte mit der Landung in Nordafrika direkt ein. Der amerikanische Angriff konzentrierte sich zuerst auf den Kampf gegen Deutschland, weil nur das Deutsche Reich mit seinen Verfügungsmöglichkeiten über weite Teile der europäischen Industrie wirklich gefährlich war. In Libyen hatte das deutsche Afrikakorps seit 1941 mit wechselndem Erfolg gekämpft. Der dort operierende General Rommel wurde zum populärsten Truppenführer. Als glänzender Taktiker hatte er den übermächtigen Gegner, bald siegreich vorstoßend, bald geschmeidig ausweichend, ständig in Atem gehalten. Im Juni 1942 erreichte er El Alamein in Ägypten. Noch einmal lebte die Hoffnung auf, die Truppen könnten bis nach Palästina, Syrien und zum Irak vordringen und die Verbindung mit den im Kaukasus kämpfenden Einheiten und mit den Japanern am Indischen Ozean aufnehmen. Aber der Nachschub über Tausende von Kilometern konnte nicht mehr bewältigt werden, zumal die Engländer in Gibraltar, Zypern und Malta noch immer feste Stützpunkte besaßen und die deutsch-italienische Nachschublinie Sizilien – Tripolis ständig bedrohten. Rommel blieb zunächst vor El Alamein liegen und musste dann im Oktober 1942 dem britischen General Montgomery weichen, der vor Ägypten in erfolgreichem Gegenangriff durch die Cyrenaika bis an die Grenze von Tunis vorstieß. Am 8. November landeten die Alliierten unter dem amerikanischen General Eisenhower zur völligen Überraschung der Achsenmächte an der Atlantischen Westküste Marokkos und in den Mittelmeerhäfen Algeriens. Die französischen Streitkräfte in Nordafrika schlossen sich den Alliierten an. Nunmehr aus dem Osten und Westen bedrängt, konnten sich die deutsch-italienischen Streitkräfte nicht mehr halten. Hitler befahl aber keinesfalls ihre Rückführung nach Europa, sondern schaffte Verstärkungen heran, sodass schließlich 250 000 Soldaten, von jeglichem Nachschub abgeschnitten, am 13. Mai 1943 kapitulieren mussten und in Gefangenschaft gingen.

Katastrophal wirkte sich vor allem der Kampf um Stalingrad aus. In der Sowjetunion versuchte Hitler im Sommer 1942 durch eine erneute, breit angelegte Offensive, die Entscheidung herbeizuführen. Ziel waren die Ölfelder nördlich und südlich des Kaukasus und die untere Wolga bei Stalingrad. Zunächst war die Offensive erfolgreich. Die Deutschen besetzten die Krim zur Gänze und eroberten die Ukraine. Vom unteren Don stießen sie nach Südosten vor und gelangten bis in die Höhen des Kaukasus. Eine zweiter Stoßkeil erreichte bei Stalingrad die untere Wolga. Aber die Rote Armee wich in die Tiefe des Raumes aus. Der Vorstoß auf dem Kaukasus blieb stecken und bei Stalingrad entbrannte ein erbitterter Stellungskrieg. Straße um Straße, Haus um Haus wurden gnadenlos umkämpft. Mitte November setzte die Rote Armee mit überlegenen Kräften nördlich und südlich von Stalingrad zum Gegenstoß an und schnürte die um Stalingrad stehende 6. Armee von ihren rückwärtigen Verbindungen ab. Wieder weigerte sich Hitler, den Rückzug anzuordnen. Damit gab er 200 000 Soldaten dem Untergang preis. Am 31. Januar und 2. Februar 1943 kapitulierten, auf engstem Raum zusammengedrängt, die Reste der 6. Armee. Nach russischen Angaben wurden 130 000 Gefangene gemacht. Das Ostheer verlor in diesen entscheidenden Kämpfen 50 deutsche und verbündete Divisionen. Die Initiative lag in der Folgezeit in russischer Hand.

Die Alliierten waren sich angesichts der deutschen Rückschläge so sicher über den Kriegsausgang, dass Roosevelt auf der Konferenz von Casablanca im Januar 1943 eine „bedingungslose Kapitulation" der Achsenmächte und Japans forderte. Dieses Diktum war bei den Westalliierten sicherlich sehr „medienwirksam" und beschwichtigte die Befürchtungen der Sowjetunion, die Westmächte könnten einen Separatfrieden mit Deutschland abschließen. Allerdings bewirkte dieser Ausspruch bei Hitler und seinen Vasallen, die Deutschen zur Hergabe der letzten Kräfte aufzupeitschen. Immerhin schien es so, dass die Alliierten nicht etwa nur das nationalsozialistische System beseitigen, sondern das Deutsche Reich auflösen wollten. Goebbels fragte daraufhin in der bekannten Rede im Berliner Sportpalast die Deutschen: „Wollt ihr den totalen Krieg?“ Eine politische Lösung war jetzt nicht mehr möglich. So trug Casablanca wesentlich zur Kriegsverlängerung bei.

Am 10. Juli 1943 benutzten die Alliierten die nordafrikanische Basis zum Sprung nach Europa. Damit entsprachen sie dem russischen Drängen nach einer „zweiten Front“ auf dem Festland. Gleichzeitig trafen sie Deutschland an der empfindlichsten Stelle, denn Italien war kriegsmüde und uneins. Nach der Besetzung Siziliens erfolgte das Vordringen auf das italienische Festland. Währenddessen drangen die Russen nach Westen vor. Am 6. Juni 1944, dem „D-Day“, landeten englisch-amerikanische Kräfte unter Eisenhower und Montgomery in der Normandie. Die Unsicherheit, an welcher Stelle der Atlantikküste die Westmächte angreifen würden, lähmte die deutsche Kriegführung. Der Aufbau einer Atlantikfront an anderer Stelle hatte wertvolle Kräfte entzogen. Hitler verrannte sich in der Annahme, die Hauptlandung werde im Pas de Calais erfolgen und hielt deshalb wertvolle Eingreifreserven zurück. Die Alliierten konnten ihre Brückenköpfe ausdehnen. Nach zehn Tagen standen bereits eine Million Soldaten und 300 000 Fahrzeuge auf dem Festland. Die nachfolgende Schlacht um Frankreich endete mit einer furchtbaren Niederlage für die deutschen Armeen. Die französische Hauptstadt Paris blieb beim Rückzug der Deutschen so erhalten, wie Kostolany sie in Erinnerung hatte. Trotz des Befehls Hitlers, Paris mehr oder weniger dem Erdboden gleichzumachen, hatte der örtliche Oberbefehlshaber diesen Irrsinn einfach nicht ausgeführt, sondern die Stadt verlassen, ohne nennenswerte Zerstörungen anzurichten. Gleichzeitig gab es riesige Verluste in Russland. Die deutsche Front auf dem Balkan brach unterdes völlig zusammen.

Der militärische Offenbarungseid der Wehrmacht war im Herbst 1944 nur noch eine Frage der Zeit. Die nationalsozialistische Führung verlangte von den Deutschen Opfer um Opfer. Die letzten Kriegsmonate kosteten mehr Menschen das Leben und brachten mehr Zerstörung als der gesamte Krieg vorher. Dennoch gingen nach und nach alle besetzten Gebiete verloren. Im Osten drangen die Russen über die Karpaten in Ungarn ein, das an der Seite Deutschlands gekämpft hatte. André Kostolanys Heimatstadt Budapest wurde das Opfer eines verzweifelten und nutzlosen Kampfes.

Bereits im Februar 1945 hatten Roosevelt, Churchill und Stalin auf der Konferenz von Jalta die Kapitulationsbedingungen für Deutschland festgelegt und eine künftige internationale Friedensorganisation geplant. Am 7. Mai 1945 in Reims und am 8. Mai in Berlin wurden die Gesamtkapitulationen der deutschen Wehrmacht schließlich unterzeichnet.

Trotz der Germany-first-Strategie, die 60 Prozent des amerikanischen Militärpotentials für den Krieg gegen Hitler reservierte, vollzog sich der Umschwung im Pazifik schneller als auf dem europäischen Kriegsschauplatz. Zum Wendepunkt wurde die Schlacht bei den Midway-Inseln im Juni 1942, in der es den Amerikanern gelang, nicht zuletzt aufgrund erfolgreicher Funkaufklärung, ohne nennenswerte eigene Verluste vier schwere japanische Flugzeugträger zu vernichten. Die Offensivkraft der Japaner war damit gebrochen. Die USA konnten zum Gegenangriff übergehen. Im August 1945 kapitulierte Japan, nachdem ihm zugestanden wurde, dass das Kaisertum erhalten blieb. Der Kampf war unerwartet schnell zu Ende gegangen, nachdem die Amerikaner Atombomben auf Hiroshima und Nagasaki geworfen hatten.

Am 8. Mai 1945, dem Tag der Kapitulation der deutschen Wehrmacht in Berlin, stand André Kostolany mit seiner Frau Hansi auf dem Times Square in New York. Tausende von Menschen drängten sich hier. Die Menschen jubelten. Die gesamte Stadt schien auf den Beinen und feierte bis in den Morgen den Sieg über Hitler. Schon in diesem Moment stand für Kostolany fest, dass er zurück nach Europa, nach Paris gehen würde. So sehr er das Leben in New York auch genossen hatte, mit Paris fühlte er sich mehr verbunden, es war und blieb seine Heimat.

10. Zurück nach Europa!

Im Sommer 1946 besuchte Kostolany zum ersten Mal nach dem Ende des Zweiten Weltkriegs Europa. Es sollte lediglich eine Visite sein, denn so bald nach dem Krieg wollte er noch nicht wieder übersiedeln. Nach seiner Ankunft in Paris ging er zu seiner alten Wohnung in der Rue de Monceau. Dort erfuhr er, dass sie jetzt von einem berühmten Starlet bewohnt sei. Er stellte sich aber nicht bei ihr vor. André erinnerte sich, dass er an jenem Abend mit seiner Frau im Le Doyen zu Abend aß. Dort hörten beide zum erstenmal Yves Montand, der dort „La mer" sang.

Von Ferenc Molnár, dem ungarischen Schriftsteller und geistigen Oberhaupt der ungarischen Exilantenclique New Yorks, hatte Kostolany den Auftrag erhalten, genauestens die Wirtschaftssituation Europas zu schildern. Er schrieb Molnár sofort, nachdem er sich ein erstes Bild gemacht hatte. Kostolany zitierte in seinen Erinnerungen eine Kurzform dieses Briefes, die folgendermaßen lautete: „In Frankreich ist wahnsinnig viel Geld, aber überhaupt keine Ware. In Italien ist viel Ware, aber überhaupt kein Geld. In der Schweiz viel Ware und viel Geld und in Deutschland keine Ware und kein Geld." Damit sei die gesamte Lage angemessen beschrieben worden. Aus Frankreich hätten die Deutschen alles mitgenommen, sodass am Ende nur noch der Franc dagewesen sei, der rapide an Wert verlor. Die Italiener hätten ihre Waren dagegen versteckt gehalten und nach dem Krieg alles wieder hervorgeholt. Die Regierung versuchte mit einer Deflationspolitik gegenzusteuern. Dies hatte zur Folge, dass kein Geld vorhanden war. In der Schweiz war man aufgrund der Neutralität von allem verschont geblieben. In Deutschland gab es dagegen nur Trümmerhaufen.

Kostolany kehrte nach New York zurück und empfing großes Lob von Molnár, der sich mit dem Lagebericht überaus zufrieden gab.

Nach der Befreiung von Paris am 25. August 1944 durch alliierte und französische Truppen formierte Charles de Gaulle, ein General, der von der äußersten politischen Rechten stammte, mit sozialistisch und kommunistisch inspirierten Widerstandsgruppen ein demokratisches Regime, das von der großen Mehrheit der Bevölkerung anerkannt und getragen wurde. Dennoch war das politische Leben Frankreichs in zwei unterschiedliche Pole zerfallen: Zum einen in die im Juni 1944 in Algier gegründete Provisorische Regierung der Französischen Republik unter Charles de Gaulle, die einen konservativen Kurs verfolgte, zum anderen in die verschiedenen Résistance-Gruppen, in denen die Kommunisten eine starke Position einnahmen. Zwischen beiden Kräften setzte ein zähes Ringen um den zukünftigen Anteil an der Macht ein. De Gaulle konnte allerdings bis Ende 1944 die Autorität seiner Regierung überall durchsetzen. Allen gemeinsam war das Streben nach nationaler Unabhängigkeit und Größe. In seinem Kampf um Anerkennung der Provisorischen Regierung und Sicherung eines Großmachtstatus für Frankreich fand de Gaulle die ungeteilte Zustimmung seines Kabinetts und wohl auch die fast aller Franzosen. Entsprechend war die Genugtuung, als Frankreich auf der Konferenz von Jalta Anfang Februar 1945 eine Beteiligung an der Besatzung Deutschlands zugesichert wurde. Beträchtlich blieb jedoch die Verärgerung darüber, dass die „Großen Drei" ohne französische Beteiligung über die europäische Nachkriegsordnung verhandelten. Nach allgemeiner Ansicht sollte auch Frankreich zukünftig eine führende Rolle spielen.

Damit Frankreich aber wieder den Status einer Großmacht übernehmen konnte, waren gewaltige Wiederaufbauanstrengungen notwendig. Die Kriegsereignisse hatten 600 000 Menschen das Leben gekostet. Die Zerstörungen betrugen das zwei- bis dreifache des jährlichen Volkseinkommens der Vorkriegsjahre. Die industrielle Produktion erreichte 1944 gerade einmal 38 Prozent des Jahres 1938 oder 29 Prozent des Jahres 1929. Hunger, Inflation und steigende Außenhandelsbilanzdefizite erschwerten den Neuanfang. Dass in dieser Situation in den Wiederaufbau investiert werden musste, bei gleichzeitiger Zurückstellung des privaten Konsums und populärer Umverteilungswünsche, war einhellige Meinung in fast allen politischen Lagern. Die gemeinsamen Anstrengungen brachten bis 1947 die Rückkehr zum Produktionsniveau von 1938. Der

Kaufkraftverlust betrug allein in dieser Phase etwa 30 Prozent. Abgemildert wurde er durch vorsichtige Sozialreformen.

Parallel zum Wiederaufbauprogramm lief eine Phase spontaner Abrechnung mit vermeintlichen und tatsächlichen Kollaborateuren der deutschen Besatzer. 10 000 Menschen wurden im Zuge der Befreiungskämpfe und kurz danach hingerichtet, oft nach fragwürdigen Verfahren vor improvisierten Résistance- oder Kriegsgerichten. Nachdem jedoch die Kommissare der Republik die Organisation der Verfahren übernahmen, wurde die Verurteilungspraxis rasch milder. Viele Mitläufer ereilte zwar noch eine harte Strafe, eine Reihe von Nutznießern des Vichy-Regimes kamen aber recht glimpflich davon. Nachsichtig war auch die Säuberungspraxis im öffentlichen Dienst und der Wirtschaft. Prominente Politiker, die sich der Kollaboration schuldig gemacht hatten, wurden dagegen demonstrativ verurteilt: Laval und Pétain zum Tode. Letzterer erfuhr allerdings die Begnadigung zu lebenslanger Haft. Auf diese Weise konnte die Abkehr von Vichy deutlich markiert werden, ohne dass zugleich das Verhalten der Bevölkerungsmehrheit in der Kriegs- und Besatzungszeit allzu genau untersucht werden musste. Es war ein Verfahren, dass zwar hier und dort Proteste hervorrief, jedoch zur Konsensbildung und zur Stärkung der neuen Regierung beitrug.

Außenpolitisch war Frankreich und seine Regierung nach Kräften darum bemüht, Boden gegenüber den anderen Mächten gutzumachen. Nach Frankreichs Plänen sollte Deutschland in Einzelstaaten aufgespalten und ein großer Teil des deutschen Wirtschaftspotentials nach Frankreich transferiert werden. Darüber hinaus wollte man die durch den Krieg erschütterte Herrschaft über die Kolonien wiederherstellen. Die Deutschlandpläne scheiterten jedoch am Widerstand der Amerikaner. Die Bemühungen um Eindämmung der Autonomiebestrebungen der Kolonien führten in der Folgezeit zu einer deutlichen Überbeanspruchung der Kräfte Frankreichs, die vor allem in den 50er Jahren lange innenpolitische Krisen zur Folge hatten.

Frankreichs politisches Handeln nach 1945 war zunächst noch von der Sorge um Mitteleuropa bestimmt. Die Sowjetunion machte durch ihr rigoroses und rücksichtsloses Handeln jedoch schnell deutlich, dass Frankreichs tatsächliche oder eingebildete Rivalität zu Deutschland durch die weltpolitische Entwicklung längst überholt war. Der Europakonzeption gehörte die Zukunft. Deren Kerngedanke war seitdem die deutsch-französische Freundschaft.

Die krisenhafte Nachkriegsentwicklung fand einen der greifbarsten Niederschläge in der Entstehung von Schwarzmärkten, die einen Großteil des französischen Wirtschaftslebens bestimmten. André Kostolany berichtete, dass er seine Dollars, die er aus den USA mitnahm, um seine Europa-Rundreise zu finanzieren, selbstverständlich „schwarz" tauschte. Der offizielle Wechselkurs betrug 50 Franc für einen Dollar. Auf dem Schwarzmarkt erhielt man dagegen 500 Franc. Logischerweise verkaufte deshalb kein Mensch seine US-Währung offiziell. Auf „offiziellem" Wege war ohnehin fast nichts zu bekommen. So hatten die Restaurants kaum vernünftige Gerichte auf ihrer Speisekarte. Demgegenüber gab es „schwarze" Gaststätten, in denen alles erhältlich war. Eine Speisekarte gab es dort nicht, dafür kam aber der Chef an den Tisch und zählte das Angebot auf. Für die Gerichte wurden Schwarzmarktpreise verlangt. So verkaufte also Kostolany seine Dollars schwarz, ging in schwarze Restaurants, bestellte schwarze Gerichte und bezahlte mit schwarzem Geld die schwarzen Preise. Die Wirte kauften mit diesem Schwarzgeld wiederum schwarze Ware von den Schwarzhändlern auf dem Schwarzmarkt. Die Händler selbst verfügten über genug Geld, um etwaige Kontrolleure zu bestechen, die damit ihrerseits genügend Schwarzgeld hatten, um schwarz einzukaufen. Ganze Wirtschaftszweige regelten ihre Geschäfte auf diese Weise. Nach Kostolanys Eindruck lief alles ohne Zwischenfälle und „wie geschmiert". Er machte dafür nicht zuletzt die französische Mentalität verantwortlich.

Im Jahre 1948 war für Kostolany der Zeitpunkt gekommen, endgültig wieder nach Paris zurückzukehren. Er hatte den Eindruck gewonnen, dass sich das Leben in seiner Lieblingsstadt und in Frankreich weitgehend normalisiert hatte. Sofort erkannte er neue Möglichkeiten der Spekulation. André fand heraus, dass die Franzosen, nach dem Einmarsch der Deutschen, ihr Hab und Gut, besonders aber ihre Wertpapiere, in Sicherheit gebracht und versteckt hatten. Sie befanden sich vergraben unter Bäumen, auf dem Grund trockengelegter Brunnenschächte, verborgen in irgendwelchen Erdhöhlen im Wald. Bei diesen Papieren handelte es sich sehr häufig um südafrikanische Goldminen-Aktien, die nun wieder das Tageslicht erblickten. André Kostolany war sich klar darüber, dass es für die einfachen Leute Frankreichs nur eine einzige, wirklich sichere Geldanlage gab: Das pure Gold. Egal, ob Barren oder Napoleon-Münzen. Wichtig war, sich der Zertifikate zu entledigen, sie in echtes Gold umzutauschen. Die Aktien wurden bald zu Billigstpreisen auf dem Markt angeboten, um endlich in den Besitz des gelben Metalls zu gelangen. Für Barren und Goldmünzen zahlten die Menschen viel zu hohe Preise. Eine Kollege von Kostolany, Lacy Kux, machte sich diese Umtauschwut zunutze und schickte die Papiere durch insgesamt fünf Länder, bis er am Ende doppelt so viele Dollar erhielt, wie er eingesetzt hatte. Kux war Arbitrageur und darauf spezialisiert, die Preis-, Kurs- oder Zinsdifferenzen eines Wirtschaftsgutes auszunutzen, die zu einem bestimmten Zeitpunkt an verschiedenen Börsenplätzen gegeben sind. Bei diesen Gütern kann es sich um Effekten, Termingeld, Devisen und Edelmetalle handeln. Kostolany unterstützte Lacy Kux und beteiligte sich selbstverständlich auch an dem Geschäft.

Abgesehen von diesen Dingen, die Kostolanys Ehrgeiz als Spekulant weckten, bot Paris schon bald nach Ende des Krieges, vor allem aber in den 50er Jahren, eine knisternde Atmosphäre des intellektuellen Aufbruchs, die André sicherlich genossen haben wird. Paris galt nach kurzer Zeit als „intellektuelle Hauptstadt der Welt". Natürlich war sie nicht erst seit der Befreiung von den deutschen Besatzern eine „Hauptstadt des Geistes" geworden. Mit der Befreiung im August 1944 aber geschah etwas ganz und gar Neuartiges. Lange vor dieser Zeit hatte es immer wieder Schriftsteller und Intellektuelle gegeben, die sich in öffentliche Angelegenheiten einmischten, aber spätestens die leidenschaftliche und mit großer Härte geführte Diskussion um die „Säuberung" und um die „Schwarze Liste" der vorgeblichen Kollaborateure verdeutlichte, welches Maß an Verantwortung dem Geist zugebilligt wurde. Das Engagement, die Einmischung, wurden geradezu als zwingend empfunden. Für die intellektuelle Elite stellte sich nicht mehr die Frage, ob man sich politisch engagieren müsse, sondern die, wie es möglich sei, es nicht zu tun. Dichter und Denker traten auf die Straße, nicht nur ästhetische Fragen wurden jetzt zu öffentlichen Angelegenheiten.

Insbesondere die Kommunistische Partei rühmte sich, Keimzelle dieses neuen Geistes zu sein. Sie schrieb die Namen berühmter Schriftsteller, Künstler und Wissenschaftler auf ihre Fahnen und versuchte, diese in den Dienst der „richtigen Sache“ zu stellen. Davon abgesehen – wo hatte es so etwas jemals gegeben, dass eine Generation junger Leute ihrem Lebensgefühl und ihrer Mode den Namen einer philosophischen Konzeption gaben? Die Akteure tagten in Cafés und Kellern. Und die drei bekanntesten waren das Café des Deux-Magots, das Café Flore und die Brasserie Lipp. Ins Deux-Magots kamen jeden Morgen gegen zehn Uhr Jean-Paul Sartre und Simone de Beauvoir. Sie saßen an benachbarten Tischen, schrieben zwei Stunden lang ohne Unterbrechung und rauchten dabei eine Zigarrette nach der anderen. Die Brasserie Lipp besuchte man zwischen neun Uhr abends und zwei Uhr früh. Das waren die Stunden, in denen das Leben dort am stärksten pulsierte und ein auf der Welt einmaliges Schauspiel bot. Alles, was in Paris etwas zählte, war dort in einem friedlichen Gedränge versammelt. Sie kamen aus allen Branchen: Literatur, Presse, Theater, Film, Radio, Verlagswesen, Politik, Medizin, Erziehung, Armee, Architektur, Bühnenbildnerei, Mode. Der weitläufige Raum ähnelte einem Salon, in den man die wahre Elite von Paris eingeladen hatte. Zu den Stammgästen gehörten Jean Cocteau, Aldous Huxley, Jean Genet, André Malraux und viele andere.

Die „Existentialisten“ der 50er Jahre versammelten sich im Café de Flore. Der späte Nachmittag war ihre Zeit. Hier löschten sie mit Coca-Cola und Fruchtsäften ihren Durst und standen dichtgedrängt in den Räumen und auf den Gehwegen vor dem Eingang. Viele dieser „Exis“ hatten niemals ein Buch von Jean-Paul Sartre, Simone de Beauvoir oder Maurice Merleau-Ponty gelesen. Die Bezeichnung „Existentialisten“ eignete sich aber besonders gut zur Beschreibung einer nach Neuheiten dürstenden Jugend, die immer darum bemüht war, auf dem aktuellsten Stand der Dinge zu sein.

11. Neue Coups in der Nachkriegszeit

André Kostolany sagte in einem Interview, dass die erwähnten Arbitragegeschäfte zusammen mit Lacy Kux zwar bemerkenswert gewesen seien, eine andere Spekulation sich aber zu einem echten „Coup“ auswuchs. Er, André, erzählt gern davon, wenn er etwas „angeben“ wolle: Kostolonay kaufte im Jahre 1946, noch bevor er seine Wohnung wieder an die Seine verlegte, deutsche Anleihen in US-Dollar, Britischem Pfund, Schweizer Franken und anderen Währungen. Unter ihnen befand sich auch die sogenannte fünfeinhalbprozentige „Young-Anleihe“ aus dem Jahr 1930 in französischer Währung. Ihr Kurs und somit der Einkaufspreis betrug 1946 nur noch ein Viertel des Nominalwertes von ehemals 1 000 Franc. Der Youngplan zur endgültigen Regelung der Reparationsfrage hatte im Juni 1929 die internationale Finanzkontrolle im Deutschen Reich beendet und die Zahlungsraten und Laufzeiten festgelegt.

Niemand ging in der Nachkriegszeit davon aus, dass Deutschland jemals wieder wirtschaftlich in einem Maße „auf die Beine kommen“ würde, um diese Gelder mit der entsprechenden Verzinsung zurückzuzahlen. Kostolany dagegen gab sich überzeugt davon, dass der Rechtsnachfolger des Deutschen Reiches wieder erstarken würde. Er kannte die Tugenden der Deutschen, hatte sie selbst kennengelernt. Er wusste: Fleiß, Genauigkeit und Pünktlichkeit genossen östlich des Rheins nach wie vor einen großen Stellenwert, auch wenn die Industrieanlagen und Wohnhäuser zerstört waren. Kostolany baute darüber hinaus auf Konrad Adenauer. Dieser würde alles tun, um die Kreditwürdigkeit und das Vertrauen in Deutschland wiederherzustellen. Dazu gehörte die Rückzahlung der Schulden, die zwar nicht sofort, jedoch irgendwann mit Sicherheit erfolgen musste.

Im Zusammenhang mit der Young-Anleihe stellte Kostolany unter Beweis, dass er nicht nur Fantasie hatte, wenn es darum ging, Geld gewinnbringend anzulegen, sondern auch über die in diesem speziellen Fall unbedingt notwendige Kenntnis der politischen Entwicklungen in Deutschland verfügte. Es war kaum zu übersehen, dass Adenauer und seine Christdemokraten zur bestimmenden politischen Macht in den westlichen Besatzungszonen wurden. Zwar meldeten sich allerorten die Sozialdemokraten nachhaltig zu Wort und forderten die Sozialisierung von Schlüsselindustrien und eine Bodenreform. Das taten zwar alle Parteien, keine vertrat jedoch so lautstark eine diesbezügliche Meinung wie die SPD. Die Christdemokraten hielten sich schon sehr bald mit derartigen Wünschen zurück. Zwar spielten die Vertreter des christlichen Sozialismus eine tragende Rolle, konnten aber bei der Festlegung des endgültigen politischen Kurses der Partei ihre Vorstellungen nicht durchsetzen.

Was die CDP, die „Christlich-Demokratische-Partei" – das war zunächst ihr Name – in der ersten Zeit in den Westzonen so attraktiv machte, war ihre programmatische Flexibiliät. Diese Wandlungsfähigkeit erwies sich für die Mitglieder- und Wählerwerbung als ein großer Vorteil. Damalige Beobachter der politischen Szenerie, zu denen natürlich auch die Besatzungsmächte gehörten, staunten nicht schlecht: So gab sich die CDP sozialistisch und radikal in Berlin, klerikal und konservativ in Köln, kapitalistisch und reaktionär in Hamburg, gegenrevolutionär und partikularistisch in München. Die Christdemokratie verhielt sich im Übrigen so, dass sie Mitglieder rekrutierte, wo sie konnte, ohne allzu kritisch auf deren politische Herkunft oder Vergangenheit zu achten. Sie war in diesem Zusammenhang weitaus nachsichtiger als die Sozialdemokratie und die Kommunisten. Die ersten Wahlen dokumentierten schließlich den Erfolg der Christdemokraten und ließen die Konkurrenten abgeschlagen zurück.

Im Sommer 1945 hatte die Partei ihre „Kölner Leitsätze" formuliert. Sie brachten eine Vereinheitlichung der Programmatik und entwarfen eine neue Staats- und Gesellschaftsordnung. Zentral sollte die Rückbesinnung auf christliche Werte nach den schlimmen Erfahrungen des Nationalsozialismus sein. Es ging des Weiteren um die Wiederherstellung der Grundrechte, der kommunalen Selbstverwaltung, des föderalen Staatsaufbaus. Die Wirtschaftskonzeption präferierte klein- und mittelständische Betriebe, abgelehnt wurden Monopolbildungen und Großkonzerne. An exponierter Stellung stand ein „wahrer christlicher Sozialismus“.

Zu Beginn des Jahres 1946 trat Konrad Adenauer auf den Plan. Seine Meinung und sein politisches Gewicht spielten in der Folgezeit die größte Rolle. Der Ausschuss der Partei für die Britische Zone verabschiedete in Neheim-Hüsten ein erstes Programm, das weitgehend auf den Entwurf Adenauers zurückging. Hier bahnte sich ein erster Umschwung in der Wirtschafts- und Sozialpoltik an. Unter Adenauers Einfluss verzichtete die Partei bald auf jegliche Bezugnahme auf einen christlichen Sozialismus, verschob jegliche Forderung nach Sozialisierung, abgesehen von der staatlichen Kontrolle der Kohleförderung, auf einen späteren Zeitpunkt. Ein bekanntes Diktum Adenauers beleuchtete dessen Motive: „Mit dem Wort Sozialismus gewinnen wir fünf Menschen, und zwanzig laufen weg“.

Die Durchsetzung der sozialen Marktwirtschaft, die in der Währungsreform des Jahres 1948 gewissermaßen ihren Startpunkt hatte, war zweifelsohne der entscheidende Durchbruch sowohl für die wirtschaftliche und soziale Entwicklung als auch für die politische Stabilität der späteren Bundesrepublik. Die CDU spielte in diesen Zusammenhängen die größte und entscheidende Rolle.

André Kostolanys Transaktion mit den Young-Anleihen blieb trotzdem hochspekulativ. Niemand hätte 1946 im Entferntesten daran gedacht, dass sich in den 50er Jahren so etwas wie ein deutsches „Wirtschaftswunder“ ereignen würde. Schließlich waren die Kriegszerstörungen enorm. Sie traten in verschiedenen Formen auf: Als Folge der Luftangriffe, als Auswirkungen der Bodenkämpfe und aufgrund von Selbstzerstörungsmaßnahmen. Der tatsächliche Umfang ließ sich vielfach nur schwer ermitteln. Kriegszerstörungen und Demontagen durch die Besatzer gingen gewissermaßen „Hand in Hand“, insbesondere in der Französischen und Russischen Zone. Die härtesten Luftangriffe waren über den süd- und westdeutschen Großstädten niedergegangen. Die mitteldeutschen Städte wurden erst im späteren Verlauf des Krieges aus der Luft angegriffen. Die dort Lebenden mussten zuerst die Bombardierung der Wohngebiete erdulden und erst gegen Kriegsende die der strategisch wichtigen Rüstungsbetriebe und sonstigen Industrieanlagen. Die größten Produktionsrückgänge, besonders in den Monaten von Mai 1944 bis zum Januar 1945, waren im Südwesten und im Ruhrgebiet zu verzeichnen. Am Ende des Krieges boten die meisten größeren Städte den traurigen Anblick von Trümmerfeldern. 131 waren durch Großangriffe aus der Luft geschädigt: 29 gingen auf Berlin nieder, 21 auf Braunschweig, 19 auf Ludwigshafen und Mannheim, je 18 auf Kiel, Köln, Frankfurt am Main, je 16 auf Hamburg, Münster und so weiter. Der furchtbarste Schlag war der Luftangriff auf das mit Flüchtlingen überfüllte Dresden am 13. Februar 1945, bei dem mehr als 35 000 Menschen den Tod fanden.

Gegen Ende des Krieges waren auch die Transport- und Verkehrswege systematisch bombardiert worden. Diese Schäden blieben das größte Hindernis für den Wiederaufbau in den Westzonen. Die Reichsbahn bewältigte vor dem Krieg fast zwei Drittel des gesamten Gütertransports. Auch das Straßennetz befand sich in einem katastrophalen Zustand. Die Flussbrücken waren größtenteils zerstört, alle Wasserwege und die Häfen durch Trümmer und Wracks blockiert. Dennoch konnte schon im Jahr 1945 ein großer Teil des Straßen- und Schienennetzes notdürftig repariert werden. Der ökonomische Rekonstruktionsprozess setzte bald nach dem Zusammenbruch ein. Der Anstieg der industriellen Produktion machte dies deutlich. Im Grunde trifft auch deshalb die oft pauschal gebrauchte Charakterisierung der Jahre von 1945 bis 1948 als vollkommener wirtschaftlicher Zusammenbruch nicht die Wirklichkeit. Trotzdem scheiterte der erste, bis Ende 1946 dauernde „Aufschwung" an der durch den kalten Winter drastisch verschärften Krise des Transportsystems.

Dieser „relative Aufschwung" wurde allerdings von den Zeitgenossen kaum wahrgenommen. Sie beobachteten vielmehr die Besatzungsmächte, die Industrieanlagen zerlegten und abtransportierten. Tatsächlich spielten diese Maßnahmen aber in den Westzonen gar keine so bedeutende Rolle. Anders sah es in der sowjetisch besetzten Zone aus. Besonders für die ersten Monate waren hier die chaotischen, unkoordinierten und im Endeffekt vollkommen sinnlosen Demontagen typisch.

Die Zonentrennung riss darüber hinaus aufeinander eingespielte Wirtschaftsräume auseinander. Das hatte besonders für die Ostzone fatale Folgen. Nur mit umständlichen bürokratischen Verfahren konnten diese Grenzen überschritten werden.

Angesichts dieser Tatsachen war es nicht verwunderlich, dass die Mitarbeiter der Schweizer Banken, über die Kostolany die erwähnten Anleihen kaufte, mitleidig lächelten oder ihn sogar auslachten mit den Worten: „Die werden doch nie bezahlen!“ Sie hatten keine Geduld und Fantasie. Nach einigen Jahren, man schrieb 1953, regelte das Londoner Schulden-Abkommen die Vorkriegsschulden aus dem Dawes- und Youngplan und setzte sie auf 13,3 Milliarden D-Mark fest. Die Nachkriegsschulden Deutschlands wurden auf 6,8 Milliarden D-Mark beziffert. Dies waren die Voraussetzungen für die Bundesrepublik, wieder am internationalen Wirtschafts- und Zahlungsverkehr teilzunehmen.

Die Kurse der Anleihen stiegen, Kostolany hatte also Recht behalten. Als sie in der Folgezeit einen Einbruch erlitten, verkauften Andrés Freunde, denen er den entsprechenden Tip gegeben hatte, ihre Papiere wieder. Das war für Kostolany aber kein Grund, es ihnen gleichzutun. Im Gegenteil, er kaufte noch neue Anleihen hinzu. Er wollte geduldig warten, bis sie zu 1 000 Franc zurückgezahlt würden. Sein Vorsatz wurde reichlich belohnt. Tatsächlich erhielt er nach Jahren für jede Anleihe nicht etwa nur 1 000 Franc, sondern die gigantische Summe von 35 000 Franc ausgezahlt! Das lag daran, dass Adenauer schon kurz nach Gründung der Bundesrepublik Pläne verfolgte, Deutschland mit Frankreich auszusöhnen, wenn möglich sogar ein deutsch-französisches Bündnis zu realisieren. Der Franc war während des Krieges extrem abgewertet worden. Vor diesem Hintergrund verfolgte Adenauer die Gleichbehandlung der Franzosen. Sie sollten ebenfalls gutes Geld für ihre Anleihen bekommen, genauso wie die Amerikaner und die Briten. Er stellte die Inhaber der Anleihen deshalb so, als wären sie im Besitz einer auf Dollar lautenden Schuldverschreibung.

Für Kostolanys Glauben an Deutschlands Rückkehr in den Kreis der erfolgreich wirtschaftenden Nationen bedankte sich Adenauer persönlich in einem Brief. Von der deutschen Botschaft in Paris erhielt er ebenfalls ein Dankschreiben.

Im Herbst 1947 hatten die westlichen Siegermächte es noch abgelehnt, Deutschland überhaupt in den Genuss der von den USA initiierten Marshall-Plan-Hilfe kommen zu lassen. Sie sollte einzig und allein den Siegern zur Sanierung ihrer Wirtschaft dienen. Die OEEC, die Organization for European Economic Cooperation, wurde deshalb zunächst ohne die Teilnahme Deutschlands ins Leben gerufen. Erst im Sommer 1948 begannen deren Mitglieder sehr zögerlich, die deutschen Besatzungszonen bei den Planungen zu berücksichtigen. In diesem Jahr vereinigten die drei Westmächte ihre Zonen zur Trizone, aus der 1949 die Bundesrepublik entstand. Die Befugnisse dieser Einheit waren allerdings stark eingeschränkt, besonders durch das Ruhrstatut. Diese Vereinbarung entsprach dem Wunsche Frankreichs und legte die Internationalisierung des Ruhrgebiets fest. Es stellte sich aber immer mehr heraus, dass der Zustand Bundesrepublik und Ruhrstatut nicht von Dauer sein konnten. Der französische Außenminister Robert Schuman hatte am 9. Mai 1950 einen Plan vorgelegt, nachdem die Schwerindustrien beider Länder einer gemeinsamen Oberbehörde unterstellt werden sollten, um das deutsch-französische Verhältnis zu entgiften. Schuman verfolgte also politische und wirtschaftliche Ziele. Er schuf aber auch für Italien und die Benelux-Länder die Voraussetzung, sich seinen weitergehenden Entwürfen anzuschließen.

Schumans Plan wurde am 25. Juli 1952 angenommen und damit die erste Teilintegration Europas auf einem bestimmten wirtschaftlichen Sektor verwirklicht. Sechs Länder, Frankreich, Deutschland, Italien, die Niederlande, Belgien und Luxemburg, unterstellten ihre Montanindustrien bei freiwilligem Verzicht auf nationalstaatliche Hoheitsrechte der „Hohen Behörde" in Luxemburg. Sie war ein absolutes Novum in der europäischen Verfassungsgeschichte, da sie eine Institution mit übernationalen Weisungsbefugnissen war. Die schwerste Belastungsprobe hatte sie in den Jahren seit 1958 zu bestehen. De Gaulle übernahm 1958 die Macht in Frankreich, hielt aber entgegen allgemeiner Befürchtungen den Montanvertrag ein, auch wenn er zeitweise eine Politik des „leeren Stuhls" betrieb, also durch Abwesenheit glänzte.

Die Vertragsdauer bemaß man auf 50 Jahre. Die Montanunion schuf die Basis für weitere Abmachungen und diente beim Aufbau neuer Zusammenschlüsse als Vorbild, etwa bei der EWG, der Europäischen Wirtschaftsgemeinschaft und bei der Euratom. Auch die EVG, die Europäische Verteidigungsgemeinschaft, war als Meilenstein auf dem Weg zur europäischen Gesamtintegration gedacht. Der Plan dafür entstand, als der Ausbruch des Koreakrieges 1950 die Notwendigkeit einer gemeinsamen Verteidigungspolitik der Europäer und Amerikaner unterstrich und in diesem Zusammenhang die vor allem von den USA geforderte Wiederaufrüstung Westdeutschlands zu einem heiß umstrittenen Punkt machte. Die französische Regierung verfolgte zuerst eine hinhaltende Taktik und lehnte die Ratifizierung eines entsprechenden Vertrages 1954 ab. Sie richtete sich dabei nach der Meinung der Bevölkerungsmehrheit, die noch nicht zu einer so weitgehenden Zusammenarbeit mit Deutschland bereit war. Dennoch waren sich die Verantwortlichen klar darüber, dass den Wünschen der USA entsprochen werden musste, wollte Frankreich nicht in die Isolation geraten. So begnügte man sich schließlich mit einer Ersatzlösung, die den amerikanischen Vorstellungen gerecht wurde und auch die Aussöhnung Deutschlands mit Frankreichs zumindest vertraglich festschrieb. Es entstand die WEU, die Westeuropäische Union, als militärisches Bündnis zwischen Frankreich, der Bundesrepublik Deutschland, Italien, den drei Benelux-Staaten und England. Die Souveränität der Bundesrepublik war damit garantiert, wenn dies auch viele Franzosen nur mit „Zähneknirschen“ hinnahmen.

II. Der „Partisan des Kapitalismus“

12. Die zweite Karriere: Der Journalist André Kostolany

Neben seinen Tätigkeiten an der Börse, die er sein Leben lang weiterverfolgte, profilierte sich André Kostolany in den 50er Jahren immer mehr als Autor. Seine Schriften und Kolumnen befassten sich in der Regel mit börsenspezifischen Themen. Kostolany sagte, es sei immer sein geheimer Berufswunsch gewesen, Feuilletonist zu werden. Deswegen habe er in jungen Jahren in Budapest auch das Studium der Philosophie und der Kunstgeschichte begonnen. Weshalb aus diesem Berufswunsch nichts wurde, ist erklärt worden. Trotzdem war André schon in den Zwanzigerjahren in Paris gelegentlich als freier Autor für Zeitungen und Zeitschriften tätig. Er schrieb zum Beispiel während seines Volontariats in der französischen Hauptstadt für vier verschiedene Blätter, die in Prag, Rumänien und Jugoslawien in ungarischer Sprache erschienen. Damals berichtete er allerdings noch nicht über Finanzen, sondern über das Leben in Paris im Allgemeinen, besonders aber über die politischen Ereignisse. Auch für eine Wiener Zeitung arbeitete Kostolany, allerdings mehr als Übersetzer denn als Kolumnist.

Vor dem Zweiten Weltkrieg schrieb André das Buch „Suez – der Roman eines Unternehmens". Die „Compagnie de Suez" war damals eine gewaltige Aktiengesellschaft, die im 19. Jahrhundert zur Finanzierung des Suez-Kanals gebildet worden war. Im Prinzip war sie das Pendant zur heutigen „Eurotunnel", die an den Börsen von London und Paris notiert ist und eine ähnliche Funktion erfüllt. Kostolany hatte mit den Suez-Aktien schon häufiger spekuliert, vertrat aber die Auffassung, dass ihr Kurs vollkommen überteuert sei. Sein Buch brachte ihm damals die Anzeige seines Börsenkollegen Armin Weinreb ein, der ihm faschistische Umtriebe unterstellte, indem er behauptete, er habe seine negativen Anmerkungen im Auftrage Mussolinis geschrieben. Wie berichtet, konnte dieses Missverständnis schnell aufgeklärt werden.

Während seiner Zeit in New York City arbeitete André zuweilen für die Wochenzeitung „Barrons“. Sie ist eine altehrwürdige Gazette, die heute noch erscheint und als wichtige Informationsquelle von den Börsianern genutzt wird.

Zurück in Paris, entstand Kostolanys Buch „La Paix du Dollar“, das 1957 erschien. Es sollte den Franzosen die amerikanische Außenpolitik nahebringen und nachweisen, dass die „verschenkten Dollar“ den Frieden erhalten. Es handelte sich um ein Plädoyer für die damalige amerikanische Außenpolitik, die, nach Kostolanys Ansicht, darauf gerichtet war, den Frieden im Mittleren Osten unbedingt zu sichern. Zu diesem Zweck erhielten sowohl die Israelis als auch die Araber von den Vereinigten Staaten finanzielle Zuwendungen. Der Friede wurde gewissermaßen erkauft. So kam auch der Titel des Buches zustande. Kostolany führte darin aus, dass darüber hinaus ein geheimes Abkommen zwischen den USA und der Sowjetunion existiere. Jede Seite habe sich darin verpflichtet, die Interessen des jeweils Anderen zu respektieren und auf den Einsatz militärischer Mittel zu verzichten. In den ersten Nachkriegsjahren hat diese Abmachung offenbar noch recht gut funktioniert, obwohl die arabischen Staaten, die die UdSSR auf ihrer Seite wussten, nach wie vor die staatliche Existenz Israels in Frage stellten. Die Beobachtungen und Urteile Kostolanys schienen richtig zu sein. Tatsächlich enthielten sich die Amerikaner im Nahostkonflikt eines direkten Eingreifens und überließen es privaten amerikanischen Organisationen – jüdischen und nichtjüdischen –, die Israelis im Kampf gegen die Araber zu unterstützen.

Grundsätzlich ist zu Kostolanys Ausführungen zu sagen, dass das amerikanische Verhalten aus der Not geboren war. Die Konkurrenz zur anderen Weltmacht, der UdSSR, zwang die Amerikaner auf diesen Weg. Das wurde in den Vereinigten Staaten allerdings nur mit Widerwillen akzeptiert. Hatte sich doch, besonders in der zweiten Hälfte des 20. Jahrhunderts, die amerikanische mit der Weltgeschichte so eng verzahnt, dass es in der Rückschau schwerfällt, eindeutige Trennungslinien zu ziehen. Die amerikanische intellektuelle und wirtschaftliche Elite und die Bevölkerungsmehrheit teilten nach 1945 die Annahmen über das Verhältnis ihres Landes zum

Rest der Welt. Begriffe wie „American Leadership", „Democracy", „Market Economy" und „Peaceful Change" machten die Runde. Der Anspruch auf die weltpolitische Führungsrolle ergab sich aus der aktuellen wirtschaftlichen und militärischen Vormachtstellung der USA bei Kriegsende. Nahrung erhielt er durch den quasireligiösen Glauben an eine besondere amerikanische Mission, die Überzeugung, auserwählt worden zu sein. Auf jeder Dollar-Banknote ist das nachzulesen: „Novus Ordo Seclorum" – „Für eine neue Weltordnung" – steht dort. Welcher andere Staat der Welt würde es wagen, so etwas auf seine Geldscheine zu drucken?

Die meisten Amerikaner hegten keinen Zweifel daran, dass sich das demokratische Regierungssystem mit den Hauptelementen begrenzte Regierungsmacht, Gewaltenteilung, Partizipation, Parteienwettbewerb und Schutz der Grundrechte überall durchsetzen würde, wo Menschen frei über ihr Schicksal zu entscheiden hätten. Sogar die UNO-Charta schien allenfalls eine Fortschreibung der eigenen „Constitution" zu sein. Marktwirtschaft, freier Welthandel und weltweites Wirtschaftswachstum waren nach dieser Auffassung die zentralen Voraussetzungen für politische Stabilität und Frieden. Ein wahrhaft liberales Credo, das seine Wurzeln in der Erfahrung des eigenen individuellen wie nationalen ökonomischen Aufstiegs und im Fortschrittsoptimismus hatte, den Nichtamerikaner sehr oft als naiv empfanden. Die Politik der Sowjetunion, des kommunistischen China und der „radikalen" Staaten der Dritten Welt wurden in den USA als durch die UNO-Charta nicht autorisierte Versuche verstanden, die als richtig empfundene Ordnung zu stören, zu stürzen. Von daher schien es legitim, die weitere Ausbreitung des Kommunismus notfalls mit Gewalt zu verhindern und freiheitliche Werte und Prinzipien in die Welt zu tragen.

Gegen Ende der 40er Jahre gewann in den Vereinigten Staaten das Gefühl der Bedrohung von außen teilweise die Oberhand. Es förderte jedoch den Zusammenhalt im Innern, genauso wie der stürmische Wirtschaftsaufschwung, der auf die unerwartet milde Nachkriegsrezession folgte. Die im Jahre 1929 jäh abgebrochene Entwicklung zur Wohlstands- und Konsumgesellschaft konnte nun wieder aufgenommen werden. Amerikanische Soldaten, Geschäftsleute, Touristen und die Medien, insbesondere die Hollywood-Filme, trugen die Botschaft von der Überlegenheit des „American Way of Life“ in alle Erdteile. Gegen die Konzentration der Macht in Washington, die „imperiale Präsidentschaft“ als Folge des Zweiten Weltkriegs, regte sich bald kaum noch Protest. Unter dieser Oberfläche der „Affluent Society“, der Wohlstandsgesellschaft, begann es aber schon in den 50er Jahren zu gären, weil ein beträchtlicher Teil der Bevölkerung von den Segnungen dieser Konsumkultur ausgeschlossen blieb. Daneben erzeugte die fortdauernde Rassendiskriminierung einen scharfen Kontrast zu den immer wieder verkündeten amerikanischen Idealen.

André Kostolany gestand ein, dass die erste große Belastungsprobe für das in seinem Buch erwähnte Geheimabkommen zwischen den Weltmächten USA und UdSSR der Koreakrieg war. Dort stießen die beiden, von jeder Seite als einzig wahr und richtig interpretierten Ideale mit Waffengewalt aufeinander. Nordkorea war sowjetisches, Südkorea amerikanisches Interessengebiet. Im Juni 1950 griffen die Nordkoreaner den Süden des Landes an, der von den Vereinigten Staaten nach Ende des Zweiten Weltkriegs zunächst besetzt gewesen war, dann aber von den US-Streitkräften geräumt wurde. Am 30. September 1950 landeten amerikanische Truppen unter General MacArthur bei Seoul im Rücken der nordkoreanischen Streitkräfte. Auf Seiten der USA vermutete man zurecht, dass Moskau dem nordkoreanischen Präsidenten Kim Il Sung sein Plazet zum Vorstoß über die Demarkationslinie des 38. Breitengrades gegeben hatte. Aus Washingtoner Sicht ging es in dieser Auseinandersetzung nunmehr darum, das eigene Gesicht und die Glaubwürdigkeit gegenüber den Verbündeten zu wahren. Der amerikanische Präsident Truman ließ die Militäraktion, an der sich 15 Staaten beteiligten, durch diverse „Tricks“ von den Vereinten Nationen sanktionieren. Nach der Rückeroberung Südkoreas ignorierte Truman fatalerweise chinesische Warnungen und gab als neues Kriegsziel ein „vereintes, unabhängiges und demokratisches Korea“ aus. Die UNO-Truppen befanden sich auf dem Vormarsch. Derselbe verwandelte sich aber schlagartig in eine stürmische Flucht, als im Oktober 1950 die chinesische Armee in die Kämpfe eingriff. Stalin hatte damals die zögerliche Führung in Peking zu dieser Intervention gedrängt und sie geradewegs ermutigt, das Risiko eines Dritten Weltkriegs einzugehen, da die Westmächte angeblich militärisch unterlegen seien. Tatsächlich bedurfte es einer erneuten alliierten Gegenoffensive, um Seoul zurückzuerobern und die Front schließlich in der Nähe der alten Demarkationslinie zu stabilisieren. Während sich die amerikanische Öffentlichkeit zunehmend gegen die gesamte Aktion aussprach, wollte MacArthur dagegen bis zum endgültigen Sieg weiterkämpfen und sogar Atombomben gegen China einsetzen. Im April 1951 enthob Truman ihn seines Amtes, um weitere Eskalationen zu vermeiden und den Vorrang der zivilen vor der militärischen Führung öffentlich zu demonstrieren. Im Juli 1953 kam es nach Waffenstillstandsverhandlungen zu einem Abkommen, das die bis heute andauernde Teilung Koreas festschrieb. Für die Amerikaner war der Krieg verlustreich gewesen. Man zählte 54 000 Tote, 100 000 Verwundete und hatte 54 Milliarden Dollar ausgegeben.

Dem Koreakrieg folgten weltweit bedeutende wirtschaftliche und politische Konsequenzen. Die USA investierten massiv in die Rüstung. Die jährlichen Militärausgaben stiegen von 13 auf fast 50 Milliarden Dollar und damit von fünf auf 13 Prozent des Bruttosozialprodukts. Enorm viel Geld wurde darauf verwandt, das weltweite Netzwerk der Stützpunkte auszubauen. Die Wirtschafts- und Militärhilfe an die Verbündeten und an Entwicklungsländer wurde ebenfalls erhöht. Die angepeilte militärische Überlegenheit gegenüber der Sowjetunion konnte jedoch nicht realisiert werden, da diese ab 1951/52 ihrerseits massiv aufrüstete und 1953 mit dem Besitz der Wasserstoffbombe als Atommacht gleichzog. Die Spirale des Wettrüstens begann sich zu drehen und kam erst Ende der 80er Jahre zum Stillstand. Ökonomisch wirkte die sprunghafte Steigerung der Rüstungsausgaben im Westen wie ein mächtiges Konjunkturprogramm, das die amerikanische, kanadische, europäische und japanische Wirtschaft ankurbelte. Der Koreakrieg leistete einen nicht unerheblichen Beitrag zum deutschen „Wirtschaftswunder“ und zur Überwindung der schwierigen Nachkriegslage in Japan.

André Kostolanys Behauptung, dass die USA nur deshalb auf die Einnahme Nordkoreas verzichteten, um die sowjetischen Interessen zu respektieren, ist vor dem Hintergrund der historischen Fakten nicht ohne weiteres haltbar. Tatsächlich wichen die Vereinigten Staaten und ihre Verbündeten eher einer Übermacht, wollten aber das Risiko eines Atomkriegs nicht eingehen, um ihre Vorstellungen der neuen Weltordnung festzuklopfen. Trotz allem: Kostolany erhielt für seine Ausführungen Lob und Anerkennung, vor allem von amerikanischer Seite. Ein Mitarbeiter der US-Botschaft in Paris vermutete sogar mit einem Augenzwinkern, André Kostolany habe anscheinend Einsicht in die geheimen Strategiepapiere der Vereinigten Staaten gehabt. Denn das von ihm vermutete Geheimabkommen existierte tatsächlich. Kostolany unterhielt in der Folgezeit einen sehr guten Kontakt zur US-Botschaft und wurde von ihr sogar engagiert, um in verschiedenen Städten Frankreichs Vorträge über die amerikanische Außenpolitik zu halten. Sie eröffneten einer großen Zahl Franzosen, die die USA und ihren Habitus skeptisch beobachteten, Einblick in das Denken und Handeln der Weltmacht.

Für den Erfolg von „La Paix du Dollar“ war sicherlich entscheidend, dass der damalige französische Außenminister und spätere Ministerpräsident Robert Schuman ein Vorwort geschrieben hatte, das die Publikation in Kreisen der Kritiker als Diskussionsgrundlage akzeptabel machte. Die Idee zur Abfassung der Schrift war Kostolany auf einer Südamerikareise gekommen. Einer seiner Vetter, Georg Kostolany, war dorthin ausgewandert. André besuchte ihn und reiste bei dieser Gelegenheit durch den ganzen Kontinent. Häufig befand er sich während dieser zweimonatigen Tour in der ungarischen Kolonie. Hier war der Ärger groß über die Amerikaner, weil sie der Gegenrevolution in Ungarn nicht zu Hilfe gekommen waren. Man verstand die Haltung der USA einfach nicht. Warum proklamierten sie weltweit die Segnungen demokratischer Kultur und griffen dann nicht ein, wenn diese in deutlicher Gefahr waren?

Für den Ungarn André Kostolany mussten die Entwicklungen in seinem Geburtsland erschreckend gewesen sein. Zwar hatte sich Ungarn nach 1945 zu einer parlamentarisch-demokratischen Republik entwickelt. Vier Parteien bestimmten das Bild: Allen voran die „Partei der kleinen Landwirte“ als Sammlungsbewegung. Daneben gab es die „Nationale Bauernpartei“, die „Sozialdemokratische Partei“ und die aus der Illegalität herausgetretene „Kommunistische Partei“. Bis 1948 hatte dieses System Bestand. Allerdings wurden in diesen drei Jahren auch die Grundlagen für die Diktatur gelegt. Bereits seit 1945 deuteten Anzeichen auf die Anwendung der „Salamitaktik“ hin. Unter ihr verstand man jene politische Strategie, die den Spielraum der Demokratie scheibchenweise beschneidet, um endlich die kommunistische Machtübernahme zu ermöglichen. Erst verdrängten die Kommunisten die Konservativen von der politischen Bühne, danach folgten die bürgerlichen Gruppierungen, anschließend die Kleinbürger und zuletzt die Sozialdemokraten.

Seit 1948 agierte nur noch eine Partei im Land, nur ihre Liste konnte gewählt werden. Ihre „Machtergreifung“ vollzog sich recht lautlos und mit sowjetischer Rückendeckung. Jeglicher Widerstand wäre zum Scheitern verurteilt gewesen. Die Angehörigen der ehemals Herrschenden und die Führer der entmachteten demokratischen Parteien setzten sich teilweise in den Westen ab. Der „ungarische Stalin“ hieß Mátyás Rákosi. Sein Terrorregiment nahm ungeahnte Ausmaße an. In Ungarn lebten damals etwa zehn Millionen Menschen. Von 1952 bis 1955 wurde gegen 1 136 434 Personen geheimdienstlich ermittelt. In 516 708 Fällen erfolgten Verurteilungen. Viele, die weder verurteilt noch vor Gericht gestellt wurden, blieben dennoch als Klassenfeinde eingestuft. Die meisten von ihnen wurden einfach verbannt: In kleine Dörfer, in Lager oder mitten in die Puszta, wo sie bis zum Wintereinbruch ihre Hütten bauen mussten.

Alle Bauern im damaligen Ungarn, die mehr als 20 Morgen Ackerland besaßen, beschimpfte man als „Kulaken“, als Großbauern. In den Städten wurden sämtliche Häuser mit mehr als vier Zimmern verstaatlicht. Die Regierung konnte über alle Wohnungen unabhängig von den Eigentümern verfügen. Im Vergleich zu 1938 sank der Lebensstandard um 20 Prozent. Wirtschaftliche und politische Spannungen nahmen zu.

Nach dem Tod Stalins musste Rákosi auf den Posten des Ministerpräsidenten verzichten. Das politische Klima im „Ostblock“ entspannte sich etwas. Der Nachfolger Rákosis, Imre Nagy, sollte nun in Ungarn die notwendigen Reformen durchführen. Als sich jedoch die politische Situation in Moskau erneut verhärtete, zog sich Nagy resigniert zurück. All dies führte zu einer Loyalitätskrise gegenüber der Sowjetunion. Im Oktober 1956 entlud sich der Ärger in Massenprotesten. Die Ungarn gingen auf die Straße.

Für den 23. Oktober 1956 hatten ungarische Studenten eine Sympathie-Kundgebung für die Aufstände im polnischen Posen geplant. Der Funke, der die friedliche Demonstration zur Explosion brachte, war der im Rundfunk verbreitete Lagebericht des Generalsekretärs der Kommunistischen Partei. Er bezeichnete die Leute auf der Straße als „Faschisten“ und „Gesindel“. Als Antwort darauf wollten die Demonstranten ihre Forderungen über den Rundfunk verkünden lassen. Polizei und Staatssicherheitsdienst eröffneten jedoch das Feuer. Der Aufstand, im offiziellen Sprachgebrauch „Konterrevolution“ genannt, begann. Am 24. Oktober 1956 befanden sich bereits sowjetische Panzer in Budapest. Sie konnten die Ruhe aber nicht wiederherstellen, die Kämpfe setzten sich fort. Imre Nagy strebte einen Waffenstillstand mit den Sowjets an. Die Verhandlungen führten jedoch zu keinem greifbaren Ergebnis. Am 30. Oktober begannen die sowjetischen Truppen mit ihrem Rückzug aus Budapest. Einen Tag später erklärte die ungarische Kommunistische Partei ihre Selbstauflösung. Ein Eingeständnis des politischen Bankrotts. Sie konstituierte sich unter einem neuen Namen und mit einem anderen Programm als „Ungarische Sozialistische Arbeiterpartei“. Im fernen Moskau wurde am selben Tag entschieden, dass nunmehr eine massive bewaffnete Intervention folgen sollte, die am 4. November 1956 begann. Zehn Tage später war jeder Widerstand erstickt. Die Kämpfe hatten auf ungarischer Seite 2 500 Menschenleben gefordert. 150 000 Menschen verließen bis zum Ende des Jahres das Land. János Kádár übernahm die politische Führung Ungarns. Unter ihm kam es zunächst zu Vergeltungsmaßnahmen gegenüber den „Konterrevolutionären“. Allerdings blieb die Landesgrenze lange genug offen, so dass nur wenige Oppositionelle gefasst und vor Gericht gestellt werden konnten.

André Kostolany fand die Verärgerung über die USA und die antiamerikanische Haltung seiner Landsleute in der südamerikanischen Kolonie zwar verständlich, nicht aber gerechtfertigt. Die Vereinigten Staaten hatten sich nach seiner Ansicht nicht der unterlassenen Hilfeleistung schuldig gemacht, sondern mit ihrer Nichteinmischung und ihrer Befolgung des geheimen Abkommens den Weltfrieden stabilisiert.

Aber nicht nur bei den Ungarn stand man der Haltung der USA skeptisch gegenüber. Auch in England und Frankreich herrschte eine antiamerikanische Stimmung vor. Sie hatte ihre Ursachen im Ausgang der Suezkrise der Jahre 1956/57. Als Ägypten unter General Nasser im Juli 1956 mit viel Theatralik und nationalem Pathos die Suezkanalgesellschaft verstaatlichte, sahen Engländer und Franzosen darin einen unzulässigen Affront. Anscheinend überschätzte man in Frankreich den Spielraum, über den man in den Zeiten der Ost-West-Entspannung zu verfügen glaubte. Jedenfalls ließ sich Regierungschef Guy Mollet von seinem britischen Amtskollegen Eden dazu verleiten, gegen die ägyptische Maßnahme militärisch vorzugehen. Am 30. Oktober 1956 griff die israelische Armee mit dem Einverständnis der beiden europäischen Mächte die Sinaihalbinsel an; einen Tag später begannen britische Bombenangriffe auf die Suezkanalzone. Am 5. November des Jahres landeten dort britische und französische Fallschirmeinheiten. Kurz vor dem Sieg wurden sie jedoch gestoppt: Die Sowjetregierung drohte Großbritannien und Frankreich den Einsatz „schrecklicher Vernichtungswaffen" an, falls sie nicht sofort das Feuer einstellten. Die Amerikaner forderten ebenfalls den Abbruch der Aktionen und verliehen ihrem Wunsche dadurch Nachdruck, dass sie die Krise des Britischen Pfunds nach Kräften anheizten. Die alten Kolonialmächte England und Frankreich mussten zur Kenntnis nehmen, dass sich die beiden Weltmächte untereinander verständigt hatten und unabhängige Operationen der Europäer in Zukunft nicht mehr ohne deren Einwilligung durchführbar waren. Sie zogen daraus ihre Lehren. Trotzdem war in beiden Ländern der Ärger über das „Zurückpfeifen" durch die USA zu spüren. Vor allem die Franzosen hatten mit ihrem Vorgehen in Ägypten auch die Absetzung General Nassers im Auge gehabt, denn sie vertraten die Ansicht, dass dieser den algerischen Aufstand unterstütze.

André Kostolany war jedoch auch in dieser Angelegenheit ein „glühender amerikanischer Patriot“, wie er es selbst nannte. Seine Schrift „La Paix du Dollar“ existierte zuerst nur als 140-seitiges Pamphlet, das er allen zum Lesen geben wollte, die eine antiamerikanische Haltung pflegten. Kostolany war damals mit verschiedenen französischen Politikern der christlichen „Mouvement républicain populaire“, der MRP-Partei, befreundet. Er gab die Schrift einem MRP-Deputierten, der enger Mitarbeiter des Außenministers Robert Schuman war. Dieser zeigte sich von den Ausführungen so angetan, dass er sie seinem Chef vorlegte. Robert Schuman ließ Kostolany ausrichten, er sei bereit, ein Vorwort zu schreiben, wenn das Pamphlet in Buchform erscheine. Da André gute Verbindungen zu einem angesehenen Verlag hatte, wurde der Plan verwirklicht.

Die große französiche Abendzeitung „Paris Presse“ fragte an, ob sie Teile des Buches in ihren Ausgaben veröffentlichen dürfe und ob Kostolany Interesse daran habe, für das Blatt ab und an Kommentare zur Außenpolitik zu schreiben. Er willigte ein und arbeitete in den folgenden Jahren als Journalist. Im Auftrag der Zeitung unternahm er viele Reisen. Einmal gehörte er sogar zur Delegation Präsident Eisenhowers bei dessen Indienbesuch. Kostolanys Steckenpferd waren besonders die amerikanisch-französischen Beziehungen. Er berichtete über die Beliebtheit Charles de Gaulles in den USA und leistete damit seinen eigenen, kleinen Beitrag zur Völkerverständigung. Denn die beinahe schon traditionell antiamerikanische Stimmung der Franzosen war nur schwer aufzubrechen. Dazu hatte natürlich die Suezkrise zusätzlich beigetragen und der weit hergeholte Verdacht, dass Amerika die Algerier gegen Frankreich im wahrsten Sinne des Wortes aufhetzte, um selbst in den Besitz der Bodenschätze in Nordafrika zu gelangen.

Die Aufklärungsarbeit, die André Kostolany im Rahmen der häufig auf die Probe gestellten amerikanisch-französischen Freundschaft leistete, wurde später belohnt. Auf Initiative eines Politikers zeichnete Charles de Gaulle ihn mit dem Ritterorden der französischen Ehrenlegion aus.

13. Rückzug in den Ruhestand?

Tatsächlich dachte Kostolany an den Ruhestand, als seine Arbeit für „Paris Presse“ dem Ende zuging. Immerhin hatte er das entsprechende Alter erreicht und wollte es auf einen Versuch ankommen lassen. André Kostolany stellte jedoch schon sehr bald fest, dass er nicht der Typ war, der sich aufs „Altenteil“ zurückzieht, um wohlwollend bis kritisch auf sein bewegtes Leben zurückzuschauen. Langeweile und Depressionen stellten sich ein. Die Zeit konnte mit Lesen und Musikhören nicht ausgefüllt werden. Ein Landsmann half ihm. Es handelte sich um den weltberühmten Psychologen L. Szondy, den er in Zürich aufsuchte. Szondy stellte bei Kostolany überschüssige Energien fest, die dieser loswerden müsse. Er riet ihm, über eines seiner Lieblingsthemen zu schreiben: Entweder über die Musik oder über die Börse.

Kostolany entschied sich für die Börse. Mit seinen Erfahrungen konnte er ohne Schwierigkeiten ein Buch füllen. Dasselbe sollte aber auch gelesen werden. Darum plante er generalstabsmäßig die Veröffentlichung seiner nächsten Schrift, die noch gar nicht zu Papier gebracht war. Aus seiner Zeit bei „Paris Presse“ kannte er George Pernoud, den literarischen Direktor des großen französischen Verlagshauses René Julliard. Er lud ihn zum Essen ein und erzählte ihm bei dieser Gelegenheit von der Börse. Am Schluss des Gesprächs zeigte sich Pernoud begeistert und regte Kostolany wunschgemäß an, seine Erfahrungen in einem Buch zusammenzufassen. Einige Tage später hatte Kostolany bereits den Vertrag in der Post. In der Folgezeit entstand seine erste Schrift über die Welt des Aktienhandels, die 1961 auch in Deutschland erschien und den Titel trug: „Das ist die Börse“. Ein Jahr vorher war es in Frankreich publiziert worden und hieß dort: „Si la Bourse m’était contée“, „Wenn die Börse erzählen könnte“. Kostolany war etwas unsicher hinsichtlich der in dieser Publikation gewagten Mischung aus Theorien, Tatsachenberichten und Anekdoten. Die Bedenken waren jedoch fehl am Platz. Das Buch wurde in Frankreich ein großer

Erfolg. Nach der Veröffentlichung folgten sogar Interviews im französischen Fernsehen.

Unter den vielen einflußreichen Freunden Kostolanys befand sich auch Albert Hahn. Kostolany zählte ihn zu den wichtigsten Bekanntschaften seines Lebens. Er hatte ihn in New York während der Emigration kennengelernt. Obwohl Hahn getauft war, galt er nach nationalsozialistischer Lesart als Jude. Verheiratet war er mit einer arischen Gräfin. Beide hatten ihren Wohnsitz in der Schweiz gehabt. Auch wenn sie nichts zu befürchten brauchten, so war ihnen doch Hitler-Deutschland räumlich zu nahe gewesen. Deshalb gingen sie nach Amerika mit einem Vermögen, das das Fünffache dessen ausmachte, womit Kostolany in New York begann. Den größten Teil des Geldes hatte Albert Hahn geerbt. Sein Urgroßvater war immerhin der Gründer der Deutschen Effektenbank. Noch bevor die Rothschilds zu Geld kamen, waren die Hahns bereits steinreich. Sie gehörten zu den sogenannten Frankfurter Juden. Alberts Vater hatte sich schließlich die Schweizer Staatsbürgerschaft gekauft.

Albert Hahn kannte den deutschen Verleger Goverts und machte diesen auf Kostolanys Buch aufmerksam. Hahn selbst wollte für die deutsche Ausgabe die Einleitung schreiben. Die Übersetzung des Buches war gewissermaßen eine Initialzündung. Im Laufe der Zeit wurde es noch in sieben weitere Sprachen übertragen. Auch eine japanische Ausgabe befand sich darunter.

Die deutschen Auflagen wurden zu Bestsellern. Die Gründe dafür vermutete der Autor darin, dass es in Deutschland zu dieser Thematik bisher noch keine Bücher gab. Andere Autoren haben in den darauffolgenden Jahren nachgezogen und das Feld der Börse bearbeitet. Kostolanys Buch verkauft sich aber immer noch sehr gut. Das mag daran liegen, dass er nach wie vor einen sehr hohen Bekanntheitsgrad genießt.

André Kostolany konzentrierte seine Aktivitäten in den 60er Jahren insbesondere auf die Bundesrepublik Deutschland, da er spürte, dass hier der größte Nachholbedarf in Sachen Börsenkunde bestand. Die Deutschen waren zu jenem Zeitpunkt kein Volk von Börsenanlegern und sind es bis heute nicht recht geworden. Hier spielen Mentalitäten eine Rolle, die sich, zumindest annähernd, aus der besonderen Situation Deutschlands nach dem Ende des Zweiten Weltkriegs erklären lassen. Die Anlage des mühsam verdienten Geldes in Aktien war für die auf Sicherheit bedachten Bürger des „stabilen Provisoriums“ Bundesrepublik weitgehend indiskutabel.

Eine Bevölkerung wie die westdeutsche, die sich in den 50er und 60er Jahren derart in ihr Schneckenhaus wirtschaftlichen Wachstums zurückgezogen hatte und vergeblich auf der Suche nach ihrem „politischen Daseinszweck“ war, konnte kaum für Experimente gewonnen werden. Die wirtschaftliche Prosperität der frühen Bundesrepublik war sicherlich erstaunlich. Sie resultierte aus tiefgreifenden sozialen und politischen Veränderungen und rief diese zugleich hervor. Sie prägte alle Bereiche von Gesellschaft und Politik. Das individuelle Erlebnis dieser Prosperität vor dem Hintergrund der Erfahrungen von Hunger, Zerstörung, Zusammenbruch und den mühsamen Anfängen des Wiederaufbaus hat die Mentalität der Deutschen in einem Maße geprägt, das nur schwer zu überschätzen, in seinen genauen Auswirkungen jedoch kaum präzise zu erfassen ist.

Die ökonomischen und sozialen Unterschiede in der jungen Bundesrepublik waren enorm, sie war mit erheblichen Spannungen und daraus resultierenden politischen Belastungen konfrontiert. Offiziell redete man sich schon früh ein, eine „nivellierte Mittelstandsgesellschaft“ zu sein oder sich zumindest auf dem besten Wege dorthin zu befinden. Tatsächlich bestanden aber erhebliche Ungleichheiten. So vervierfachte sich das Haushaltsnettoeinkommen von 1950 bis 1970 bei Arbeitern, Angestellten und Rentnern. Zur selben Zeit betrug die Steigerung bei den Selbstständigen allerdings mehr als das Sechsfache. Am deutlichsten wird die soziale Ungleichheit bei Betrachtung der Vermögensverteilung. In der unmittelbaren Nachkriegszeit und Wiederaufbauphase waren die gewaltigen Diskrepanzen in der Einkommens- und Vermögensverteilung zwar allgemein bewusst, wurden aber mit dem Blick auf eine bessere Zukunft hingenommen. So bildeten die zurückhaltenden Lohnforderungen der Gewerkschaften in den 50er Jahren eine der Ursachen des Wirtschaftswunders. Doch gab es schon Ende des Jahrzehnts verstärkte Bemühungen, für eine größere Streuung der Vermögensbildung zu sorgen. Die Parole „Eigentum für alle" wurde ausgegeben: Wenigstens der weitere Vermögenszuwachs sollte gerechter verteilt werden. Eine Reihe von Fördermaßnahmen wurde verabschiedet. Dazu gehörten das Wohnungsbauprämiengesetz, das Sparprämiengesetz und die Aktienrechtsreform vom Dezember 1959, die die Möglichkeit einräumte, Aktien an Belegschaftsmitglieder zu besonders günstigen Konditionen auszugeben. Großes Aufsehen erregte die Ausgabe von „Volksaktien" vor dem Hintergrund der Privatisierung von Bundesunternehmen wie der Preussag 1959, Volkswagen 1961 und der VEBA 1965.

Derartige Maßnahmen wurden von kritischen Zeitgenossen schon bald als „integrationistisch" oder als „Blitzableiterstrategien" bezeichnet. Ein deutlicher Umverteilungseffekt war letztendlich auch nicht erreicht worden, die Tendenz zur Konzentration von Vemögen in wenigen Händen blieb bestehen. Die Kluft bei der Einkommens- und Vermögensverteilung wurde in den 60er Jahren sogar noch größer. Verschiedene Gesetze förderten eher noch die finanziell Bessergestellten. So ergab eine Untersuchung Ende der 60er Jahre, dass sich Arbeiter nur zu einem geringen Prozentsatz am Bausparen beteiligten und damit weit hinter den Angestellten, Beamten und Selbstständigen und auch unter dem Durchschnitt sämtlicher Haushalte lagen. Tatsächlich waren die meisten Bundesbürger in den 50er und zu Beginn der 60er Jahre vom „Wohlstand" weit entfernt. So gab es vielfach noch bittere Armut, die allerdings wenig thematisiert wurde. Sie erschien einer großen Zahl von Zeitgenossen als ein Relikt aus längst vergangenen, dunklen Tagen, das bald verschwinden müsse. Armut wurde erst in den gesellschaftskritischen Studien der 60er Jahre zu einem großen Thema.

Millionen von Bundesbürgern bekamen von den Segnungen des Wirtschaftswunders nichts mit. Dazu gehörten Kriegshinterbliebene, Rentner, Hilfsbedürftige, psychisch Kranke. 8,9 Millionen der insgesamt 23,5 Millionen Erwerbstätigen im Jahre 1953 hatten ein Bruttoeinkommen im Monat von weniger als 250 DM. Alte, Frauen und Erwerbslose waren in dieser Einkommensgruppe besonders stark vertreten. Im Jahre 1962 verfügten 32 Prozent der Lohn- und

Gehaltsempfänger über ein Einkommen von weniger als 600 DM. Im Erscheinungsbild der Städte waren überdies die Spuren des Krieges noch bis in die 60er Jahre zu erkennen. Ruinen und Trümmergrundstücke standen in scharfem Kontrast zu neuen, glänzenden Fassaden. Vom frühen Wohlstand in der Bundesrepublik konnte also nicht die Rede sein.

Demgegenüber stand ein allgemeines Bedürfnis der Deutschen nach einer wie auch immer verstandenen Idylle, die sich in unsagbar schlechten Machwerken des Films und des Schlagers niederschlug. Auch das „richtige Wohnen" und das korrekte „Benehmen" spielten eine erstaunlich große Rollen. Vor allem die 50er Jahre waren eine „bleierne Zeit", unbeweglich und belastend für viele kreative und nach Neuem suchende Menschen.

Hier wollte Kostolany also „Entwicklungshilfe" leisten. Ein schwieriges Unterfangen. Seine Schriften waren sicherlich erfolgreich, vor allem auch sein zweites auf Deutsch erschienenes Buch „Geld, das große Abenteuer". Anscheinend lasen es die Deutschen mit dem Interesse derjenigen, die staunend am Rande einer fremden Welt stehen und voller Verwunderung das Leben und Treiben in dieser beobachten.

Nachdem „Das ist die Börse" in Deutschland „eingeschlagen" hatte, erhielt André Kostolany von Cornelius Baumann, seines Zeichens freier Mitarbeiter bei dem noch neuen Wirtschaftsmagazin „Capital", einen Anruf. Er fragte, ob André daran interessiert sei, eine Kolumne in dieser Zeitschrift zu übernehmen. Kostolany willigte sofort ein, war dies doch eine Tätigkeit, die er sich immer gewünscht hatte. Sporadisch hatte er ja in der Vergangenheit immer schon für verschiedene Blätter geschrieben, jetzt konnte er regelmäßig seine Gedanken zum Geldmarkt veröffentlichen und zu aktuellen Entwicklungen Stellung nehmen. Er traf sich mit dem Gründer von „Capital", Adolf Theobald. Man besprach die Details der Mitarbeit. Das Autorenhonorar betrug anfangs ganze 200 DM pro monatlicher Kolumne.

Das war im Jahre 1964 gewesen, einer Zeit, in der sich in Westdeutschland innenpolitische Krisen anbahnten. Die Zuwachsraten des Bruttosozialproduktes waren in den 50er Jahren keinesfalls konstant. Sie erlebten Auf- und Abschwünge, die in aller Regel auf Veränderungen bei Nachfrage und Preisgefüge beruhten. 1965 setzte ein alarmierender Abschwung der Zuwachsrate ein, die in den Jahren 1966 und 1967 kurzfristitg unter das Nullwachstum absank. Diese ungewohnten Ereignisse lösten in der Bevölkerung und bei der von CDU/CSU und FDP geführten Regierung starke Irritationen aus, weil sie den Abschwung mit den üblichen Mitteln zur Konjunktursteuerung nicht zu bremsen vermochte. Vielerorts erhoben sich Zweifel, ob das System der liberalen Marktwirtschaft allein in der Lage sei, wirtschaftliche Probleme zu bewältigen.

Diese Schwierigkeiten, verbunden mit einer Regierungskrise und Führungskämpfen innerhalb der CDU, ließen Zweifel am gesamten Verfassungssystem der Bundesrepublik aufkommen. Insbesondere die Kritik von Intellektuellen warf dem Bundestag vor, er sei außerstande, die Exekutive und die Volkswirtschaft wirksam zu kontrollieren. Erste Umrisse einer linksorientierten „Außerparlamentarischen Opposition" zeichneten sich ab. Das waren Entwicklungen, die nicht nur Kostolany mit Sozialimus und Kommunismus gleichsetzte und die dieser „Partisan des Kapitalismus" zeitlebens verurteilte und bekämpfte. Seine „Hohen Lieder" auf den Dollar und das mit ihm verbundene Wirtschaftssystem waren Legion und seine Wertschätzung der amerikanischen Währung blieb ungebrochen. Dass die mit ihr verbundenen politischen und gesellschaftlichen Ideale jeglicher Krise, bis hin zum Krieg, wirksam widerstehen können, hatte der Dollar für ihn im Zweiten Weltkrieg unter Beweis gestellt. Alle weiteren Schwierigkeiten seien ebenfalls gemeistert worden. Bis auf den Vietnamkrieg. Dieser konnte, so Kostolany, deshalb nicht gewonnen werden, weil die amerikanische Bevölkerung nicht zur Gänze hinter ihrer Führung stand, beziehungsweise eine breite Front von Pazifisten einen Sieg unmöglich gemacht hätte. Die Gegner des Vietnam-Krieges gingen in den 60er Jahren auch in Europa auf die Straßen.

Im selben Zeitraum, in dem sich die politische Lage in Europa einigermaßen stabilisiert hatte, wurden die „entkolonialisierten" und unterentwickelten Regionen der Welt zu eigentlichen Schlachtfeldern des „Kalten Krieges“. Aus amerikanischer Sicht sollte eine Kombination aus Wirtschaftshilfe und militärischer Unterstützung verhindern, dass Kommunisten soziale Konflikte, die im Zuge der Modernisierung der Länder fast zwangsläufig auftauchten, für ihre Zwecke ausnutzten. Zunächst war der Kongo, 1960 von den Belgiern schlecht vorbereitet in die Unabhängigkeit entlassen, eine Zeit lang in den Brennpunkt des amerikanischen Interesses gerückt. Die Vereinigten Staaten beteiligten sich in größerem Umfang an einer bewaffneten UNO-Operation zur Wiederherstellung von Sicherheit und Ordnung. US-Politiker und Diplomaten wirkten darauf hin, dass der als Verbündeter Moskaus geltende Patrice Lumumba von der Macht ferngehalten wurde. Wahrscheinlich war sogar die CIA an seiner schließlichen Ermordung beteiligt. Dies ist nur ein Schlaglicht auf die seltsamen Auswüchse, zu denen es in der Folgezeit auf allen Kontinenten kam, in denen Amerika seine Ideale verteidigte.

Vor allem in Südvietnam wollte Präsident Kennedy unter Beweis stellen, wie entschlossen die USA waren, ihrer weltpolitischen Verantwortung gerecht zu werden und den Vormarsch des Kommunismus an der „Peripherie“ zu stoppen. Aus Sicht der US-Administration bildete Südvietnam, in dem im Jahre 1961 über 15 000 von Nordvietnam und China unterstützte Guerrillas kämpften, den strategischen Schlüssel zum gesamten südostasiatischen Raum. Kennedy ging davon aus, dass der Kampf unterhalb der Schwelle des offenen Krieges mit einer Mischung aus wirtschaftlichen, psychologischen und militärischen Maßnahmen geführt werden könne. Sein Ziel war die Gewinnung der „Herzen und Sinne“ der südvietnamesischen Bevölkerung, um so die Guerrillabewegung zu isolieren. Kennedy verstärkte nach und nach das amerikanische Militärpersonal in Vietnam, das die dortige Armee bei der Bekämpfung des nordvietnamesischen Vietcong unterstützen sollte. Nach Anfangserfolgen entschied man sich in Washington im Juli 1962, die etwa 6 000 US-Militärberater ab 1965 schrittweise abzuziehen. 1963 verschlechterte sich die Lage jedoch permanent. Die Zahl der US-Soldaten wurde deshalb aufgestockt. Darüber hinaus begannen die Vereinigten Staaten, die südvietnamesischen Streitkräfte systematisch aufzurüsten. Als die Buddhisten-Unruhen im Herbst 1963 offenbarten, dass der Diktator Diem keinerlei Rückhalt mehr in der Bevölkerung hatte, gab Washington über seine Botschaft in Saigon und CIA-Kanäle „grünes Licht“ für einen Militärputsch. Ende des Jahres wurde Diem gestürzt und ermordet. Bevor Kennedy auf die neue Situation reagieren konnte, fiel er selbst dem Attentat in Dallas zum Opfer.

Präsident Johnson mangelte es an dem Augenmaß und diplomatischem Geschick, das Kennedy in Krisensituationen unter Beweis gestellt hatte. Er führte zwar vorsichtig die Entspannungsbemühungen gegenüber Moskau fort, setzte aber gleichzeitig die Verbündeten und insbesondere die Bundesrepublik Deutschland unter Druck, sich mehr als bisher an den Verteidigungsausgaben zu beteiligen und durch Rüstungskäufe in den USA die amerikanische Zahlungsbilanz zu entlasten. Er verwies darauf, dass die Stationierung von mehr als 400 000 Soldaten in Europa sein Land jährlich 700 Millionen Dollar koste, und dass die Deutschen trotz ihres „Wirtschaftswunders“ wenig Neigung zeigten, sich mehr als bisher an diesen Kosten zu beteiligen. Diese Pressionen trugen maßgeblich dazu bei, dass Adenauers Nachfolger Ludwig Erhard 1966 zurücktrat und den Weg für eine „Große Koalition“ von CDU/CSU und SPD unter Kanzler Kurt-Georg Kiesinger freimachte. Die Beziehungen der USA zu Frankreich blieben ebenfalls getrübt, da Präsident de Gaulle 1966 die französischen Streitkräfte aus der Integration der NATO löste und deren Kommandostäbe aus Paris verbannte.

Lyndon B. Johnson wies alle Ratschläge der europäischen Verbündeten im Zusammenhang mit seiner Politik in Vietnam zurück. In seinem Bestreben, keinesfalls als „soft on communism“ zu erscheinen, lieh er seinen militärischen Beratern von vornherein sein Ohr mehr als seinen Diplomaten. Ein möglicherweise von den USA selbst provozierter Zwischenfall im Golf von Tongking, bei dem amerikanische Kriegsschiffe unter nordvietnamesisches Feuer gerieten, lieferte ihm den Vorwand, sich vom Kongress eine bereits vorbereitete Generalvollmacht zur Ausweitung des Krieges geben zu lassen. Das bedeutete im Folgenden massive Luftangriffe auf Nordvietnam und den Ho-Chi-Minh-Pfad, die Entlaubung ganzer Dschungelregionen, Vermienung von Häfen und Verstärkung der amerikanischen Bodentruppen, deren Zahl von 23 000 auf über 500 000 anstieg und die die Hauptlast des Krieges trugen.

Die Eskalation war verlustreich und ungeheuer kostspielig. Es gelang allerdings weder, den Nachschub aus Nordvietnam zu unterbinden, noch die Guerilla von der bäuerlichen Bevölkerung des Südens zu trennen. Auch konnte das Regime in Saigon nicht wirksam stabilisiert und die Moral der südvietnamesischen Armee gehoben werden. Die wichtigsten Gründe für die Misserfolge lagen in der unvermuteten Entschlossenheit und Opferbereitschaft der Gegenseite und dem Versäumnis der US-Regierung, eine übergreifende Strategie zu entwickeln und klare Kriegsziele vorzugeben. Die Rücksichtnahme auf die Sowjetunion und China, die Angst vor einem Atomkrieg und Meinungsverschiedenheiten innerhalb der Administration erlaubten keine unbegrenzte, allein den militärischen Erfordernissen entsprechende Kriegführung.

Zudem wurde vielen Verantwortlichen in der US-Hauptstadt immer mehr bewusst, dass eine der wesentlichen Voraussetzungen der amerikanischen Vietnampolitik, nämlich die als notwendig erachtete Eindämmung der Expansionsbestrebungen Chinas, gar nicht mehr existierte. Tatsächlich war die Volksrepublik China durch die katastrophalen Auswirkungen der Kulturrevolution so geschwächt, dass es der US-Politik in Südostasien nicht mehr hätte wirksam begegnen können. Darüber hinaus schienen sich Spannungen einerseits zwischen Hanoi und Peking, andererseits zwischen Peking und Moskau anzubahnen. Das Gespenst eines großen kommunistischen Blocks in Südostastien verschwand, ohne dass die USA etwas an ihrem Engagement änderten. Die amerikanische Regierung verheimlichte der Öffentlichkeit die weltpolitischen Hintergründe ihrer Aktionen und auch das wirkliche Geschehen in Vietnam. Je mehr der Krieg aber in den Vereinigten Staaten – und nicht nur dort – zum Fernsehereignis mit schockierenden Bildern und täglichen „body counts" von getöteten Vietnamesen wurde, desto lauter meldeten sich die Kritiker zu Wort. Es entbrannte ein regelrechter Kampf um die öffentliche Meinung.

Was die Form der Eskalation dieses Krieges anging, so hatte Kostolany sicherlich mit seinen in den 50er Jahren geäußerten Thesen

Recht, die davon ausgingen, dass die Großmächte USA und Sowjetunion aufeinander Rücksicht nähmen, um den Weltfrieden nicht zu gefährden. Dennoch brachte der Dollar und die nach Vietnam exportierte amerikanische Lebensart und Denkweise dem Land keineswegs die kapitalistische Läuterung, wie es vielleicht noch in Südkorea der Fall gewesen war, sondern überzog es mit einem Netz aus Korruption, Betrug, Mord und anderen Anzeichen einer zerfallenden, morbiden Gesellschaft. An den Verbrechen waren amerikanische Militärs und insbesondere die Geheimdienste der USA zum Teil maßgeblich beteiligt. Ob diese Entwicklungen unter anderen Vorzeichen und Umständen an der „Heimatfront" eine andere Richtung genommen hätten, ist zumindest fraglich. Kostolany hat allerdings Recht, wenn er konstatiert, dass die Öffentlichkeit in den Vereinigten Staaten zu labil und pazifistisch war, um wirksamen Rückhalt zu bieten. Die USA steckten in einer mentalen Krise, genauso wie ihre Verbündeten in Europa. Die erstarkende Protestbewegung in Amerika ging davon aus, dass der Krieg in Vietnam schlichtweg verbrecherisch sei.

Der Krieg hatte unterdessen geradezu groteske Züge angenommen. Der Journalist Michael Herr, der für verschiedene Zeitungen und Zeitschriften aus Vietnam berichtete, hat den „American way of life" unter Kriegsbedingungen in seinem Buch „An die Hölle verraten" beschrieben. Seine Schrift diente übrigens dem Regisseur Francis Ford Coppola als Vorlage für dessen berühmten Film „Apocalypse Now".

Michael Herr erzählt beispielsweise davon, dass die amerikanischen Fernsehjournalisten in Südvietnam Moto-Cross-Räder besaßen. Sobald ihnen Kriegshandlungen zu Ohren kamen, schwangen sie sich auf ihre Motorräder und rasten querfeldein zur Front, um Verwundete, Tote und Schießereien möglichst als Erste vor die Kamera zu bekommen. Die überall zu günstigen Preisen käuflichen Rauschgifte setzten ganze Kampfeinheiten außer Gefecht. Viele GI's verrohten in den Dschungelkämpfen und bastelten sich Ketten oder sonstigen „Schmuck" aus abgeschnittenen Teilen von Vietcong-Leichen. „Spezialeinheiten", die von den Geheimdiensten zu „Sonderaktionen" und gefährlichen Himmelfahrtskommandos abkommandiert wurden, gaben sich nicht nur in ihrer Freizeit, sondern auch an der Front in Kleidung und Habitus vollkommen exaltiert. Sie führten ihre Befehle mit eigenen, kunstvoll verzierten Waffen aus, erkannten nur in geringem Maße direkte Vorgesetzte als Kommandanten an und hefteten sich Embleme und Abzeichen der Hitler'schen Wehrmacht und der SS an. Auch die deutsche Reichskriegsflagge wurde in ihren Reihen gesehen. Einige Befehlshabenden akzeptierten resignierend diese Auswüchse. Es war der Preis, der für den aufreibenden Dschungelkampf gegen den beinahe unsichtbaren Gegner zu bezahlen war. Michael Herr spricht in seinem Buch vom ersten „Rock-'n'-Roll-Krieg" der Geschichte. Und er berichtet auch von dem gnadenlosen Hass der vietnamesischen Bevölkerung auf die großen weißen Menschen aus den USA, die sich in ihrer Freizeit laut und angeberisch verhielten und sich für ihre Dollars Drogen, Mädchen und Alkohol kauften.

Entgegen den Erkenntnissen André Kostolanys erschien in den Vereinigten Staaten den Vertretern der Anti-Kriegsbewegung die USA als eine nur „formale" Demokratie, eine nur unzureichend verhüllte Klassengesellschaft, deren Eliten daheim und in der Welt Ausbeutung und Unterdrückung betrieben. Die „New Left", die „Neue Linke", erkannte die Gegenkräfte nicht mehr in erster Linie in der Arbeiterschaft, der „Arbeiterklasse", sondern vielmehr in der kritischen Jugend, vor allem in der Studentenschaft. Fidel Castro, Ernesto „Che" Guevara, Mao Tse-Tung und Ho Chi Minh wurden zu Idolen einer großen Zahl junger Menschen, die sich mit den Völkern der Dritten Welt solidarisierten und gegen das „Establishment" der Vereinigten Staaten die Vorwürfe des Neokolonialismus und Imperialismus erhoben. Parallel dazu radikalisierte sich die Bürgerrechtsbewegung. Ihre Sprecher befürworteten teilweise „revolutionäre Gewalt" zum Sturz des kapitalistischen Systems und erhoben unter dem Schlagwort „Black Power" Forderungen nach einem separaten Vorgehen der Afro-Amerikaner. Sie predigten schwarzen Nationalismus, die Rückkehr zu den Quellen der afrikanischen Kultur und „direkte Aktionen" gegen weiße Rassen- und Klassenherrschaft. Die trostlosen Zustände in den Ghettos der Großstädte waren der Nährboden für ihre Agitationen. Schon 1964 war es zu ersten Unruhen gekommen. Im Jahre 1965 explodierten Hass und Gewalt in Watts, einem Schwarzenviertel von Los Angeles. 1967 brachen schließlich in insgesamt 22 Städten „City Riots" aus, die viele Menschen das Leben kosteten und große Schäden anrichteten.

Gleichzeitig mit Europa erreichte die Emotionalisierung und Radikalisierung des politischen Lebens der USA im Jahre 1968 ihren Höhepunkt. Der Vietnamkrieg nahm in diesem Jahr seine Wende. Die „Tet-Offensive" des Vietcong im Januar hatte in den Vereinigten Staaten größte psychologische Auswirkungen. Vor allem das Vordringen von nordvietnamesischen Guerrilla-Kämpfern auf das streng bewachte Gelände der US-Botschaft in Saigon schien für viele das Zeichen schlechthin zu sein, dass der Krieg im bisherigen Stil nicht mehr weiterzuführen sei. Die Öffentlichkeit verlangte lautstark nach einer Reduzierung des militärischen Engagements. Auch in der Administration und im Kongress mehrten sich entsprechende Stimmen. Präsident Johnson lief Gefahr, innenpolitisch isoliert zu werden. Politiker sahen die nationale Sicherheit der USA durch die innere Zerissenheit stärker gefährdet, als durch eine mögliche kommunistische Machtübernahme in Südvietnam. Sie geißelten die Vereinigten Staaten und deren „Arroganz der Macht", die Regierung und Militärs der Dritten Welt und den eigenen Verbündeten gegenüber an den Tag legten. Einige Wirtschaftsexperten verwiesen darauf, dass der Devisenabfluss gefährliche Formen annahm und die USA bald nicht mehr im Stande sein würden, ihrer Verpflichtung zum Eintausch von Dollarnoten gegen Gold nachzukommen.

Funke im Pulverfass der öffentlichen Erregung war der Mordanschlag auf Martin Luther King am 4. April 1968, den ein entflohener weißer Zuchthäusler begangen hatte. In 29 Staaten der USA einschließlich des Districts of Columbia und in 125 Städten brachen daraufhin Rassenunruhen aus, die häufig nur durch den Einsatz der Nationalgarde und regulärem Militär beendet werden konnten.

Die Ära des „liberalen Konsens" ging unter dem Präsidenten Lyndon B. Johnson ihrem Ende zu. Sein Nachfolger Richard Nixon sprach all jenen Amerikanern aus dem Herzen, die sich von den militanten Anti-Kriegsprotesten und der Hippie-Szene abgestoßen fühlten und nach „Law and Order" riefen. Er versprach einen ehrenvollen Frieden in Vietnam. Dennoch konnte er nicht mehr rückgängig machen, dass das Ansehen der Vereinigten Staaten in der Welt stark gelitten hatte und ihre wirtschaftliche Vormachtstellung unterminiert war. Die rechtliche Gleichstellung der Afro-Amerikaner und anderer Minderheiten war zwar vorangekommen, hatte aber auch neue Erwartungen geweckt, über die nun verhandelt werden musste. Unklar blieb zunächst, wie eine derart aufgewühlte Nation zielstrebige Außenpolitik betreiben und ihren Führungsanspruch in der Welt aufrechterhalten konnte.

Die UdSSR war in der Zwischenzeit nicht untätig geblieben und hatte sich nicht gescheut, die momentane Schwäche des Westens auszunutzen. Allseits sichtbarer Kulminationspunkt ihres im Vergleich mit den USA nicht minder aggressiven Sendungsbewusstseins war der Einmarsch der Truppen des „Warschauer Pakts“ im August 1968 in die Tschechoslowakei und die gewaltsame Beendigung des Reformexperiments „Prager Frühling“.

Es hat den Anschein, dass André Kostolany, der sich in diesen Jahren oft in der Bundesrepublik Deutschland aufhielt, trotz „Außerparlamentarischer Opposition“ und vehementer anti-amerikanischer Proteste, den Bestand der westlichen Wirtschaftsordnungen unter Führung der USA niemals wirklich ernsthaft gefährdet sah. Seine Kolumnen im „Capital“ befassten sich jedenfalls weder mit den Entwicklungen im „Dollar-Land“ USA, noch mit denen an Westdeutschlands Universitäten und auf den Straßen. Es ist gut möglich, dass er die amerikanischen Verhältnisse unter die von ihm oft bewunderte Meinungsfreiheit buchte, obwohl das bei der Brutalität der Ausschreitungen nur noch schwer verständlich gewesen wäre. In seinen Erinnerungen hatte Kostolany eine authentische Geschichte wiedergegeben, die diese bewunderte Haltung sehr gut illustrierte. Es ging um eine jüdische Familie aus Siebenbürgen, die in die USA einwandern wollte. Sie hatte bei den Behörden einen Antrag auf permanente Aufenthaltsgenehmigung gestellt, um damit das Recht auf Einbürgerung zu erlangen. Sie bekamen einen Gerichtstermin, bei dem der Richter allerdings nur Routinefragen stellte, und so die Angst vor dieser Befragung rasch schwand. Vater, Mutter und Tochter wurden zu ihren Gründen vernommen, weshalb sie in Amerika leben wollten. Zuletzt kam der Sohn an die Reihe. Auf die Frage des Richters: „Was bedeutet Ihnen Amerika? Warum wollen Sie hier leben?“ antwortete dieser: „Ich denke über Amerika das Schlechteste. Ich bin nur wegen meines Vaters gekommen. Nie würde ich hier leben wollen. Das ist doch keine Demokratie, hier ist ärgster Faschismus. Weg, weg, so schnell wie möglich. Ich hasse Amerika.“ Die Eltern und die Schwester, die hörten, was vorging, verloren nun alle Hoffnung auf Einbürgerung, weil ihr Sohn derart Beleidigendes einem US-Richter gesagt hatte. Schließlich fand die Urteilsverkündung statt. Den Wünschen der Eltern und ihrer Tochter wurde entsprochen. Erstaunlicherweise erhielt auch der Sohn die Einwilligung des Gerichts mit der Begründung: „Amerika zu hassen ist sein gutes Recht. Er darf alles denken und sagen, um Amerikaner zu werden, nur Kommunist darf er nicht sein. Dieser Hitzkopf soll sehen, wie Amerika denkt.“

Auch wenn diese Geschichte lustig und anekdotisch erscheint, so zeigte sich Kostolany von ihr durchaus beeindruckt. Vielleicht wusste er auch, wer in Amerika und Westeuropa die „Weltrevolution“ anzetteln wollte: Es waren dies vornehmlich die Kinder der „besseren Familien“ des jeweiligen Landes, die sich die Ausbildung ihrer Söhne und Töchter an Universitäten leisten konnten. Dass deren, mit hochintellektuellen Theorien untermauerter Protest niemals die Arbeiterschichten oder, besser noch, die „Arbeiterklasse“ erreichen konnte, letztlich sogar von dieser abgelehnt wurde, dürfte Kostolanys analytischem Blick nicht entgangen sein. Es waren die Kinder jener Schicht, aus der er selbst stammte, der großbürgerlichen. Dass diese im Endeffekt auf ihre Privilegien nicht so schnell verzichten würden, war ihm anscheinend klar. So waren sich etwa die Wortführer der westdeutschen und Berliner Studentenproteste, die einen Ausflug in den politischen Radikalismus wagten, über ihre endgültigen Berufsziele im Klaren. Sie wollten in den öffentlichen Dienst, wollten Lehrer, Hochschullehrer oder Berufspolitiker werden. Und viele der „68er“ sind es auch geworden. Gab es 1960 in der Bundesrepublik etwa 3 000 Professoren, so ist dieser Berufsstand auf aktuell 38 000 Personen angewachsen.

Bei den Protestierenden in Westdeutschland handelte es sich also um die geistige Elite der Republik. Ihre Sprache war hochgestochen und intellektuell, zumeist voller Soziologismen. Denn aus der Soziologie und der Philosophie bezog man seinen Wissensvorrat. Die Theorien von Karl Marx, Max Horkheimer, Georg Lukács, Herbert Marcuse, Ernst Bloch, Jürgen Habermas und Theodor W. Adorno hatten solch markante Figuren wie etwa Rudi Dutschke ständig parat. Das Lesen dieser teilweise sehr schwierigen Literatur wurde bereits als revolutionärer Akt verstanden. Oft dürften die nicht leicht zu durchschauenden Ausführungen der Vordenker auch nicht richtig verstanden worden sein oder wurden im Sinne der eigenen, „revolutionären" Bedürfnisse ausgelegt. Dutschke trug ständig eine Tasche mit soziologischer Literatur bei sich. Für den Fall, dass er überraschend in Polizeigewahrsam kam, konnte er sich in der Untersuchungshaft weiterbilden.

Wenn auch jene „Revolutionäre", die zur Ablösung des Kapitalismus drängten, im Grunde André Kostolanys „natürliche Feinde" sein mussten, da im Falle der Realisierung ihrer Vorstellungen auch das geliebte Spielfeld Börse den Weg alles Irdischen gegangen wäre, so waren die „revolutionären" Aktionen Mitte der 60er Jahre eher pfiffig und lustig und hätten auch Kostolany zum Lachen gebracht. Die neuen Formen des Massenprotestes erwiesen sich zunächst als friedlich. Es wurden „Sit-Ins", „Go-Ins", „Teach-Ins" veranstaltet. Diese hatte man aus der amerikanischen Bürgerrechtsbewegung übernommen. Mit witzigen, rüden und zynischen Sprüchen erschütterten die Studenten erfolgreich viele erstarrte und hohl gewordene Rituale an den Universitäten und im politischen Leben. Die „haarsträubende Rechthaberei" der APO-Protagonisten und ihre Unfähigkeit zum Kompromiss ließen in den Folgejahren als Sieger dieser Auseinandersetzungen jedoch die Kultusbürokratien hervorgehen. Ihre tiefen Eingriffe in den 70er Jahren werden so erklärlich. Was die APO bei der westdeutschen „Normalbevölkerung" so stark in Misskredit brachte, war die Tatsache, dass die SED-Propaganda jede bundesdeutsche oppositionelle Regung von links aufgriff und ungeachtet differierender Ziele unterstützte. Das hat den Anführern der APO und des SDS, des „Sozialistischen Deutschen Studentenbundes", sehr geschadet, obwohl sie mit den Verhältnissen in der DDR keineswegs einverstanden waren. „Capital" fragte zum Beispiel in einem Leitartikel besorgt: „Wer bezahlt Rudi Dutschke?". Eine aus heutiger Sicht banale Frage, welche einerseits die etwas naive Unwissenheit der Herausgeber und Autoren des Blattes belegt, andererseits aber etwas von der Hysterie ahnen lässt, mit der Westdeutschlands Polizei, sonstige Behörden und vor allem die Öffentlichkeit auf die Proteste reagierte und darin mindestens den Untergang des Abendlandes sahen. Dabei sollten erst in den 70er Jahren die Aktionen der „Rote Armee Fraktion“ wirklich bedrohliche Ausmaße annehmen.

14. Vietnam und Watergate – wankt der amerikanische Riese?

André Kostolany blieb trotz der schlimmen Entwicklungen in Vietnam Dollar- und somit auch Amerika-Optimist. Er vertrat die Auffassung, die Niederlage sei keinesfalls eine militärische, sondern eine psychologische gewesen, dank der Linksintellektuellen und Pazifisten in den USA. Unter „normalen" Umständen hätten die Vereinigten Staaten gar nicht verlieren können, da sie im Übermaß über das verfügten, wovon andere seit jeher nicht oder zu wenig haben: Hartnäckigkeit. Damit hätte Amerika im Zweiten Weltkrieg immerhin den totalen Sieg errungen.

Obwohl die USA zum Ende der 60er Jahre geradezu politisch „paralysiert" gewesen seien, wie es Kostolany selbst ausdrückte, hätte das „amerikanische System" aber nichts von seiner unglaublichen Dynamik verloren. Kostolany zeigte sich überzeugt davon, dass zur selben Zeit, in der amerikanische Truppen in Vietnam Rückschläge hinnehmen mussten, US-Forscher, Techniker und sonstige Wissenschaftler aller Couleur technologische Wunder vollbrachten, von denen die übrige Welt bis heute noch nicht einmal wisse. Fassbarer Beweis für Kostolanys These war die erste Mondlandung zweier Apollo-Astronauten am 21. Juli 1969. Das symbolträchtige Unternehmen war zwar auf eine Initiative Kennedys zurückzuführen, doch konnte sich Richard Nixon im Glanz des Erfolges sonnen. Die gesamte Aktion war ein Kopf-an-Kopf-Rennen mit der Sowjetunion gewesen.

Höchste innen- und außenpolitische Priorität genoss in den USA allerdings nach wie vor der Vietnamkrieg, dessen Beendigung Nixon und Henry Kissinger im Rahmen einer Gesamtstrategie ansteuerten. Kissinger schwebte die Rückkehr zu einer möglichst ideologiefreien Gleichgewichtspolitik vor, deren Ziel die Stabilisierung der internationalen Beziehungen und der Erhalt des gegenwärtigen Zustandes sein sollte. Ein derartiges Balance-of-Power-

Streben musste in der amerikanischen Öffentlichkeit „typisch europäisch“ und eher „unamerikanisch“ wirken, blieb jedoch unter den genannten Umständen die wohl realistischste Variante der US-Außenpolitik. Schließlich und endlich wurde sie im wahrsten Sinne des Wortes zur Signatur der 70er Jahre.

Bereits im Jahre 1969 vernahm man aus den USA selten Gehörtes. So hieß es, dass die Länder der Dritten Welt sich im Kampf gegen den Kommunismus am ehesten selbst helfen müssten. Die Vereinigten Staaten würden zukünftig nur noch in Ausnahmefällen militärisch eingreifen und ihre Lasten mit den Verbündeten und regionalen Ordnungsmächten teilen. Für Vietnam empfahl Kissinger eine ehrenhafte Beendigung des Krieges, da er nicht mehr zu gewinnen sei. In den folgenden Jahren wurden die amerikanischen Truppen in Vietnam immer weiter verringert, demgegenüber aber die südvietnamesische Armee stark aufgerüstet und die Bombenangriffe der Amerikaner auf Nordvietnam verstärkt. Gleichzeitig erfolgte eine diplomatische Annäherung an China, dessen Beziehungen zur UdSSR starken Spannungen ausgesetzt waren. Der diplomatische Verkehr mit der Sowjetunion nahm ebenfalls zu.

Die ökonomischen Auswirkungen des Vietnamkrieges waren in den Vereinigten Staaten immer deutlicher spürbar. Das Haushaltsdefizit wuchs, Inflation und Arbeitslosigkeit nahmen zu. 1971 wies die US-Handelsbilanz zum ersten Mal seit 1890 wieder höhere Einfuhren als Ausfuhren aus. Um die amerikanische Industrie wettbewerbsfähiger zu machen und den Devisenabfluss zu stoppen, schreckte die Nixon-Administration nicht einmal mehr vor der Preisgabe des Währungssystems von Bretton Woods zurück, das seit 1944 die monetäre Stabilität der Weltwirtschaft verbürgt hatte. Es wurde Ende 1971 durch ein neues Abkommen ersetzt, das die USA von der Goldeinlösepflicht entband und ihr erlaubte, den Dollar abzuwerten und innerhalb bestimmter Grenzen „floaten“ zu lassen. Es war ein Zwischenschritt zur endgültigen Freigabe des Wechselkurses, die 1973 erfolgte und den kontinuierlichen Niedergang des Dollar gegenüber den festen Währungen wie der D-Mark oder dem Yen einleitete. Ein Ergebnis dieser Maßnahmen war die sogenannte „Stagflation“, geringes Wachstum und gleichzeitige Inflation, die

die wirtschaftliche Entwicklung der Vereinigten Staaten in den 70er Jahren bestimmte.

Für Kostolany waren und sind derartige Feststellungen allerdings schon beinahe Frevel. Sie würden auf Statistiken beruhen, mit denen bekanntermaßen alles und nichts bewiesen werden könne. Nach wie vor, und ganz besonders im Zusammenhang mit dem Dollar, würde aber die von Mark Twain definierte Steigerungsform gelten: So gebe es Lügen, danach kämen gemeine Lügen und endlich die Statistiken. Nach Kostolanys Meinung war es offensichtlich, dass viele gesellschaftliche Gruppen und Länder in der Welt existierten, die stark antiamerikanisch eingestellt waren. Sie versuchten mit allen zur Verfügung stehenden Mitteln, das Image und die Glaubwürdigkeit der USA in Frage zu stellen und deren Potential für die weitere Entwicklung zu schädigen.

Der Vietnamkrieg endete für die USA mit Unterzeichnung eines Waffenstillstandsabkommens am 27. Januar 1973 in Paris. Viele Amerikaner und fast die gesamte Welt atmeten auf. Die Bestimmungen des Abkommens sahen den vollständigen Truppenabzug der USA aus Südvietnam vor, während Nordvietnam die Freilassung von 600 amerikanischen Kriegsgefangenen zusagte. Der Waffenstillstand bedeutete für die USA schließlich und endlich einen glimpflichen Ausgang ihrer Verstrickungen in Südostasien. Dennoch gab es 58 000 Tote und 300 000 Veletzte zu beklagen. Die finanzielle Bilanz belief sich auf etwa 150 Milliarden eingesetzte Dollar. Gemessen an den zwei Millionen toten Vietnamesen und den unermesslichen Schäden, die die amerikanischen Bombardements dem Land zugefügt hatten, hinterließen die amerikanischen Verluste einen fast bescheidenen Eindruck. Im Nachhinein legten aber der Zerfall des chinesich-sowjetischen Blocks und die Annäherung an die UdSSR die Frage nahe, ob diese ganzen Opfer überhaupt nötig gewesen waren, um den Vormarsch eines weitgehend imaginären „internationalen Kommunismus“ zu stoppen.

Auch die Watergatekrise mit ihren negativen Folgen habe den Vereinigten Staaten nicht grundsätzlich schaden können, hörte man von André Kostolany. Obwohl er eingestand, dass die auf Nixon folgenden Präsidenten Ford und Carter wahrlich keine glückliche Hand in der Politik bewiesen. Kostolany zitierte in diesem Zusammenhang Georges Clemenceau: „Präsidenten kommen und gehen, die USA bleiben“.

Zumindest hinterließ jedoch Amerika, nach Aufdeckung des Watergate-Abhörskandals, in der Welt den Eindruck einer Bananenrepublik. Die Wahlen im November 1972 brachten dem Republikaner Nixon einen überwältigenden Sieg. Vor diesem Hintergrund hätte er es wahrhaftig nicht nötig gehabt, seine Chancen durch unlautere Machenschaften zu verbessern. Tatsächlich hatte er ein extra dafür zusammengestelltes „Committee to Re-elect the President“ aus ehemaligen Mitarbeitern und Mitgliedern von FBI und CIA gebildet. Diese „Profis“ wurden am 17. Juni 1972 bei einem Einbruch ins Washingtoner Watergate Hotel ertappt, als sie in der dortigen nationalen Parteizentrale der Demokraten Abhöranlagen installieren wollten. Die beiden Journalisten der „Washington Post“, Carl Bernstein und Bob Woodward, deckten mit Hilfe eines – bis heute unerkannten – Informanten aus dem Umkreis Nixons seit Januar 1973 den Skandal Stück für Stück auf. Nixon versuchte, seinen Kopf zu retten und behinderte nach Kräften die Strafverfolgung der Watergate-Einbrecher. Als für ihn selbst die Situation aber immer prekärer wurde, opferte er einen nach dem anderen seiner Mitarbeiter. Anhörungen vor einem Untersuchungsausschuss ergaben Hinweise auf Tonbandaufzeichnungen, die insgeheim von allen Gesprächen im Weißen Haus gemacht worden waren. Nixon lehnte die Herausgabe dieser „White House Tapes“ jedoch strikt ab, indem er auf die nationale Sicherheit hinwies, die nicht gefährdet werden dürfe. Weitere Anweisungen und Eingriffe Nixons veränderten das politische Klima zusätzlich zu seinen Ungunsten, seine Glaubwürdigkeit war schwer erschüttert. Vor diesem Hintergrund leitete das Justizkomitee des Repräsentantenhauses das Verfahren des „Impeachment“, der Amtsanklage, gegen den Präsidenten ein.

Zu diesen spektakulären Ereignissen trat noch eine weitere, dieses Mal außenpolitische Krise. Der vierte Nahostkrieg wurde entfesselt. Ägypten und Syrien hatten für ihren Angriff auf israelische Stellungen den höchsten jüdischen Feiertag, Yom Kippur, gewählt.

Die Offensive mit ihrem Beginn am 6. Oktober 1973 sollte die seit 1967 bestehende Patt-Situation am Suezkanal überwinden. Die Kämpfe brachten Israel an den Rand einer existenzbedrohenden Niederlage. Die USA sahen sich gezwungen, die israelischen Verluste an Waffen und sonstigem Kriegsgerät und die sowjetischen Lieferungen an Ägypten durch eine massive Luftbrücke in den Nahen Osten auszugleichen, obwohl sie auf diese Weise Sanktionen der anderen arabischen Länder riskierten. Als die Israelis im Sinai zum Gegenangriff übergingen, verhinderte Kissinger durch diplomatischen Druck auf Jerusalem eine erneute Demütigung der Ägypter, die möglicherweise zur offenen Intervention der UdSSR und zu einem russisch-amerikanischen Zusammenstoß geführt hätte. An diesem Konflikt ließ sich einmal mehr André Kostolanys These verifizieren, nach der es die beiden Großmächte im Interesse des Weltfriedens niemals zum offenen Konflikt ihrer Länder untereinander kommen ließen.

Während die amerikanische Öffentlickeit noch unter dem Schock litt, den das arabische Erdölembargo ausgelöst hatte, konnte Henry Kissinger die USA in eine strategische Vermittlerposition im Nahostkonflikt hineinlotsen. Eine Rolle, die die Vereinigten Staaten auch heute noch spielen.

Freilich hatten diese Erfolge keine Auswirkungen auf das Amtsenthebungsverfahren gegen Nixon. Da dessen Ausgang keinen Zweifel mehr zuließ, trat er am 9. August 1974 von seinem Amt zurück. Die Welt und vor allem die Amerikaner verfolgten gebannt diesen Sturz. Viele Beobachter fühlten sich an ein Schmierenschauspiel erinnert. Etwas Ähnliches sollte sich in späteren Jahren noch einmal wiederholen. Dann sollte der Präsident Bill Clinton heißen.

Ein weiterer Tiefschlag, der die amerikanische Psyche schwer belastete, war der Beginn der nordvietnamesischen Schlussoffensive im April 1975. Die Chancen des südvietnamesischen Regimes standen nach dem allmählichen Entzug amerikanischer Hilfe sehr schlecht. Das Fernsehen übertrug Bilder vom Fall Saigons. Markant waren die Sequenzen, in denen sich Flüchtende an den Kufen startender US-Hubschrauber auf dem Dach der Botschaft festklammerten, um mit diesem Verzweiflungsakt ihrem Schicksal zu entkommen. Die Bilder gingen um die Welt und waren nicht mehr und nicht weniger als eine öffentliche Demütigung der Vereinigten Staaten. Wie sinnlos das gesamte Engagement und die über zwei Jahrzehnte gebrachten Opfer in Indochina gewesen waren, zeigte sich während der gewaltsamen Vereinigung Vietnams, der Umbenennung Saigons in Ho-Chi-Minh-Stadt und der kommunistischen Machtübernahme in Laos und Kambodscha. In den USA selbst schlug die Kritik am eigenen Land und seinen Regierungen fast in Verachtung um. Die Verlautbarungen der Dritte-Welt-Staaten machten überdies deutlich, dass das Prestige der Vereinigten Staaten und der Glaube an die Zukunft des von ihnen repräsentierten kapitalistischen Systems auf einen Tiefpunkt gesunken waren. Die europäischen und asiatischen Verbündeten fragten sich, ob die USA außenpolitisch überhaupt noch handlungsfähig seien.

Diese negativen Aspekte der US-Politik, die vom Präsidenten Ford als „langer nationaler Alptraum“ bezeichnet wurden, nimmt Kostolany in seinen Schriften zwar zur Kenntnis. Sie erfahren allerdings nur eine ausgesprochen kurze Würdigung. Zu ausgeprägt ist der Glaube an die Kräfte der Selbstreinigung Amerikas. Letztendlich gingen die US-Bürger auch schnell wieder zur Tagesordnung über. Es ist dies ein Anhaltspunkt für die von Kostolany beschriebene unbedingte Tatkraft der Amerikaner.

15. André Kostolany und das „Capital“ in den 70er Jahren: Ölembargo und Herstatt-Pleite

Auch in den 70er Jahren schrieb André Kostolany weiterhin seine monatliche Kolumne für die Zeitschrift „Capital“. Er kommentierte darin vor allem finanz- und wirtschaftspolitische Ereignisse in diesem für die Bundesrepublik Deutschland ausgesprochen kritischen Jahrzehnt. Nach wie vor verbinden sich mit der Zeit von 1970 bis 1980 Schlagworte wie RAF-Terror, Ölkrise, Grenzen des Wachstums, Wirtschaftskrise und Einschränkung der Bürgerrechte.

Vor allem die Ölkrise spielte die wohl wichtigste wirtschaftspolitische Rolle. Gegen Ende des Jahres 1973 löste das Ölkartell OPEC mit seinem Beschluss, die Förderung um 25 Prozent zu drosseln und die Preise drastisch zu erhöhen, weltweit Krisenstimmung aus. In der Bundesrepublik schien plötzlich das Ende des Wohlstands gekommen. Die OPEC, die „Organisation Erdöl exportierender Länder“, war ursprünglich ein Schutzbündnis gegen die mächtigen Ölkonzerne, mit denen es Fördermengen und feste Rohölpreise aushandelte. Zur autonomen Preisfestsetzung ging die OPEC über, als die „Ölmultis“ 1973 bei Verhandlungen zögerten, den Forderungen nach höherem Inflationsausgleich und Anhebung der Listenpreise nachzukommen. Es kam zum ersten „Ölpreisschock“, der bis Anfang 1974 zu einer Vervierfachung des Rohölpreises führte. Ein weiterer Preisschub fand 1979 statt, als die OPEC-Staaten begannen, ihre Fördermengen stark einzuschränken, um die Ölreserven zu strecken.

Die deutsche Bundesregierung reagierte auf die Verknappung mit sogenannten „Sonntagsfahrverboten“. An vier autofreien Sonntagen im November und Dezember 1973 gehörten die Straßen den Fußgängern und Radfahrern. Die Autobahnen boten ein gespenstisches Bild. Sie zogen sich durchs Land wie Überbleibsel einer längst vergangenen Zeit. Gedrosselte Heizungen und Geschwindigkeitsbegrenzungen machten in der Folgezeit deutlich, wie groß mittlerweile die Abhängigkeit der großen Industrienationen von den Erdölimporten war.

Die arabischen Staaten hatten Ölpreis und Lieferboykott als politische Druckmittel erkannt und benutzten sie als Waffe gegen jene europäischen Staaten, die Israel die Unterstützung nicht aufkündigen wollten. Die Weltwirtschaft geriet in die tiefste Depression seit 1929. Die Folgen für die Bundesrepublik waren dramatisch: So stagnierte die Wachstumsrate des Bruttosozialprodukts im Jahre 1974 bei 0,4 Prozent und fiel 1975 auf -3,4 Prozent. Zeitgleich erreichte die Inflationsrate mit jeweils sieben Prozent einen Nachkriegsrekord. Schon vor dem Konjunktureinbruch war die Zahl der Arbeitslosen erheblich angewachsen. Sie betrug im Jahr 1974 mehr als eine Million. Nach einer zwischenzeitlichen Erholung lag sie am Ende des Jahres 1982 bereits bei zwei Millionen. Die Bundesregierung unter Kanzler Willy Brandt blickte rat- bis hilflos auf das Phänomen. Die bisherige Konjunkturpolitik geriet ins Wanken. Es wurden neue Ausgabenprogramme notwendig und verabschiedet, um die Konjunktur anzukurbeln. Der Bund steigerte in dieser Zeit seine Verschuldung von etwa 45 Milliarden Mark im Jahre 1969 auf fast 300 Milliarden 1982.

André Kostolany fand in seiner Januar-Kolumne des Jahres 1974 scharfe Worte, um die Verursacher der Wirtschaftskrise zu verurteilen. Er vertrat die Auffassung, dass die Ölkrise im Grunde ein Krieg sei, den die Araber erklärt hätten, und den die Amerikaner nun führen müssten. Dass Kostolanys Glaube an die Überlebens- und Führungskraft der Amerikaner trotz Vietnam ungebrochen war, zeigte sich in seiner geäußerten Überzeugung, die USA würden, wie in allen Krisenzeiten, ihre gesamten Kräfte bündeln, um die „Scheichs" zu bezwingen und somit auch Europa zu helfen. Die „Öl-Kriegserklärung" sei ein wirtschaftliches Pearl Harbor. Wenn es sein müsse, würden die Amerikaner, wie schon einmal im Zweiten Weltkrieg, wieder technische Wunder vollbringen, um die Abhängigkeit vom Öl zu umgehen. Es könne schlichtweg nicht sein, dass Amerika einen wirtschaftlichen Zusammenbruch mit allen sozialen Folgen zulasse, nur weil dies den arabischen Staaten gerade so passe. Kostolany zitierte Henry Kissinger, der in einer Pressekonferenz sagte, dass die USA sich nicht drängen lassen würden: „Und wenn es notwendig sein sollte, werden wir zu unserem größten Bedauern gezwungen sein, Gegenmaßnahmen zu treffen.“ Kostolany glaubte, die Vereinigten Staaten würden im äußersten Fall sogar militärisch eingreifen. Das sei für die USA ein kalkulierbares Risiko. Sie könnten zwar mit einem Militärschlag die gesamte Dritte Welt gegen sich aufbringen. Im selben Atemzug zwängen sie aber diese Länder, darüber nachzudenken, ob sie mit ihren Rohstoffen auch zukünftig politische Erpressungen vornehmen wollten. Wer sich mit Amerika anlege, ziehe über kurz oder lang immer den Kürzeren. Die Vereinigten Staaten seien ein Riesenmonstrum, das sich nur schwer in Bewegung setze. Einmal in Fahrt, gehe es allerdings wie mit einer Dampfwalze langsam aber sicher vorwärts.

Das Ölembargo leitete in der Bundesrepublik die entscheidende Wende in der Reformpolitik der sozialliberalen Koalition ein. Zunächst sah sie sich gezwungen, auf das tiefe Gefühl der Verunsicherung zu reagieren, das sich in der Bevölkerung breitgemacht hatte, jene diffuse Empfindung des Ausgeliefertseins an die Mächte im Nahen Osten. Einige Sozialdemokraten rieten Bundeskanzler Brandt, eine „Blut, Schweiß und Tränen“-Rede zu halten und auf die unbedingte Notwendigkeit einer neuen Einstellung zu Wachstum und Lebensqualität hinzuweisen, um der Probleme Herr zu werden. Stattdessen musste sich die Bundesregierung in einem harten Tarifkonflikt mit der Gewerkschaft „Öffentliche Dienste, Transport und Verkehr“ (ÖTV) auseinandersetzen, in dem sie zu allem Übel auch noch unterlag. Denn nachdem die Länder und Gemeinden bereits eingelenkt hatten, war sie gezwungen, den neuen Tarifvertrag mit einer elfprozentigen Lohnerhöhung abzuschließen. Dies war unter den gegebenen Umständen absolut stabilitätswidrig. Es trug überdies dazu bei, das Prestige des Kanzlers und der SPD erheblich zu mindern. Den äußeren Anlass zum Rücktritt Willy Brandts lieferte schließlich die Affäre Guillaume: Am 24. April 1974 wurde Brandts persönlicher Referent Günter Guillaume festgenommen. Obschon bereits im Frühjahr 1973 vom Bundesverfassungsschutz als DDR-Spion enttarnt, waren ihm dennoch geheime

Staatspapiere in die Hände gefallen. Mit seinem Rücktritt übernahm der Bundeskanzler am 6. Mai 1974 die persönliche politische Verantwortung für den Spionagefall. Vergleiche zum Verhalten des amerikanischen Präsidenten Richard Nixon wurden gezogen, der im Watergate-Skandal seine Beteiligung vertuschen wollte und deshalb mit Schimpf und Schande aus dem Amt gejagt wurde. Willy Brandts Demission bewahrte dagegen dessen Würde.

Der bereits als Wirtschaftsfachmann sehr populäre Helmut Schmidt übernahm den freigewordenen Posten. Er setzte nunmehr eine Politik fort, die schon Brandt und dessen Berater zerknirscht ins Auge fassen mussten. Sie hatten festgestellt, dass ihre großzügige Reformpolitik im Verbund mit der Umverteilung großer Geldsummen unrealistisch geworden war. Die Zukunft würde sich am „Null-Summen-Spiel" orientieren: Wenn etwas gegeben würde, müsse gleichzeitig auch etwas genommen werden. Helmut Schmidt, ein Verfechter dieser Politik, galt dem linken Flügel der SPD als ein auf das Machbare fixierter, kalter Technokrat.

Die Bundesrepublik konnte sich in den folgenden Jahren, während der Zyklen wirtschaftlichen Auf- und Abschwungs, international recht gut behaupten und zeitweise sogar wieder ein ansehnliches Wirtschaftswachstum erzielen. Westdeutschland hatte sich nach der langen Phase des „Wirtschaftswunders" notgedrungen wieder in den „normalen" kapitalistischen Zyklus mit seinen konjunkturellen Schwankungen eingefügt. Die allgemeine Bereitschaft zur „Reform", diesem bis 1973 oft gebrauchten Schlüsselwort, das sogar bis in die Reihen der Opposition Einzug gehalten hatte, flaute ab. Stattdessen verkam der Terminus zum politischen Schimpfwort. Kleine, aber meinungsbildende Kreise beschäftigten sich unterdessen mit den „Grenzen des Wachstums". Sie warnten davor, dass bei weiterem Wirtschaftswachstum auf der bisherigen Grundlage die Umwelt zunehmend gefährdet sei.

Um das Maß der prekären finanz- und wirtschaftspolitischen Lage voll zu machen, ging im Juni 1974 die Kölner Herstatt-Bank bankrott. Der Zusammenbruch sorgte international für Schlagzeilen. Er schien ein weiteres Indiz für die angespannte wirtschaftliche Lage Westdeutschlands zu sein und weckte bei der Bevölkerung unangenehme Erinnerungen an die Jahre von 1929 bis 1933. Vor allem die deutsche Finanzwelt zeigte sich erschüttert und fragte sich, wie eine derartige Pleite überhaupt möglich war. Auch bei André Kostolany hinterließen die Ereignisse einen bleibenden Eindruck.

Grundsätzlich ist festzuhalten, dass es sich um die größte und folgenschwerste Bankinsolvenz seit Bestehen der Bundesrepublik Deutschland handelte. Als Ursachen wurden lange Zeit die außerordentlich hohen Verluste aus Devisentermingeschäften angenommen. Diese Auffassung galt allerdings schon bald als monokausal, da sie allen bisherigen Erfahrungen über den Verlauf von Insolvenzgeschehen zuwiderlief. Offenbar standen die hochgradig spekulativen Geschäfte des Hauses erst am Ende einer Entwicklung, die für die Bank schon viel früher zu einer bedrohlichen Situation geführt hatte. Der erhoffte Spekulationsgewinn sollte dieser fatalen Lage gegensteuern. Tatsächlich war offenbar der Bestand des Kreditinstituts durch die massenhafte Transformation kurzfristiger Einlagen in langfristige Kredite und das damit einhergehende Zinssatzänderungsrisiko Auslöser für die bedrohliche Lage gewesen. Im Prinzip war deshalb der Niedergang der Herstatt-Bank im Grunde nicht einmal besonders ungewöhnlich.

Angesichts der damaligen weltweit angespannten Situation wurden Befürchtungen laut, dass mit dem Zusammenbruch eines einzigen Kreditinstituts das gesamte Bankensystem der westlichen Welt in Gefahr sei. Ausgehend davon, dass mit dem Herstatt-Haus nur eine mittelgroße Regionalbank pleite machte und sich dennoch weitgehende Folgen für das deutsche Kreditwesen abzeichneten, war diese Angst nicht ganz unberechtigt. André Kostolany meinte in diesem Zusammenhang, dass es sich schlichtweg um eine von Deutschlands größten Pleiten überhaupt handelte.

Das Bankhaus Herstatt war Ende 1955 in Anlehnung an eine Familientradition, die bis ins 18. Jahrhundert zurückreichte, neu gegründet worden. Im März 1972 begann die „offizielle" Geschichte des Zusammenbruchs. Zu dieser Zeit gingen bei der Deutschen Bundesbank zum ersten Mal Hinweise über umfangreiche Devisengeschäfte des Herstatt-Hauses ein. Auf Anfrage wurde mitgeteilt, dass erhebliche Risiken nicht bestünden. Solche sind bei Devisentermingeschäften insbesondere dann gegeben, wenn, in der Absicht der Spekulationsgewinnerzielung, derartige Positionen in der Form „offen" gehalten werden: Es besteht eine Differenz zwischen den per Termin in fremder Währung gehandelten Forderungen und den Verbindlichkeiten. Wird zum Beispiel auf eine Dollar-Abwertung spekuliert, um bei Kostolanys favorisierter Währung zu bleiben, so können über den Aufbau einer „Netto-Passivterminposition" – die Dollar-Terminverbindlichkeiten übersteigen also die Dollar-Terminforderungen – Spekulationsgewinne bei Eintritt der Wechselkurserwartungen erzielt werden. Andernfalls resultieren daraus natürlich Verluste.

Im Juli 1973 wurden dem Bundesaufsichtsamt für das Kreditwesen, dem zu diesem Zeitpunkt ebenfalls Gerüchte über ungewöhnlich hohe Devisengeschäfte der Herstatt-Bank zu Ohren gekommen waren, von dieser wiederum mitgeteilt, dass hausintern ein Limit von 25 Millionen Mark für offene Devisenpositionen bestünde und deshalb außergewöhnliche Risiken nicht eingegangen worden seien. Tatsächlich waren jedoch schon einen Monat vorher die ersten Verluste entstanden, die zum Zeitpunkt der Anfrage des Bundesaufsichtsamtes die Höhe des haftenden Eigenkapitals fast erreichten und dieses zwei Monate später um etwa das Vierfache überstiegen. Ab Mitte November 1973 spekulierte dann die Bank auf einen steigenden Dollarkurs und drehte durch hohe Terminkäufe bei steigenden Einsätzen die bis zu diesem Zeitpunkt bestehende Netto-Passiv- in eine Netto-Aktivposition um. Damit gelang ein zumindest zeitweiser Abbau der entstandenen Verluste. Zum Jahresabschluss am 31. Dezember 1973 wurden, statt eines tatsächlich bestehenden Devisenverlustes, Devisengewinne in Höhe von fast 50 Millionen Mark angegeben. An diesem Tag standen einer Bilanzsumme von rund zwei Milliarden und haftenden Eigenmitteln von beinahe 77 Millionen Devisengeschäfte in Höhe von über 30 Milliarden Mark gegenüber! Die offenen Posten beliefen sich auf die Höhe von zwei Milliarden Mark.

Als zu Jahresbeginn 1974 der Dollar wieder fiel, machten erneute Gerüchte über hohe Verluste der Herstatt-Bank die Runde. Anlässlich einer Sitzung der Notenbankgouverneure am 11. und 12.

Februar wurde der Präsident der Deutschen Bundesbank von Vertretern ausländischer Zentralbanken über das allem Anschein nach „große Rad“ der Herstatt-Bank an den Devisenmärkten informiert. Am 25. Februar 1974 wies das Bundesaufsichtsamt für das Kreditwesen die von der Herstatt-Bank zur Jahresabschlussprüfung bestellte Wirtschaftsprüfungsgesellschaft an, schwerpunktmäßig die Devisengeschäfte der Bank im Auge zu behalten. Die Prüfung ergab allerdings keine Beanstandungen, Verluste oder eine Schieflage der Bank wurden nicht festgestellt. So erhielt der Jahresabschluss den uneingeschränkten Bestätigungsvermerk der Prüfungsgesellschaft und wurde im April des Jahres veröffentlicht.

Am 17. Mai 1974 begannen jedoch die internen Nachforschungen des Gerling-Konzerns. Dessen Inhaber, Hans Gerling, war nicht nur Vorsitzender des Verwaltungs- und Aufsichtsrates, sondern hatte, nach dem Gesellschaftsvertrag, in der Bank eine „fast allmächtige Stellung“ inne. Die Anfrage vom Finanzchef des Konzerns, Anton Weiler, wurde dahingehend beschieden, dass, unter Beachtung des erwähnten Limits von 25 Millionen Mark für offene Positionen, bis zum 17. Mai ein Gesamtgewinn aus dem Devisenhandel in Höhe von vier Millionen Mark angefallen sei. Anfang Juli stellte Weiler jedoch bei eigenen Nachforschungen fest, dass tatsächlich ein Verlust von 60 Millionen Mark entstanden war! Er deckte in diesem Zusammenhang umfangreiche Buchungsmanipulationen bei der Eingabe der Devisengeschäfte auf, die zur Verschleierung der Verluste vorgenommen worden waren. Am Morgen des 14. Juni meldete der Chefdevisenhändler Daniel Dattel einen Verlust von 64 Millionen, am Abend desselben Tages einen von 164 Millionen und am nächsten Tag sogar einen von 450 bis 520 Millionen Mark! Bundesbank und Bundesaufsichtsamt wurden benachrichtigt. Die gemeinsamen Stützungsverhandlungen mit Vertretern dreier Großbanken und Hans Gerling scheiterten, weil die Banken die Übernahme einer vom Bundesaufsichtsamt geforderten Garantie für ein persönliches Schuldanerkenntnis Gerlings in Höhe des damals bekannten Verlustes wegen der Unübersichtlichkeit der tatsächlichen Lage ablehnten.

Am 26. Juni 1974 wurde das Bankhaus Iwan D. Herstatt geschlossen. Zwei Tage später wurde beim Amtsgericht Köln die Eröffnung des Vergleichsverfahrens zur Abwendung des Konkurses beantragt. Ende September lagen die Fakten schließlich auf dem Tisch. Man hatte einen – vorläufigen – Verlust zu Lasten der Gläubiger von 1,2 Milliarden Mark festgestellt. Hans Gerling musste weite Teile seines Konzerns verkaufen, um die Durchführung des Vergleichs zu ermöglichen. Die Nichtbanken unter den Gläubigern erhielten 65 Prozent ihrer Forderungen zurückerstattet, die Kommunen und ausländischen Banken 55 Prozent und die inländischen Kreditinstitute 45 Prozent.

Der Zusammenbruch löste eine Kette von Reaktionen beteiligter Behörden, Gerichte und des Gesetzgebers aus. Sie bestanden unter anderem in dem Erlass von „Sofortmaßnahmen" und einer Änderung des Kreditwesengesetzes. Die Prozesse um die Klärung der Hauptverantwortung für die Pleite waren bis weit in die 80er Jahre hinein noch nicht abgeschlossen. Die Bundesbank hatte im Juli 1974 hinsichtlich der unruhig reagierenden Aktien- und Devisenmärkte eine vorübergehende Meldepflicht für alle Devisentermingeschäfte verfügt. Diese Regelung wurde im folgenden mehrfach verändert und mündete 1975 in der Regelung durch das Bundesaufsichtsamt: „Mindestanforderungen für bankinterne Kontrollmaßnahmen bei Devisengeschäften – Kasse und Termin."

Der Herstatt-Zusammenbruch brachte viele kleinere Regional- und Privatbanken in Liquiditätsschwierigkeiten. Zu den „Sofortmaßnahmen" zählte deshalb die Gründung einer „Liquiditäts-Konsortialbank GmbH". Ziel dieser von mehreren Kreditinstituten ins Leben gerufenen Einrichtung war die liquiditätsmäßige Unterstützung von unverschuldet in Zahlungsschwierigkeiten geratenen Banken. Damit sollte natürlich auch der allgemeinen Vertrauenskrise gegenüber deutschen Banken begegnet werden.

André Kostolany fragte sich in seiner „Capital"-Kolumne im August 1974, wie groß das Engagement der Herstatt-Bank tatsächlich gewesen war. Immerhin hätten keinerlei dramatische Kursverschiebungen stattgefunden. Er konnte die astronomisch hohe Verlustsumme einfach nicht glauben. Noch Jahre später, in seinem Buch „... und was macht der Dollar?", stellte er rückblickend die

Überlegung an, dass ein so hoher Verlust auf normale Weise schlichtweg nicht möglich sei. Da die Herstatt-Bank weder Arbitrage-Transaktionen noch langfristige Spekulationen unternommen, sondern angeblich reine Devisenspielerei betrieben habe, drängte sich für ihn der Vergleich zum Hasardspiel auf. Er schlug seinen Lesern vor, mit ihm ein Gedankenexperiment zu machen. Angenommen, er habe den Auftrag, an einem Abend in einem Spielcasino zehn Millionen Mark an einem einzigen Tisch zu verlieren. Es wäre nicht möglich! Vorausgesetzt, es würden, wie am Devisenmarkt, nur Pari-Chancen gelten, also nur Rot oder Schwarz, Pair oder Impair, Dollar 'rauf oder 'runter. In Baden-Baden wäre das Verspielen der gesamten Summe zum Beispiel deshalb nicht durchführbar, weil der Einsatz auf Pari-Chancen auf 12 000 Mark begrenzt und pro Stunde nur 30 Spielpartien möglich seien. Außerdem würde er nicht jedesmal verlieren. Nach den Gesetzen der Mathematik müsse er langfristig sooft verlieren wie gewinnen.

Als nun das Floaten der Währungskurse eingeführt wurde, sei die Höhe des Einsatzes ebenfalls begrenzt gewesen. Übermäßige Käufe oder Verkäufe hätten damals die Preise automatisch in die Höhe treiben oder fallen lassen müssen. Solang noch fixe Paritäten bestanden, hätten die Devisenhändler unbegrenzt hohe Dollarbeträge handeln können. Kostolany nannte dafür ein Beispiel: Als im Februar 1973 die multinationalen Großkonzerne nach einer durchgesickerten Geheiminformation von einer bevorstehenden Dollarabwertung erfahren hätten und davon profitieren wollten, gelang es ihnen, der Deutschen Bundesbank acht Milliarden Dollar „anzudrehen", die diese übernahm und die den Kurs auch halten musste. Tags darauf wurde der Dollar tatsächlich abgewertet. Die Spekulationsgewinne dieser „Insider" beliefen sich nach Kostolanys Meinung auf etwa eine Milliarde Dollar. Nach Etablierung des Floating sei der Devisenmarkt aber auf viel kleinere Umsätze geschrumpft. Die Spekulanten hätten nicht mehr „auf dem Samt" spielen können. Das Risiko war nun viel größer und vollkommen offen.

Anfang der 70er Jahre sei aus den genannten Gründen der Dollar schon unter dem Druck verhältnismäßig kleiner Angebote gefallen, beziehungsweise bei ebenfalls kleiner Nachfrage wieder gestiegen.

Vor diesem Hintergrund hätte die Herstatt-Bank, so Kostolany, in der zur Verfügung stehenden Zeit 400 Millionen Dollar hin und her handeln und bei jeder dieser Transaktionen zwei bis drei Pfennig pro Dollar verlieren müssen. Nur unter der Bedingung, dass sie im Februar 1973 eine Milliarde Dollar – nach André Kostolany zu jener Zeit unrealistisch viel – gekauft und mehrere Monate nach der Abwertung verkauft hätte, sei der gigantische Verlust möglich gewesen. Derartige Verluste und Umsätze waren für Kostolany nur bei fiktiven Geschäften vorstellbar. Er entwarf zur Illustration ein weiteres Szenario: Gesetzt den Fall, er sei der Direktor einer Bank und könne schalten und walten, wie es ihm gefalle, ohne jegliche Kontrolle. Zusätzlich solle angenommen werden, der Dollar sei von Mittwoch auf Donnerstag um drei Pfennig gefallen. Jetzt verbuche er, als Direktor der Bank, mit Hilfe eines Freundes bei einer Züricher Bank einen auf Mittwoch zurückdatierten Kauf über einige Millionen Dollar. Wenn er nun einen Tag später dieselben Dollar an seinen Freund zu dem nun gefallenen Tageskurs verkaufe, sei die Transaktion buchhalterisch korrekt und der Coup gelungen. Der entstandene Verlust gehe zu Lasten der eigenen Bank, während er gleichzeitig als Gewinn auf einem Nummernkonto der Züricher Bank eingehe.

Letztendlich hatte es bei dem Herstatt-Fall, in dem die Wirtschaftsabteilung der Kölner Staatsanwaltschaft einen Tag nach dem Zusammenbruch die Ermittlungen aufnahm, eine ganze Reihe „Ungereimtheiten" gegeben. Zwei Jahre später wurden, neben Iwan D. Herstatt, der Generalbevollmächtigte der Bank, Bernhard Graf von der Goltz, der Leiter des Geldhandels, Kurt Wickel, der Leiter des Devisenhandels, Daniel Dattel und Heinz Hedderich von der Außenhandelsabteilung verhaftet. Es bestand bei allen der Verdacht des Konkursvergehens der Untreue, des Betrugs und des Verstoßes gegen aktienrechtliche Vorschriften. Erst 1977 konnte Anklage erhoben werden; Prozessbeginn war der 23. März 1979. Es war einer der schwierigsten Wirtschaftsprozesse der deutschen Rechtsgeschichte, aus dem schon bald aus „gesundheitlichen Gründen" die Angeklagten Herstatt und Dattel ausschieden. Auch einige Richter wurden wegen „Befangenheit" ausgetauscht. In den Jahren 1983 und 1984 ergingen schließlich einige Urteile, die auf mehrjährige Haftstrafen lauteten.

Kostolany unterstrich in seinen Publikationen bei der Betrachtung der Herstatt-Pleite immer wieder, wie einfach es für den Eingeweihten sein kann, eine Bank per Telefon auszuplündern. Er verwies auch stets auf bedeutende Schwachstellen bei vielen Geldinstituten. Es seien dies die „Devisenfritzen“, die festangestellten Devisenhändler, denen man fälschlicherweise freie Hand bei ihren Geschäften mit Hunderten von Millionen lasse. Fast jede Bank verfüge über eine Anzahl von ihnen, deren Durchschnittsalter bei 25 Jahren liege. Sie hätten den Freibrief, mit dem Geld des Instituts, ob mit oder ohne Kundenaufträge, ausschließlich nach eigenem Ermessen zu spekulieren. Sogar Großkonzerne hätten Devisenhändler, die nicht nur die eigenen Devisengeschäfte abwickelten, sondern auch spekulative Transaktionen durchführen dürften. Nicht einmal der jeweilige Aufsichtsrat müsse über solche Geschäfte informiert werden, da diese in der Bilanz erst dann auftauchten, wenn die Termine längst verstrichen seien. Verluste würden monatelang getarnt. André Kostolany zog angesichts dieser Tatsachen folgendes Fazit: „Ein alter Börsianer wie ich hat nicht das Recht, gegen die Spekulation zu wettern. Aber ein Börsianer spekuliert mit eigenem Geld, nicht mit dem Geld von Bankkunden.“

16. Die 80er Jahre: „Krisengerede“?

Der Schock, den die Ölkrise im Bewusstsein vieler Menschen ausgelöst hatte, saß tief. Die deutsche Bundesregierung wollte für die Zukunft gerüstet sein und das Land möglichst aus der totalen Abhängigkeit vom Erdöl befreien, dessen Preis nach wie vor stieg. Wissenschaftler hatten zudem berechnet, wie lange die Erdölvorkommen der Welt noch reichen würden, bis die Quellen endgültig erschöpft seien. Um im Welthandel weiterhin in der ersten Reihe mitspielen zu können, setzte die Bundesregierung nun verstärkt auf Atomenergie. Zudem wurden Verkehrswege und Flughäfen ausgebaut. Wirtschaftliches Wachstum hatte weiterhin oberste Priorität. Demgegenüber erstarkte eine Bewegung, die sich unter anderem in Bürgerinitiativen und sonstigen politischen Initiativen manifestierte und sich für den Schutz der Umwelt einsetzte. Sie wandte sich gegen die „Zersiedelung“ der Landschaft und deren Verschmutzung und Zerstörung durch Industrieanlagen und Straßen. Bald engagierten sich Millionen Bürger für den Umweltschutz. Diese „Grünen“ und „Alternativen“ vollzogen schließlich den Schritt zur Gründung einer eigenen Partei.

„Die Angst der Deutschen“ war zu Beginn der 80er Jahre der Titel einer Serie im Nachrichtenmagazin „Der Spiegel“. Nach Meinung der Autoren war diese Angst verantwortlich für die Friedensdiskussion, die „Anti-Atomkraft-Bewegung“ und nährte sich unter anderem durch den sorgenvollen Blick auf die hohe Dauerarbeitslosigkeit. Dieselbe war allerdings nicht allein durch den weltweiten Konjunktureinbruch, die Investitionsschwäche deutscher Unternehmen und die Wettbewerbsnachteile gegenüber „Niedriglohnländern“ erklärbar, sondern auch eine Folge der Rationalisierung. Computer, Automaten und Roboter in Fertigung und Verwaltung vernichteten Hunderttausende von Arbeitsplätzen für immer. Demgegenüber blieben technische Neuerungen, die zu einem Nachfrageboom hätten führen können, wie es seinerzeit bei Autos und Fernsehern gewesen war, aus oder trafen auf einen schon von ausländischen

Erzeugnissen übersättigten Markt. Besonders betroffen von der Arbeitslosigkeit waren Jugendliche. Ausgerechnet in einer Zeit, in der eine große Zahl von Ausbildungsplätzen durch die Zusammenlegung von Betrieben verlorenging, drängten besonders geburtenstarke Jahrgänge auf den Markt.

Die staatliche Verschuldung nahm indes zu. Der Sozialstaat und seine bisher kaum infrage gestellte Leistungsfähigkeit kamen ins Gerede. Auch wenn sich von 1970 bis 1981 das Volkseinkommen nominal von 533 auf 1 188 Milliarden Mark verdoppelt hatte, so stiegen doch im selben Zeitraum die Sozialausgaben um das Dreifache, nämlich von 174 auf 484 Milliarden.

Dieses Szenario bildete also den Hintergrund für die „German Angst", wie es verständnislos bis schadenfreudig aus dem Ausland zu vernehmen war und führte den Bruch der Regierungskoalition aus SPD und FDP im Sommer 1982 herbei, mitten in der Legislaturperiode. Der Zerfall war vom FDP-Vorsitzenden Genscher seit langem angestrebt worden und wurde von Bundeskanzler Helmut Schmidt vorzeitig herbeigeführt. Nutznießer des Debakels waren die CDU und ihr Kanzlerkandidat Helmut Kohl. Am 1. Oktober 1982 wurde er vom Parlament gewählt und damit Schmidt als Bundeskanzler gestürzt.

André Kostolany hatte die internationale und insbesondere auch die deutsche Entwicklung scharf beobachtet. Schwarzmalerei war jedoch niemals seine Sache gewesen. Und so regte er sich über das „Geunke" der Medien auf, die in ihren Ausgaben schon wieder einmal eine Wiederholung der Depression der 30er Jahre voraussahen. Er war fest davon überzeugt, dass sich Derartiges schlichtweg nicht wiederholen könne, da die Notenbanken gefährliche Pleiten um jeden Preis verhindern würden. Darüber hinaus würde der Staat dafür Sorge tragen, dass das soziale Netz funktioniere. Eine Misere wie im Jahre 1929 könne nicht mehr vorkommen. Sicherlich könnten kleine oder große Unternehmen Pleite machen, aber eine vollkommene Schließung erfolge nur in den seltensten Fällen. Das Kapital des Besitzers gehe verloren, doch das Unternehmen werde von neuen, vielleicht vom Staat eingesetzten Managern weitergeleitet. Genauso arbeite momentan das „Kreditnetz". Finanzgesellschaften, Spielsyndikate und Spekulationsbanken könnten zwar ebenfalls Pleite machen und ihr Eigenkapital verlieren. Aber es bleibe ausgeschlossen, dass ihre Zahlungsunfähigkeit eine Kettenreaktion hervorrufe. Dafür sorge die Notenbank eines jeden Landes. Ein Zusammenbruch des Kreditsystems sei heutzutage nicht mehr möglich: Jeder Gläubiger ist der Schuldner eines anderen Gläubigers, der wieder einem anderen schuldig ist. Der letzte Gläubiger ist die Notenbank. Sie ist niemandem schuldig, denn sie besitzt selbst die Notenpresse. In Krisenzeiten entstehe ein stillschweigendes Moratorium. Niemand zahle, alles bleibe beim Alten. Die Notenbank sei wie die „Wacht am Rhein". Die professionellen Schwarzmaler würden alle „auf die Nase fallen", denn die Welt gehe „wie geölt" weiter. Das beschriebene „Kreditnetz" schütze auch alle Banken des Westens vor den „faulen Schulden" des Ostblocks. Auch wenn nicht ein Pfennig bezahlt würde, niemand gehe dadurch Pleite. Die Verluste der Großbanken bleiben verstaatlicht, die Gewinne aber privatisiert.

In Kostolanys „gelobtem Land", den Vereinigten Staaten, war 1981 ein Mann ins Weiße Haus gelangt, der voll und ganz die psychologische Klaviatur beherrschte, die vor allem in Finanzdingen so wichtig ist. Seine Name war Ronald Reagan. Er dürfte ganz nach André Kostolanys Geschmack gewesen sein. Die Präsidentschaft Reagans, die bis 1989 dauerte, gehört wegen ihrer inneren Widersprüchlichkeit und ihren gravierenden, heute immer noch schwer abzuschätzenden Auswirkungen zu den bemerkenswertesten Episoden der amerikanischen Geschichte. Seine als „Reaganomics" bezeichnete Wirtschaftspolitik verlieh dem amerikanischen Kapitalismus neue Dynamik, hinterließ aber schwere Probleme in Form hoher Haushaltsdefizite und einer gewaltig wachsenden Staatsverschuldung. Seine angekündigte „moralische Revolution" blieb weitgehend nur als Lippenbekenntnis bestehen, während Individualismus und Materialismus neue Triumphe feierten.

Obwohl Ronald Reagan als 70-Jähriger beim Amtsantritt älter war als alle Präsidenten vor ihm, konnte er doch die Mehrzahl der Amerikaner mit seinem flexiblen und lässigen Führungsstil überzeugen.

Er trug jene amerikanischen Tugenden in sich, die Kostolany so schätzte. Die Kritik an seiner Person spitzte sich auf das Schlagwort der „Fernsehpräsidentschaft“ zu, bei der es in erster Linie auf das äußere Erscheinungsbild ankam, während die Substanz der Politik in den Hintergrund trat.

Die Strategie aber, die das Weiße Haus unter Ronald Reagan verfolgte, war, vor dem Hintergrund Kostolany'scher Börsenpsychologie, goldrichtig. Sie blieb ganz darauf ausgerichtet, einer verunsicherten und misstrauischen Bevölkerung durch rasches Handeln den Eindruck von Mut, Entschlossenheit und Tatkraft zu vermitteln. Reagan nutzte seine telegenen Fähigkeiten und seinen Charme, um in direkten Gesprächen mit den Bürgern das erschütterte Selbstvertrauen der Nation zu stärken und eine optimistische Stimmung zu erzeugen. Viele Intellektuelle zeigten sich von dieser Art Politik abgestoßen. Die Masse der Amerikaner stand jedoch hinter ihm und hinter seinem ungebrochenen Glauben an den „American Dream“. Sie war bereit, alles zu tun, um der Folgen der zweiten Ölkrise ab 1979 Herr zu werden. Seit diesem Jahr, in dem der Ölpreis pro Barrel von der OPEC auf über 30 Dollar festgesetzt wurde, erlebten die Amerikaner, die mehr als ein Drittel ihres Energiebedarfs durch Importe deckten, erneut Versorgungsengpässe und drastische Preissteigerungen. Um die galoppierende Inflation zu stoppen, hatte die Federal Reserve Bank den Diskontsatz so weit erhöht, bis die Bankzinsen schließlich 20 Prozent betrugen und die Investitionstätigkeit praktisch zum Erliegen kam.

Unter diesen Voraussetzungen fiel es der Reagan-Administration nicht schwer, ihr Wirtschaftsprogramm durch den amerikanischen Kongress zu bringen. Es ging von einer angebotsorientierten Wirtschaftstheorie aus, der „Supply-Side Economics“. Der Kern bestand aus einer auf drei Jahre verteilten 25prozentigen Kürzung der Einkommensteuer. Zudem wurde die Deregulierung der Wirtschaft, die bereits Präsident Carter begonnen hatte, im großen Stil fortgesetzt und auf das Banken-, Verkehrs- und Kommunikationswesen ausgedehnt. Viele dieser Maßnahmen, die zum Teil in der Zerstückelung von bisherigen Konzernen bestanden, hatten einen scharfen Wettbewerb zur Folge. Die erwarteten Steuerausfälle in

Höhe von 750 Milliarden Dollar sollten durch Kürzungen bei den Sozialausgaben und, nach Anspringen der Konjunktur, durch höhere Steuereinnahmen in der Zukunft wieder hereingeholt werden.

Die seit 1979 bestehende schwere Rezession kam zunächst nicht zum Stillstand. Das galt sowohl für die USA als auch für die westlichen Verbündeten. Grund genug für André Kostolany, in seiner September-Kolumne des Jahres 1982 wiederholt auf die „Schwarzmalerei“ hinsichtlich der allgemeinen wirtschaftlichen Entwicklung zu schimpfen. Die Überschrift seines Beitrags im „Capital“ lautete einfach nur „Krisengerede“ und sagte damit schon alles aus. Kostolany äußerte die feste Überzeugung, dass Pessimismus zu einer Modekrankheit geworden sei. Er verurteilte zum wiederholten Male die Vergleiche der aktuellen Situation mit jener der Jahre 1929 bis 1933. Wörtlich sagte er: „Schwarzmalerei ist zum Beruf geworden, zu einem perversen Beruf. Es gibt viele in diesem Gewerbe, die lächerliche Argumente und Vergleiche bringen. Bei manchen mag Angst den Verstand blockieren, bei vielen aber steckt politische und geschäftliche Raffinesse dahinter ... Die Behauptung vieler, die heutige Situation sei mit der der 30er Jahre vergleichbar, ist purer Unsinn. Nehmen wir Amerika. Das Land ist mit damals doch nicht vergleichbar. Der Lebensstandard der Arbeitnehmer ist unvergleichlich viel höher. Und durch das Sozialnetz einigermaßen abgesichert. Unternehmenskrisen wurden recht geschickt gemeistert, ebenso Schwierigkeiten bei einzelnen Banken“. Die Dirigenten der US-Wirtschaft hätten bis dato gar nicht so erfolglos gearbeitet, wie es die Schwarzmaler behaupten würden. Das amerikanische Wirtschaftsprogramm sei auf zwei Ziele gerichtet: Stopp der Inflation, besonders der Inflationspsychose, und die Bekämpfung der Arbeitslosigkeit. Die erste Aufgabe sei fast gelöst. Nur wenn die Inflationsmentalität total ausgemerzt sei, könne das zweite Ziel in Angriff genommen werden.

Kostolany stellte klar, dass das Erreichen einer vollkommenen Stabilität weder möglich noch unbedingt wünschenswert sei. Eine kleine, kontrollierte Inflation wirke vielmehr sogar stimulierend auf das Wirtschaftsleben. Die zugegebenermaßen schlimme Arbeitslosigkeit sei überdies nicht katastrophal, sondern duch die gewollt hohen Zinsen künstlich hervorgerufen. Die US-Administration wisse allerdings, wie weit sie hier gehen könne. Die Zinsen seien sicherlich immer noch viel zu hoch. Die Investitionen stagnierten, in den Vereinigten Staaten habe sich eine „Sparwut" breitgemacht.

Kostolanys Zukunfts-Optimismus zeigte sich unverwüstlich. Er rügte am Ende seiner Ausführungen noch einmal die Pessimisten: „Ihre Schwarzmalerei ist nicht nur ein Fehler, sondern ein Verbrechen gegen ihr eigenes Land und unser freies Wirtschaftssystem".

Das Wirtschaftskonzept der Reagan-Regierung erwies sich in den folgenden Jahren tatsächlich als ein gangbarer Weg. Ab Anfang 1983 begann die US-Wirtschaft wieder zu wachsen. Der Aufschwung stellte sich rechtzeitig ein, um Reagan und seinem Vizepräsidenten George Bush 1984 eine klare Wiederwahl zu sichern. Trotz der Überwindung der „Stagflation" behielten die „Reaganomics"-Experten nur zum Teil Recht, denn die durch die Steuersenkung entstandene Finanzlücke ließ sich nicht mehr schließen. Das lag hauptsächlich an der massiven Aufrüstung, die den Rüstungsetat um über 40 Prozent auf fast 300 Milliarden Dollar steigen ließ. Diese und weitere Entwicklungen riefen die von Kostolany verurteilten Schwarzmaler wieder auf den Plan, die den Vereinigten Staaten eine ökonomische Katastrophe prophezeiten. Sie blieb jedoch aus. Verglich man die Indikatoren wie Wachstum, Inflation und Arbeitslosigkeit, dann befand sich die US-Wirtschaft seit 1983 in einer besseren Verfassung als in den 70er Jahren. Trotz des Wertverlustes gegenüber „harten" Währungen wie der Mark und dem Yen blieb der Dollar die bevorzugte Weltreservewährung.

In dem Land, in dem André Kostolany seine börsenpsychologische Therapie anwandte, der Bundesrepublik Deutschland, gelang es der Regierung Kohl ebenfalls, begünstigt durch die Weltkonjunktur, die „Stagflation" zu überwinden. Das erste Jahrzehnt der christlich-liberalen Koalition fiel zeitlich mit der längsten Aufschwungphase der Nachkriegsgeschichte zusammen. Wachstumsrate und Preisstabilität beeindruckten. Das Motto hieß „Leistung soll sich wieder lohnen" und bot einem neuen Wirtschaftsliberalismus Raum. Ansatzpunkte zur Kritik fanden sich in der Begünstigung der Besserverdienenden und der Unternehmer, die durch eine Steuerreform entlastet wurden. Trotz Aufbruchstimmung blieb die Zahl der Arbeitslosen in den 80er Jahren hartnäckig über der Zweimilliongrenze. Die Gewerkschaften forderten Arbeitsmarktprogramme und Arbeitszeitverkürzungen und gerieten damit in scharfen Gegensatz zu den Regierungsparteien, die jede Politk des Schuldenmachens rigoros ablehnten. Alle Beteiligten sahen im Endeffekt ein, dass die glücklichen Zeiten der Vollbeschäftigung in den Jahren vor 1973 durch Wirtschaftswachstum allein nicht zurückgewonnen werden konnten. Die Sozialversicherungen mussten die schlimmsten Auswirkungen der Massenarbeitslosigkeit auffangen. Das Wort von der „Zweidrittelgesellschaft" machte die Runde, nach der zwei Drittel gut verdienen und sichere Arbeitsplätze haben, hingegen das übrige Drittel nur über ein geringes Einkommen, Arbeitslosengeld oder Sozialhilfe verfügt.

Rückblickend stellte André Kostolany für die 80er Jahre fest, dass diese für die Börsianer eine reine Freude gewesen seien. Die Weltwirtschaft expandierte in diesem Jahrzehnt fast ununterbrochen. Im politischen Bereich sei man noch nie so weit von großen Komplikationen entfernt gewesen.

Ein Wermutstropfen blieb sicherlich der Börsen-Crash des Jahres 1987. Aber auch dieser wurde überwunden. Nach dem Einbruch hatte sich Kostolany aufgemacht, war durch die gesamte Bundesrepublik gepilgert und hatte Optimismus gepredigt. Sein Merksatz in diesem Zusammenhang lautete: „Leser glaubt dem (Börsen-)Guru nicht, auch wenn er Professor ist." Alle ernannten und selbsternannten Gurus hätten nicht die richtige Diagnose für den Crash gehabt, sondern nur Statistiken und Kurven zu Rate gezogen. André Kostolany zitierte in diesem Zusammenhang Hamlet: „Ein totaler Unsinn, aber mit Methode". Von studierten Volkswirten hält er bis heute kaum etwas, oder, besser gesagt: gar nichts. Denn in der Börsenpraxis versage nach wie vor die Theorie. Hier zähle Erfahrung.

Kostolany wird nicht müde, in seinen Veröffentlichungen immer wieder die „Berufsvolkswirte" wegen ihrer „Verdummung" der Sparer und der „totalen Verwirrung", die sie in den Köpfen des

Publikums, der Geschäftsleute und Unternehmer anrichten würden, anzuklagen: „Fast alle ihre trüben, verstaubten Theorien kann man nur mit scharfer Logik und viel Arbeit widerlegen, aber hierzu sind nur wenige bereit.“ Die Volkswirte seien wie Gladiatoren, die mit verbundenen Augen kämpften. Ihre Statistiken seien nicht nur falsch, sie würden zudem nicht einmal merken, was hinter diesen stehe. Nach dem Crash des Jahres 1987 trafen sich 33 Professoren aus aller Welt in Washington zu einem Symposium und entwickelten äußerst düstere Prognosen für die Weltwirtschaft. Wie Kostolany vorausgesagt hatte, geschah genau das Gegenteil ihrer Vorhersagen. Tatsächlich mussten im Jahre 1989 die Notenbanken den wirtschaftlichen Aufschwung bremsen, damit er nicht die Inflation anheizte.

Nach André Kostolanys Meinung leisten Professoren in vielen Wissenschaftsbereichen sehr gute Arbeit. In Wirtschaftsdingen und an der Börse seien sie jedoch vollkommen fehl am Platze. Dort sei man mit Astrologen oder Wahrsagern besser bedient. Kostolany ging sogar so weit zu behaupten, dass die Volkswirtschaft geradezu eine Pseudo-Wissenschaft sei. Dort ein Diplom zu erlangen, sei eine einfache Angelegenheit und mache nicht viel Kopfzerbrechen. Sein Ratschlag für Absolventen der Volkswirtschaft, die ins Berufsleben treten wollten, laute deshalb seit jeher: „Alles sofort und radikal vergessen, was Sie an der Uni gelernt haben. Es ist nur eine Belastung für Ihre spätere Tätigkeit“.

17. Zeitenwende: Die Jahre 1989 und 1990

Was sich in den Jahren 1989 und 1990 in Deutschland ereignete, damit hatte niemand gerechnet. Die Wiedervereinigung der beiden deutschen Staaten vollzog sich in einem atemberaubenden Tempo. Denjenigen, die sie „live“ miterlebten, erschien sie wie ein Wunder. Aus heutiger Sicht wird sehr schnell deutlich, dass sie nur ein Teilphänomen eines welthistorischen Prozesses war, nämlich dem Niedergang und Zusammenbruch des Kommunismus. Dieser Vorgang wird seit ehedem mit dem Namen des sowjetischen Reformators Gorbatschow in Verbindung gebracht, doch begann er schon lange vor dessen Auftreten. So war 1980 in Polen die unabhängige Gewerkschaft „Solidarnosc“ entstanden, die 1981 zwar unterdrückt, aber nicht zerschlagen wurde und sich schon bald wieder öffentlich artikulierte. Die Sowjetunion griff hier nicht ein. Sie konnte und wollte sich ein zweites „Abenteuer“ nach dem Einmarsch in Afghanistan nicht leisten.

Kostolany hatte schon 1975 den Kommunismus als „pleite“ bezeichnet. Viele „Insider“ aus Wirtschaft und Politik vertraten in den 80er Jahren zunehmend diese Meinung. Besuche in der DDR führten ihnen vor Augen, wie abgewirtschaftet und verschlissen die dortige Industrie und Infrastruktur sich darbot. Sie fragten öffentlich, wie lange eine Volkswirtschaft auf dieser Grundlage überhaupt noch funktionieren könne. Gläubige Mitglieder der „Deutschen Kommunistischen Partei“ (DKP) in der Bundesrepublik empörten sich über diese Urteile und werteten sie als typische Kritik von konservativer politischer Seite, wie sie schon seit Jahr und Tag zu hören sei. Allerdings reihten sich in die Schar der DDR-Kritiker immer mehr Leute ein, die im Grunde der Deutschen Demokratischen Republik durchaus wohlwollend gegenüberstanden. Die Führung der DDR wollte von all dem nichts wissen. Westliche Journalisten, die den Staatsratsvorsitzenden Honecker damals befragten, weshalb in seinem Land die Stimmung so schlecht sei, bekamen zur Antwort, dass er nicht wisse, wovon sie redeten.

In Kostolanys Heimat Ungarn, dem sowieso reformfreudigsten Land des Ostblocks, diskutierte man in der Kommunistischen Partei USAP schon seit langem offen über notwendige Veränderungen. Sogar in der UdSSR ließen sich kritische Stimmen nicht vollends zum Schweigen bringen. Mit dem Amtsantritt Gorbatschows als Generalsekretär der KPdSU im Jahre 1985 erhielten diese Bewegungen eine neue Dynamik. Gorbatschow empfand die politisch und ökonomisch enge Bindung des gesamten Ostblocks an die Sowjetunion eher als Belastung denn als förderlich. Die Blockdisziplin wurde gelockert. Die Staaten mussten nicht mehr alle Weisungen und Schritte der UdSSR nachvollziehen, sondern konnten selbst entscheiden. In Polen und Ungarn trug dieser Kurswechsel seine größten Früchte. Polen ließ „halbfreie“ Wahlen zu, in Ungarn verzichtete die USAP auf ihr Machtmonopol. Um die Öffnung zum Westen sichtbar zu machen, begannen die Ungarn im Mai 1989 mit dem Abbau von Sperranlagen an der Grenze zu Österreich. Das war, im übertragenen Sinne, der erste Breschenschlag in die Berliner Mauer.

Ungarn war ein beliebtes Reiseland für die DDR-Bürger, das sie visumfrei besuchen durften. Tausende hielten sich dort auf, als die Nachricht vom Abbau des Stacheldrahtes kam. Die Grenzen wurden allerdings weiterhin scharf kontrolliert. Trotzdem wagten einige Hundert die Flucht. Das machte Schule. Plötzlich setzte ein gewaltiger Zustrom von DDR-Bürgern nach Ungarn ein. Viele suchten in der bundesdeutschen Botschaft in Budapest Zuflucht und erzwangen auf diese Weise ihre Ausreise in die Bundesrepublik. Die Botschaft musste bald wegen Überfüllung geschlossen werden. Provisorische Auffanglager wurden eingerichtet. Da entschloss sich die ungarische Regierung zu einem tollkühnen Schritt. Sie suspendierte am 11. September 1989 das Abkommen mit der DDR, das sie verpflichtete, gefasste Flüchtlinge sofort zurückzuschicken. Stattdessen erlaubte sie generell die Ausreise. Bis Ende September gelangten auf diesem Weg 25 000 Menschen in die Bundesrepublik. Da Bonn immer an der einheitlichen deutschen Staatsbürgerschaft festgehalten hatte, waren sie de jure sofort Bundesbürger. Die diplomatischen Proteste aus der DDR wies Ungarn unbewegt zurück.

Inzwischen hatten sich weitere Fluchtwege aus dem Ostblock aufgetan. Tausende Menschen aus der Deutschen Demokratischen Republik drängten sich auf dem Gelände der bundesdeutschen Botschaften in Warschau und in Prag. Die DDR-Führung versuchte vergeblich, die Flüchtlinge zur Rückkehr zu bewegen, indem sie ihnen in Aussicht stellte, ihre Ausreiseanträge zügig zu bearbeiten. Doch ließen sich die Menschen darauf nicht mehr ein. Mehrere Sonderzüge, die über DDR-Gebiet fahren mussten, brachten die Flüchtlinge schließlich in den Westen. Die Regierung ist Ost-Berlin wollte die peinliche Angelegenheit so schnell wie möglich erledigt wissen. Immerhin stand der 7. Oktober vor der Tür, der 40. Jahrestag der DDR-Gründung.

Zum Jahrestag selbst hatte „der“ Ehrengast, Gorbatschow, angesichts der Entwicklungen die DDR-Führung kritisiert: „Wer zu spät kommt, den bestraft das Leben.“ Das sind seither geflügelte Wort geworden. Leipzig war in den Wochen zuvor zur „Heldenstadt“ avanciert. Die „Montagsdemonstrationen“ der Unzufriedenen wurden seit dem Spätsommer 1989 immer größer. Am 2. Oktober des Jahres hatten sich 20 000 Menschen an ihnen beteiligt. Bald waren es 70 000, am 23. Oktober 300 000.

Die Ereignisse überschlugen sich. Am 18. Oktober trat Honecker von seinen Ämtern zurück. Neuer SED-Chef wurde Egon Krenz. Der Berliner Alexanderplatz erlebte am 4. November 1989 eine gewaltige Kundgebung: 500 000 Menschen demonstrierten gegen die SED. Der 9. November brachte dann die Maueröffnung. Ganz Berlin war „eine Wolke“, wie die Medien verkündeten. Verwandte und Freunde sahen sich nach Jahren wieder, wildfremde Menschen fielen einander um den Hals, Tränen flossen und Sektkorken knallten. Die Wiedervereinigung stand vor der Tür. Der sowjetische Botschafter in Bonn, Julij Kwizinskij, erinnerte sich an die folgenden Tage: „Ich konnte fast körperlich spüren, dass die Wiedervereinigung bereits Tatsache war, die DDR im Grunde nicht mehr bestand und es keinen Weg zurück gab.“

Kostolanys Prognosen hinsichtlich der Überlebensfähigkeit des Ostblocks hatten sich bewahrheitet. Interne Analysen der DDR-

Regierung unter Krenz zeigten, dass das Land vor dem Bankrott stand, dass man zu lange über die eigenen Verhältnisse gelebt hatte. Die Auslandsverschuldung war seit 1970 auf das 25fache gestiegen und betrug nun 49 Milliarden Mark. Die Exporterlöse reichten bei weitem nicht mehr aus, um Zinsen und Tilgung zu bezahlen. Ein weiterer Anstieg der Verschuldung war nur zu stoppen, wenn der Lebensstandard sofort um 30 Prozent gesenkt würde. Diese Neuigkeiten waren so schockierend, dass man sie einer „ausgesuchten“ Öffentlichkeit nur in wohldosierter Form darbot. Das hatte zur Folge, dass selbst Oppositionelle die Wirtschaftslage der DDR noch lange viel zu positiv beurteilten.

Angesichts der Entwicklungen in der DDR und im gesamten Ostblock war es für André Kostolany vollkommen klar: Die USA hatten sich als Retter von allem Übel erwiesen. Natürlich auch Gorbatschow. Aber insbesondere sei es Ronald Reagan gewesen, von den Medien als Cowboy und Schmierenschauspieler geschmäht, der hinter den Kulissen gewirkt habe. Glücklicherweise, so Kostolany, werde die Weltpolitik in Washington und nicht in Hamburg gemacht. Denn nicht die Ostpolitik Willy Brandts und Egon Bahrs habe dazu geführt, dass der aufgeblähte Sowjetballon durch einen Nadelstich geplatzt sei. Das war vielmehr die ungarische Entscheidung, den Ostdeutschen zu helfen und die Grenzen zu öffnen. Kostolany sagte in diesem Zusammenhang: „Dass dem Ballon ... die Luft ausging, ist unzweifelhaft die Folge der Reagan'schen Politik: Nachrüstung, Sternenkrieg, Cocomliste und alles, was die Sowjetunion in den Konkurs getrieben hat. Um mit den Vereinigten Staaten Schritt zu halten, musste sich die Sowjetunion pleiterüsten. Gorbatschow, klug und realpolitisch denkend, wurde sich klar darüber, dass es so nicht weitergeht. Er hat dreimal die Verhandlungen in Genf platzen lassen. Aber Ronald Reagan blieb hart. Also musste der Kreml-Chef wiederkommen und klein beigeben.“

Kostolany ließ an der deutschen Ostpolitik kein gutes Haar. Das Anfassen des Ostblocks mit Samthandschuhen, die Unterstützung der dortigen Bürger, die Bereitschaft, alles zu akzeptieren, nur keinen Krieg, habe das Leben des maroden kommunistischen Systems unnötigerweise verlängert. Ungarn habe letztendlich die Pleite mehr oder weniger offen zugegeben. Was bleibe nun für den Westen, für die Bundesrepublik zu tun, um dem Osten wieder auf die Beine zu helfen? Ostdeutschland brauche Geld, Geld und nochmals Geld. Nur damit lasse sich ein Chaos auf dem Arbeitsmarkt verhindern.

Die Polemiken Kostolanys waren sicherlich herzerfrischend und zeigten einmal mehr seinen ungebrochenen Glauben an die Macht des Geldes und insbesondere an die des Dollars. Doch blenden seine Einschätzungen der deutschen Ostpolitik und der Auseinandersetzungen um die Nachrüstung einige wichtige Tatbestände aus. So darf man sicherlich nicht das ehrliche Bemühen von Willy Brandt, Egon Bahr und den vielen „Friedensbewegten“ der 70er und 80er Jahre unterschätzen, die politische Weltlage zu entschärfen und die Länder des Ostblocks und des Westens von der geldverschlingenden Rüstungsspirale zu befreien. Gleichzeitig konnten die USA ihr Rüstungsprogramm in seinen gewaltigen Ausmaßen insbesondere deshalb realisieren, weil sie ihre Machtstellung im westlichen Verteidigungsbündnis ausnutzten und ihre Partner nötigten, amerikanische Rüstungsgüter zu kaufen. Von diesem „Kaufzwang“ war insbesondere die Bundesrepublik betroffen. Sich von diesem Knebel befreien zu wollen, konnte im Grunde nicht falsch sein. Dass schließlich und endlich die „Hauruckmethode“ des „Cowboys“ Ronald Reagan und seiner Administration siegte, muss im Nachhinein noch lange nicht heißen, dass sie von allen möglichen Methoden die beste war.

Wenn auch die Menschen in der DDR ihren Willen zur Wiedervereinigung so laut verkündeten, dass er weltweit gehört wurde, so ging doch die Initiative zu ihrer konkreten Umsetzung vom Westen aus. Als erstes stand die Währungsunion auf der Tagesordnung, die von der Bevölkerung schon sehnlichst erwartet wurde. Ein entsprechender Vertrag wurde am 18. Mai 1990 unterzeichnet und trat am 1. Juli des Jahres in Kraft. Termin und Umtauschsätze waren nicht nach ökonomischen, sondern nach politischen Motiven festgesetzt worden. Löhne, Renten und Mieten wurden im Verhältnis 1:1 umgestellt, ebenso Bank- und Sparguthaben bis zu 2 000, 4 000 und 6 000 Mark, gestaffelt nach dem Alter des Inhabers; alle sonstigen Forderungen und Verbindlichkeiten im Verhältnis 2:1. Die DDR-Mark war damit entschieden zu hoch bewertet. Eine Halbierung oder einen noch geringeren Anteil der ohnehin niedrigen Einkommen mit der Aussicht auf steigende Preise hätte man den Menschen in der DDR allerdings kaum zumuten können.

Die vielen Beobachter der deutschen Währungsunion, die nur ein Schritt auf dem Weg zur endgültigen Wiedervereinigung war, wurden von der Rasanz der Ereignisse geradezu überrumpelt. Hatte sich beispielsweise André Kostolany noch im April 1990 seine Gedanken über die Stützung der DDR-Währung gemacht, da wurde, während er seine Ausführungen zu Papier brachte, schon längst an dem Vertragswerk über die Währungsunion gearbeitet. Dabei klang Kostolanys Plan, den er im „Capital" veröffentlichte, durchaus machbar, da er sowohl ökonomische als auch politische Gesichtspunkte berücksichtigte. Er sah vor, die Ost-Mark langsam durch in- und ausländische Banken aufkaufen zu lassen und ihren Wert auf diese Weise zu verdoppeln. Aufkäufer wäre in jedem Fall die Deutsche Bundesbank. Die größten Märkte für diese Transaktionen seien Zürich und Wien. Beide Bankplätze würden diesbezüglich schon rege Aktivitäten entfalten. Funktioniere der Plan, könnten sich die DDR-Bürger mehr leisten. Er würde außerdem den Ausverkauf der DDR an Spekulanten verhindern. Die endgültige Währungsunion könne dann zu einem noch festzulegenden Zeitpunkt kommen.

Den westdeutschen Politikern, allen voran Bundeskanzler Helmut Kohl, der für den 2. Dezember 1990 bereits die ersten Wahlen für ein gesamtdeutsches Parlament propagierte, attestierte Kostolany eine große Portion Naivität. Er erkannte, dass Kohl als Kanzler der Einheit in die Geschichtsbücher eingehen wolle, doch könne er doch nicht im Ernst glauben, dass die Sowjets den Verbleib eines großen Deutschland in der NATO tolerieren würden. Selbst wenn Gorbatschow in vieler Hinsicht Konzessionen mache, so müsse er noch nicht auf den Knien kriechen. Immerhin habe er einen mächtigen Verbündeten: die sowjetische Armee.

Zu den Bewunderern Helmut Kohls zählte Kostolany gewiss nicht, der den Kanzler mit einer Dampfwalze verglich, die alles niedermache. Kohls Wunsch, ein zweiter Bismarck zu sein, sei lachhaft, denn er begehe kapitale Fehler nicht nur hinsichtlich der Einschätzung der sowjetischen, sondern auch bei der Beurteilung der englischen und französischen Positionen, die keinesfalls eine deutsche Einheit allzu bald wünschten.

Obwohl die weitere Entwicklung alle Warner und Kritiker Lügen strafte, so hatte Kostolany mit seiner Beurteilung der Situation kurz vor der Währungsunion nicht Unrecht. Vor allem Frankreich, seine Politiker und die Bevölkerung, ängstigten sich vor einem 80-Millionen-Volk, mit dem es allein im 20. Jahrhundert zwei große Kriege ausgefochten hatte. Auch wenn die viel beschworene deutsch-französische Freundschaft tatsächlich existierte, so war sie doch ein sehr fragiles Gebäude. Bezeichnend war der Ausspruch eines französischen Generals, der, die Schritte zur deutschen Wiedervereinigung betrachtend, öffentlich verkündete: „Glücklicherweise haben wir die Atombombe."

Trotz der Tatsache, dass Helmut Kohl in der Beurteilung Kostolanys nicht gut abschnitt und sich viele Kritiker dieser Meinung anschlossen, darf dennoch folgendes niemals vergessen werden: Der Zerfall der DDR fand gewissermaßen „zufällig", während Kohls Amtszeit, statt. Die sich daraus ergebende Gelegenheit, Deutschland zusammenzuführen, hat er beherzt wahrgenommen und die Wiedervereinigung vollzogen. Ob dies finanz-, wirtschafts-, sozial- oder außenpolitisch „vernünftig" war oder ob es vielleicht zu schnell ging, stand überhaupt nicht zur Debatte. Kohl begriff instinktiv, dass sich derartige Gelegenheiten in der Menschheitsgeschichte nur sehr selten bieten. Für einen kurzen Moment, einen Augenblick, tat sich ein winziger Spalt auf. Hätte Helmut Kohl hier nicht mit beiden Händen zugegriffen und stattdessen zugelassen, dass sich die Öffnung wieder schließt, hätte er sich im Grunde vor aller Welt und der Geschichte schuldig gemacht. Wie konnte Willy Brandt allen Ernstes verkünden: „Jetzt wächst zusammen, was zusammengehört", wie konnten viele Menschen, darunter auch André Kostolany, auf eine Mäßigung des Tempos bei der Wiedervereinigung drängen, wenn im Grunde die Optionen nur „Ja" oder „Nein" lauteten? Was hätten wohl die 16 Millionen DDR-Bürger im Herbst 1989 geantwortet, wenn „Besser-Wessis" ihnen gesagt hätten, dass eine Wiedervereinigung zum jetzigen Zeitpunkt nicht so recht vernünftig sei und man vielleicht noch 20 bis 30 Jahre warten solle? Eigentlich musste das Vorgehen der Bundesregierung Kostolany gefallen. Es war mutig und zielgerichtet. Die USA hätten sich nicht anders verhalten, wären sie in einer ähnlichen Situation gewesen.

Was auch immer in den Jahren nach der Wiedervereinigung vom 3. Oktober 1990 passierte, der ausbleibende Aufschwung, die „Abwicklung“ von Betrieben, die große Arbeitslosigkeit, die Unzufriedenheit, die Ressentiments, die Sehnsucht nach der angeblich guten, alten DDR: Helmut Kohl hat damals richtig gehandelt. Das bleibt sein Verdienst.

Die Rolle, die sich danach für Helmut Kohl als Repräsentant des neuen, großen Deutschland in der Welt ergab, hat er allerdings nur zögerlich ausgefüllt. Es setzte eine Politik ein, die in den Augen vieler Deutscher Züge einer „Scheckbuchdiplomatie“ annahm. Kennzeichen war ein bereitwilliges Transferieren von Geldern, um sich von Verpflichtungen der verschiedensten Art „freizukaufen“.

Immerhin war Deutschland neben Russland nun der volkreichste Staat Europas. Die jahrzehntelange Vormundschaft der Siegermächte, die natürlich auch bequem gewesen war, hatte aufgehört, die Souveränität war wiedererlangt. Mit der Einschätzung, dass nach dem Zusammenbruch des Kommunismus jetzt Frieden und Freiheit in der Welt einkehren würden, haben sich viele, darunter auch Kostolany, allerdings sehr getäuscht. Überall in der Welt flammten kleinere Konflikte auf, die sich schnell zu grausamen Kriegen ausweiteten, wie es zum Beispiel im ehemaligen Jugoslawien der Fall war. Die alte Bundesrepublik hatte sich in der Vergangenheit mit Hinweis auf die deutsche Teilung aus vielen Konflikten heraushalten können. Jetzt verlangten aber nicht nur die NATO-Partner ein größeres Engagement.

18. Nach dem Ende des Kalten Krieges: Heiße Kriege

Aus Sicht der Vereinigten Staaten traten die deutsche Wiedervereinigung, die Neuordnung Osteuropas und die großen Abrüstungsfortschritte hinter eine neue Krise am Persischen Golf zurück, die mit dem Überfall des Irak auf Kuwait am 2. August 1990 ihren Lauf nahm. Den Amerikanern war zu spät klar geworden, dass sie mit ihren Waffenlieferungen an den irakischen Diktator Saddam Hussein, über das Ende des irakisch-iranischen Krieges hinaus, einen Kardinalfehler begangen hatten. Dem amerikanischen Präsidenten George Bush gelang es, eine internationale Koalition zu organisieren, die vom Weltsicherheitsrat den Auftrag erhielt, die territoriale Integrität Kuwaits wiederherzustellen. Die USA übernahmen die Führungsrolle bei der Befreiung des kleinen Landes am Persischen Golf. 28 Staaten entsandten für die Operation „Desert Shield", wie der Aufmarsch im Golfgebiet hieß, Soldaten und Kriegsgerät.

Der Überfall Iraks hatte seine Auswirkungen auch auf die Börsen der Welt. Kostolany wunderte es nicht, dass Wall Street auf den Gewaltakt sehr sensibel reagierte. Er nahm dies allerdings lediglich zum Anlass, um die verhassten Börsen-Spieler und deren hysterische Reaktionen erneut zu schmähen. Für ihn waren es nur Amateure, die Trends hinterherliefen und tatsächlich an Statistiken glaubten: „Wirkliche Profis schenken ... arabischen Despoten keine Beachtung. Die ausgefuchsten Anleger lassen sich auch nicht von den Kurvendeutern beeindrucken".

Kostolany gab im Oktober 1990 ein dezidiertes politisches Statement zu den Vorgängen im Nahen Osten ab. Er verglich Saddam Hussein mit Hitler und ging davon aus, dass die Staatengemeinschaft kein zweites Mal einen solchen Diktator zulassen würde. Er warnte vor vertraglichen Lösungen wie jener von München im Jahre 1938, bei der die Alliierten vor der Erpressung Hitlers kapitulierten: „Ich halte nichts von einer Münchener Lösung mit Konzes sionen und sehe für Saddam Hussein bestenfalls eine Fifty-Fifty-Chance. Denn wer für Verhandlungen mit dem unberechenbaren Wüsten-Hitler eintritt, riskiert, dass der Iraker sich Atomwaffen beschafft. Ein Glück, dass Israel vor Jahren das irakische Atomkraftwerk zerstörte. Erinnern Sie sich noch, wie groß damals der weltweite Aufruhr gegen dieses Meisterstück war?"

Der Aufmarsch der Streitmacht am Golf nahm unterdessen gewaltige Ausmaße an. Die USA schickten allein mehr als 500 000 Soldaten in die Golfregion. Die in den vorhergehenden Jahren sorgsam gepflegten Beziehungen des Westens zu Saudi-Arabien und Ägypten erleichterten die Stationierung der internationalen Truppen. Die Welt gab sich überzeugt davon, dass Saddam schon im Angesicht der riesigen Streitmacht einlenken und die Besetzung Kuwaits wieder aufgeben würde. Dem war allerdings nicht so. Der Iraker pokerte hoch.

Deutsche Soldaten suchte man vergeblich unter den Stationierten. Die Bundesregierung hatte sich entschieden, nur einige Dutzend Piloten mit ihren „Alpha-Jets", einem veralteten Kampfflugzeug, auf einen Stützpunkt in den Südosten der Türkei zu entsenden, um den dortigen Luftraum zu schützen. In Anbetracht dieser desolaten Szenerie kursierte unter den türkischen Einwohnern schon bald die spöttische Bemerkung, dass, im Falle eines irakischen Angriffs, die Türken die Piloten schützen müssten und nicht umgekehrt. Dessen ungeachtet übernahm Deutschland, zusammmen mit Japan, fast die gesamten Kosten der Unternehmen „Desert Shield" und „Desert Storm". Das hat in den Vereinigten Staaten allerdings nie jemand erfahren. Es war eben jene schon erwähnte „Scheckbuchdiplomatie", die im In- und Ausland etwas verächtlich betrachtet wurde. Vor allem deutsche Offiziere im NATO-Hauptquartier in Brüssel beschwerten sich darüber, dass sie, gewissermaßen als „Strafe" für die mangelnde Beteiligung des wiedervereinigten und souveränen Deutschlands, nur sehr unzulänglich und verspätet mit Informationen versorgt würden. Im Übrigen ließen die Vertreter der übrigen NATO-Partner die Deutschen ihre unverhohlene Verachtung für deren „Feigheit vorm Feind" durchaus spüren. Die Verbündeten gaben deutlich zu verstehen, dass zukünftig eine solche „Drückebergerei" nicht mehr möglich sein würde. In Deutschland selbst fanden leidenschaftliche Debatten statt. Es gab antiamerikanische Demonstrationen. Vor allem die Grünen wandten sich entschieden gegen die Teilnahme an militärischen Auseinandersetzungen und sprachen von einer „Militarisierung der Außenpolitik“. Nicht einmal die Regierungskoalition sprach sich geschlossen für eine Beteiligung deutscher Soldaten aus, da vor allem die FDP Bedenken äußerte.

Die Anleger an den Börsen der Welt reagierten auf die drohende Kriegsgefahr auf typische Weise. Viele nervenschwache Spekulanten lösten ihre Positionen auf. André Kostolany stand dagegen auf der Käuferseite. Aus seiner langjährigen Erfahrung wusste er, dass am Tage einer Kriegserklärung die Börsen in der Regel haussieren. Er hatte in diesem Zusammenhang den September 1939 im Blick, als Frankreich und Großbritannien in den Krieg eintraten. Zu diesem Zeitpunkt waren die Kurse in New York, London und Paris nicht mehr zu halten gewesen. Kostolany fand für dieses Börsenphänomen einen überaus passenden Vergleich. Es sei wie eine Beerdigung. Die Trauergemeinde begebe sich vom Friedhof ins Wirtshaus und halte ausgiebig Leichenschmaus. Nach einigen Getränken würden sich die Mienen aufhellen, die Gespräche zunehmend lauter. Bald sei der traurige Anlass fast völlig vergessen. Man hatte ja schon so lange auf den Tod gewartet und für den Kranken war er nach langem Leiden eine Erlösung gewesen. Nun atmen die Erben auf und trösten sich: Gott hat's gegeben, Gott hat's genommen.

Vor jedem größeren Krieg im 20. Jahrhundert hatte Kostolany beobachten können, dass der Markt regelrecht „ausgepumpt“ wurde. Der größte Teil des Publikums gerät in Panik und „steigt aus“. Nur einige Hartgesottene kaufen weiter. Die Mehrheit mit den schwachen Nerven dagegen handelt emotional. Die mit den starken Nerven und den nötigen finanziellen Mitteln beweisen jedoch gerade unter diesen Umständen ihre Kaltblütigkeit. Sie sehen, wie enorm preiswert die Aktien mittlerweile sind. Große Unternehmen kaufen bereits ihre eigenen Wertpapiere. Kostolany machte klar, dass er schon seit langer Zeit zu den Hartgesottenen gehörte. Einer seiner Grundsätze laute, dass die Kurse lediglich Nummern seien, ohne jeden Bezug zur Wirklichkeit der Unternoh men. Der Golfkrieg bedrohe zum Beispiel in keiner Weise die Wirtschaft. Tatsächlich hätte die heutige Generation von Börsianern eine wirkliche Wirtschaftskrise überhaupt noch nicht erlebt. Sonst würden sie sich nicht von jeder „kleinsten Veränderung“ aus der Ruhe bringen lassen. André Kostolany sagte dazu: „Die Argumente kommen und gehen. Doch der Langfristtrend an der Börse bleibt stets der gleiche. Auf Dauer sind die Kurse an der Börse bislang noch immer gestiegen.“ Zwar würden momentan, im Zeichen des drohenden Golfkrieges, Hunderttausende von Marktteilnehmern, kleine und große Börsenspieler ebenso wie Geldinstitute und Versicherungen, mit ihren Milliarden „herumfuchteln“ und starke Kursschwankungen verursachen. Diese Spektakel müsse der Börsianer jedoch einfach aussitzen. Er mache sowieso nicht mit dem Kopf, sondern mit dem Sitzfleisch seine besten Geschäfte.

Auch wenn viele bis zuletzt daran gezweifelt hatten, dass die Amerikaner ihre riesige Militärmaschinerie in Bewegung setzen würden, die Operation „Desert Shield“ also nur Drohgebärde der Supermacht sei, so begann dennoch rasch und unerwartet der Angriff auf den Irak. Den umfangreichen Luftangriffen folgte am 23. Februar 1991 die Bodenoffensive, die „Operation Desert Storm“, die Kuwait innerhalb weniger Tage befreite. Sowohl im Luft- als auch im Landkrieg spielten die Vereinigten Staaten ihre gewaltige technologische Überlegenheit aus, was den gewünschten Effekt auf die Weltöffentlichkeit nicht verfehlte.

Anders als im Vietnamkrieg unterlagen die der Presse zugänglichen Informationen einer scharfen Zensur. Die USA wollten keinesfalls noch einmal ein derartiges „Aufweichen“ der Heimatfront akzeptieren, das unter anderem auf die allzu detaillierte Berichterstattung über die Schrecken des Krieges zurückzuführen war. So gewann die Öffentlichkeit dieses Mal den Eindruck eines sauberen „Computerkrieges“.

Der schließliche Sieg über Saddam Hussein, der die Amerikaner entgegen vieler pessimistischer Voraussagen weniger als 150 Tote kostete, bescherte den Vereinigten Staaten einen neuen Patriotismus, wie man ihn seit 1945 nicht mehr gekannt hatte. Das „Gespenst des Vietnamkrieges“ schien verscheucht, die USA endgültig zur einzig wirklichen Weltmacht aufgestiegen. Auch in Europa trat ein deutlicher Stimmungswandel ein. Waren zu Beginn des Aufmarsches noch antiamerikanische Parolen zu hören gewesen, so wurden diese Stimmen jetzt leiser. Dazu hatten besonders die irakischen Luftangriffe auf Israel beigetragen, mit denen Saddam Hussein eine Verknüpfung zwischen der Kuwait-Frage und der seit Ende 1987 anhaltenden Revolte der Palästinenser herzustellen versuchte. Vor allem in diesem Zusammenhang geriet die deutsche Bundesregierung unter moralischen und politischen Druck, weil aus amerikanischen Kanälen bekannt wurde, dass deutsche Firmen dem Irak und eventuell auch Libyen beim Aufbau von Giftgasfabriken geholfen hatten. Erst später stellte sich heraus, dass an der geheimen nuklearen und chemischen Aufrüstung des Irak auch britische und amerikanische Unternehmen beteiligt gewesen waren.

Beim „Blauhelm-Einsatz" der UNO in Somalia, wo ein brutaler Bürgerkrieg tobte und zu grausamen Hungersnöten geführt hatte, konnte sich die Bundesregierung nicht weiter abseits halten. Deutschland entsandte ein Nachschub- und Transportbataillon der Bundeswehr, das allerdings nicht an Kampfhandlungen teilnehmen, sondern nur humanitäre Aufgaben erfüllen durfte. Ein wirklicher Kampfeinsatz ließ aber nicht lange auf sich warten. Im Jahre 1993 beteiligten sich deutsche Soldaten an der Überwachung des von der UNO verhängten Flugverbots über Bosnien-Herzegowina.

Trotz des Out-of-Area-Urteils des Bundesverfassungsgerichts aus dem Jahre 1994, das humanitäre und militärische Einsätze der Bundeswehr außerhalb des NATO-Gebiets für zulässig erklärte, hält die auf höchstem moralischen Niveau geführte Diskussion um das Für und Wider militärischen Engagements der Deutschen bis heute an. Allerdings ist zu beobachten, dass selbst bei der grünen Partei der Wind gedreht und vielen Mitgliedern der Überzeugung Raum gegeben hat, dass manche Konflikte auf der Welt offenbar nur mit militärischen Mitteln zu lösen sind. Eine Feststellung, die bei der letzten übriggebliebenen Supermacht mit ihrer gewaltigen militärischen Potenz niemals grundsätzlich in Frage gestellt wurde. Kostolany ist ein Vertreter dieser Denkweise, im Herzen also ein echter Amerikaner, der nach wie vor die Entschlusskraft und die Handlungsbereitschaft der USA überaus hoch einschätzt.

Kostolanys langjähriger Freund und ehemaliger „Capital"-Herausgeber Johannes Gross stellte in seiner letzten „Capital"-Kolumne im Juni 1999 klar, dass er dessen Amerika-Bewunderung nicht teile. Insbesondere empfehle es sich besonders für die Deutschen, auf die Gefühle der Amerikaner nicht allzu bereitwillig einzugehen. Vor allem dann nicht, wenn es um Menschenrechte gehe, denn diese würden allein von der Hälfte der UNO-Mitglieder mit Füßen getreten: „Abgesehen davon, dass wir nicht gegen alle kriminellen Regierungen militärisch kämpfen können, sind die Menschenrechte die Domäne einer Heuchelei, der man sich nicht anschließen muss. So wollen die USA, dass alle Welt gegen den Iran auftrete, während Saudiarabien als amerikanisches Protektorat nicht einmal kritisiert wird."

Der Kosovo-Krieg des Jahres 1999 brachte schließlich eine stärkere Einbindung deutscher Soldaten in Kampfeinsätze. Dieses immer noch relativ schwache Engagement versuchte die Bundesregierung wieder mit überaus kostspieligen Leistungen an die NATO-Partner und den Kosovo aufzuwiegen. Auch hier empfehle sich, so Johannes Gross, ein größeres Selbstbewusstsein Deutschlands gegenüber den USA. Die wiedervereinigte Bundesrepublik müsse sich klarmachen, dass sie, anders als die westdeutsche, nicht mehr der überproportionale Zahlmeister der Völkergemeinschaft sein müsse.

19. Europas Weg in den 90er Jahren – aus André Kostolanys Sicht

Selbstverständlich hat André Kostolany immer schon den europäischen Einigungsprozess mit Neugierde verfolgt. Von besonderem Interesse war für ihn natürlich die deutsche Währungsunion und der Weg dorthin. Kostolany beschreibt sich selbst als leidenschaftlichen Europäer, sah aber schon im Jahre 1989 schwarz für eine gemeinsame Währung. So lange es keine gemeinsame Politik gäbe, sei auch eine gemeinschaftliche Währung unnötig, ja sogar unmöglich. So habe man in einigen Ländern Europas eine sozialistisch gefärbte linke Politik, in anderen eine orthodox konservative. Die Regierungen würden alle vier bis fünf Jahre neu gewählt. Dabei könne jedesmal die Politik eines Landes eine vollkommen andere Richtung nehmen.

In Anbetracht dieser Tatsachen dürfe sogar ein absolut neutraler Beobachter aus rein objektiven Gründen die Ansicht vertreten, dass eine europäische Notenbank und Währung noch für viele Jahre unrealistisch sein würden. Grundlage für die Europäische Gemeinschaft sei nicht eine gemeinsame Währung. Die wäre erst dann möglich, wenn es ein wirklich einiges Europa gibt. Das heißt, dass in jedem Land die Zins-, Kredit- und Sozialpolitik annähernd identisch sein müsste. Das bleibe aber noch lange illusorisch. Kostolany führte dazu aus: „Die Regierung jedes EG-Landes betreibt heute eine souveräne Zins-, Kredit- und Steuerpolitik, die den unterschiedlichen innen- wie außenpolitischen, sozialen und psychologischen Entwicklungen unterworfen ist. Die wiederum werden von Faktoren beeinflusst wie Nationalcharakter, Lebensstil oder Einstellung der Gewerkschaften – Phänomene, die sich von Zeit zu Zeit ändern. In einem Land ist die Vollbeschäftigung oberstes Gebot – zu Lasten der Stabilität –, im anderen die Stabilität – zu Lasten des Arbeitsmarktes. Ein Staat kann monetarische Politik betreiben, ein anderer fiskale. Kurzum: die Länder müssten von einer supranationalen Macht regiert werden."

Kostolany wunderte sich über den deutschen Bundeskanzler Helmut Kohl, der die gesamte Sachlage offenbar nicht verstünde und scheinbar deshalb so vehement eine Währungsunion verfocht. Viele deutsche Medien sahen das ähnlich. Rudolf Augstein bemerkte im „Spiegel“, dass der einzuführende Euro gewissermaßen das Steckenpferd Helmut Kohls sei. Dafür kämpfe er mit allen rationalen und vor allem irrationalen Mitteln. Weshalb er sich danach dränge, die deutsche Mark so schnell wie irgend möglich auf dem „europäischen Altar“ zu opfern, bleibe unklar.

Mit der „Einheitlichen Europäischen Akte“ hatten die Mitgliedsstaaten der EG im Jahre 1987 das Ziel einer schrittweisen Verwirklichung der Wirtschafts- und Währungsunion erstmals vertraglich vereinbart. Die deutsche Wiedervereinigung beschleunigte die Marschgeschwindigkeit in Richtung Währungsunion erheblich. Der Weg dorthin war dornig, die Verhandlungen ausgesprochen zäh und von den offensichtlichen nationalen Egoismen überschattet, die versuchten, das jeweils Beste für sich „herauszuholen“. Im Hintergrund vieler Detailstreitigkeiten stand die währungspolitische Machtfrage. Eine Reihe europäischer Staaten wollte endlich die alles dominierende Rolle der Deutschen Bundesbank in Europa brechen. Oft war in diesem Zusammenhang von Bevormundung und Hegemonie die Rede gewesen. Das Vertragswerk selbst hatten Heerscharen von Spitzenbeamten und Politikern erschöpfend diskutiert und Wort für Wort genauestens austariert. Alle Verhandlungspositionen waren ausgetauscht und die Rangeleien ausgestanden. Das Ergebnis war ein typisch europäisches Kompromissprodukt: Die Deutschen bekamen ihre strengen Stabilitätsforderungen erfüllt, den südeuropäischen Staaten wurden Gelder zugestanden, die Briten behielten ihr Ausstiegsrecht und den Franzosen wurde garantiert, dass die Währungsunion spätestens 1999 zu beginnen habe.

Am 10. Dezember 1991 wurde der Vertrag über die Europäische Union von den Staats- und Regierungschefs der EG-Mitgliedsstaaten im holländischen Maastricht unterschrieben. Ein „Drei-Stufen-Plan“ legte den Übergang zur europäischen Wirtschafts- und Währungsunion fest. Die erste Stufe war bereits seit dem 1. Juli

1990 mit der weitgehenden Liberalisierung des Kapitalverkehrs innerhalb der Gemeinschaft beschritten. Die zweite Stufe trat am 1. Januar 1994 in Kraft. Zu diesem Stichtag eröffnete in Frankfurt am Main das „Europäische Währungsinstitut“ (EWI), das den Ausschuss der EG-Zentralbankpräsidenten ablöste. Das EWI ist das Vorläuferinstitut der „Europäischen Zentralbank“. Der Übergang zur dritten Stufe war über einen fein ausdifferenzierten Verfahrensablauf geregelt. So beurteilte der Ministerrat auf der Grundlage von Berichten der EU-Kommission und des EWI, welche der Mitgliedsstaaten die Aufnahmebedingungen (stabile Währung, niedrige Zinsen, niedrige Inflation, begrenzte Haushaltsdefizite und Staatsverschuldung) erfüllten. Die entsprechende Feststellung ging an den Rat der Staats- und Regierungschefs. Derselbe entschied dann, ob es zweckmäßig sei, in die dritte Stufe einzutreten.

Mit dem offiziellen Beginn der dritten Stufe am 1. Januar 1999 wurden die untereinander geltenden Wechselkurse der Teilnehmerstaaten durch unwiderruflich festgelegte Umrechnungskurse ersetzt. Das „Europäische System der Zentralbanken“ (ESZB) gibt seit dieser Zeit sämtliche geld- und währungspolitischen Operationen in europäischer Währung an. Der Privatwirtschaft bleibt noch für eine Übergangszeit freigestellt, welche Währung sie benutzen möchte. Spätestens ab dem 1. Januar 2002 beginnt das Europäische Zentralbankensystem mit der Ausgabe der Banknoten und mit dem Umtausch der nationalen in europäische Geldscheine und Münzen namens „Euro“. Ein halbes Jahr später, am 1. Juli 2002, soll die Umstellung aller Geschäfte auf die einheitliche Währung vollendet sein, die nationalen Währungen verlieren dann ihre Gültigkeit.

So sind nun also vollendete Tatsachen geschaffen worden. Die Zukunft wird zeigen, welche Partei, die Befürworter oder die Gegner des Euro, Recht behalten werden. Die deutsche Industrie hatte schon lange mehrheitlich die Einführung der einheitlichen Währung gefordert. So wird immerhin ein Drittel des deutschen Bruttoinlandsprodukts im Export erwirtschaftet. Man hofft auf eine Verringerung der hohen Transaktionskosten. Das umständliche Tauschen der Währungen entfällt, grenzüberschreitende Überweisungen innerhalb Europas werden schneller und billiger. Auch im außereuropäischen Warenverkehr werden die Transaktionskosten sinken, da der Euro als künftige Leitwährung – so hofft man zumindest – wahrscheinlich in großem Umfang international als Fakturierungsgröße verwendet wird.

Auf die Skeptiker im Hinblick auf eine europäische Währungsunion hat man nicht gehört. Im Jahre 1996, als bereits die zweite Stufe des Übergangs zur Wirtschafts- und Währungsunion lief, hatte Kostolany in einem Interview mit dem Journalisten Johannes Gross zum wiederholten Male die feste Überzeugung geäußert, dass eine gemeinschaftliche Währung ein Hirngespinst bleibe. Er riet den Gegnern der Währungsunion, ihren Kampf gegen die Vereinbarungen von Maastricht aufzugeben. Sie würden nur ihre Energien verschwenden. Er machte noch einmal klar, dass die leidenschaftlichen Europäer, die davon überzeugt sind, dass der Euro die Bedingung und Grundlage für ein vereintes Europa ist, vollkommen falsch lägen. Es verhalte sich genau umgekehrt. So bleibe die Conditio sine qua non für die Währungsunion eine europäische Zentralregierung. Er führte ein Beispiel aus der Zeit der k. u. k.-Monarchie an: „Es gab zwei Parlamente. Die Außen-, Finanz- und Verteidigungspolitik wurden gemeinsam kontrolliert. Kaiser Franz Joseph, der auch König von Ungarn war, musste alle Gesetze vor Inkrafttreten paraphieren. Er tat es aber nur, wenn sie in beiden Parlamenten Zustimmung fanden. Die Banknoten waren damals von einer Seite deutsch und von der anderen ungarisch bedruckt.“

André Kostolany beschrieb im weiteren Verlauf des Interviews den Sinn veränderlicher Wechselkurse, die den Ausgleich unterschiedlicher ökonomischer Entwicklungen zweier Länder leisteten. Betrage etwa die Inflation in einem Land nur zwei und in einem anderen Land 20 Prozent, dann müsse die Währung mit der hohen Geldentwertung irgendwann gegenüber der mit der geringeren abgewertet werden. Andernfalls käme es zu gewaltigen Handelsungleichgewichten: „Helfen würden dann nur noch protektionistische Maßnahmen, was im Falle Europas absurd wäre, weil es über den Haufen werfen würde, womit die Europäische Gemeinschaft begann, nämlich der Zollunion.“ Ein Beispiel für große Inflationsunterschiede seien Deutschland und Italien. So musste die Lira mehrere Male abgewertet werden, um die unterschiedliche Inflationsmentalität auszugleichen. Eine einheitliche Inflationsrate bleibe nun einmal die Grundbedingung für eine gemeinsame europäische Währung. Die könne aber nur dann garantiert werden, wenn Löhne, Produktivität und Steuern sich in den Ländern vollkommen identisch entwickelten. Nach Kostolanys Meinung sind die Unterschiede jedoch immer noch viel zu groß. Zur Messung des Preisdurchschnitts könne ja nicht einmal ein einheitlicher Warenkorb festgelegt werden. So seien die Lebensgewohnheiten der in Europa lebenden Völker viel zu verschieden, um allgemeine Aussagen zu treffen. Das könne er, Kostolany, recht gut beurteilen, da er zwischen Frankreich und Deutschland hin und her pendele und die gravierenden Unterschiede immer wieder erlebe. So seien für den Franzosen das Essen und guter Wein am wichtigsten. Die Deutschen hingegen lieben ihr Auto und ihr Eigenheim. Für die Engländer spiele wieder etwas anderes die größte Rolle. Heizöl sei für die nördlichen Länder extrem wichtig. Die Griechen, Italiener und Spanier bräuchten sich hingegen um diese Dinge nicht so viele Gedanken zu machen.

Auch in der Politik erkannte Kostolany unausräumbare Gegensätze: „Die Franzosen reagieren besonders empfindlich auf Arbeitslosigkeit und das Absinken des Lebensstandards, die Deutschen dagegen fürchten die Inflation. Deshalb ist man in Fankreich viel eher zu einer leichteren Geldpolitik mit etwas höherer Inflation bereit als in der Bundesrepublik, wo die Sparer auf die Zinsen und die Rente schielen." Die Außenpolitik von England und Frankreich würde überdies immer noch vom Denken kolonialer Großmächte bestimmt, die sich einem europäischen Konsens nur schwer unterordnen könnten. Deutschland dagegen, das seine Souveränität mit Sitz in der UNO erst seit einigen Jahren hat, sei es gewohnt, in Gemeinschaft zu handeln.

In diesem Zusammenhang entwarf André Kostolany mit echtem Entsetzen ein für ihn wahres Horrorszenario. Man solle sich nur einmal ausmalen, wenn in Deutschland eine rot-grüne Regierung an die Macht käme. Eine europäische Übereinstimmung in der Energie- und Umweltpolitik ließe sich dann wohl kaum vorstellen.

Frankreich sei nach wie vor keinesfalls dazu bereit, auf seine Atomenergie zu verzichten. Sogenannte Ökosteuern fielen bei den Nachbarn dann ebenfalls auf taube Ohren, da bei ihnen überdies ein mangelndes Umweltbewußtsein vorherrsche. Letztendlich seien auch die deutschen Zentralbankratsmitglieder gegen die Währungsunion, auch wenn sie offiziell derselben das Wort redeten. Kostolany sagte, sie verdienten etwa 380 000 Mark im Jahr, damit sie zweimal pro Monat nach Frankfurt kämen. Ein Job, auf den wohl niemand gern verzichten würde: „Außerdem wollen sie die Null-Inflation erreichen, um damit zu protzen. Mit den anderen euopäischen Ländern ist dieser Unsinn nicht zu machen. Den Franzosen und Engländern zum Beispiel ist eine geringere Arbeitslosigkeit wichtiger als die absolute Geldwertstabilität.“ Jeder in Europa achte also mit großer Eigenliebe auf seine eigenen Vorteile.

In seiner „Capital“-Kolumne vom März 1999 nahm André Kostolany scheinbar etwas widerwillig davon Kenntnis, dass dem Euro nun doch Leben eingehaucht worden war. Er gestand ein, dass die neue Währung sich auf lange Sicht durchaus günstig auswirken könne. Aber der Vertrag von Maastricht, der dem Euro auf die Welt half, sei außerordentlich negativ für die Konjunktur, da er für die Staatsfinanzen und die Geldpolitik der Notenbanken deflationistische Maßnahmen vorschreibe. Die Geldpolitik der Deutschen Bundesbank und der Europäischen Zentralbank achte ständig auf eine nur begrenzte Geldmenge, auch wenn diese zu höherer Arbeitslosigkeit führt. Ohne Geld könne aber keine Wirtschaft florieren: „Die europäische Zentralbank hat nur eine Sorge: Stabilität. Die ganze Geld- und Wirtschaftspolitik ist darauf ausgerichtet. Aber diese mit Gewalt aufgezwungene Stabilität richtet die Wirtschaft Europas zugrunde“. Kostolany sah für die Zukunft die Arbeitslosigkeit weiter steigen.

In den deutschen Zeitschriften und sonstigen Medien war der Prozess bis zur Währungsunion wie bereits angedeutet kritisch bis bejahend verfolgt worden. Der „Spiegel“ hatte immer wieder festgestellt, wie rigoros insbesondere Helmut Kohl das Projekt Europa verfolgte und alles daransetzte, die entsprechenden Richtlinien und Verträge möglichst schnell unter „Dach und Fach“ zu bringen. Sogar seine engeren Berater betrachteten kopfschüttelnd diese

Hast und die finanzielle Großzügigkeit, mit der er den europäischen Nachbarn entgegenkam.

Joschka Fischer, Außenminister der von Kostolany perhorreszierten rot-grünen Regierung, die im Spätsommer 1998 die Amtsgeschäfte in Bonn und Berlin übernahm, machte aus seiner Verwunderung nach ersten Gehversuchen auf dem europäischen Parkett keinen Hehl. Er sagte einem Journalisten, dass die Idee des vereinigten Europa ohne deutsche ideologische, materielle und finanzielle Stütze, die im Übrigen gern und weidlich in Anspruch genommen werde, geradewegs zum Scheitern verurteilt sei. Helmut Kohl sah sich erstaunlicherweise bestätigt. Von ihm war einige Tage später zu hören, dass er dies doch immer gesagt habe.

Letztendlich muss aber dem Prinzip Hoffnung und dem guten Willen der Architekten der Europäischen Union Raum gegeben werden. So bleiben die entscheidenden Motive die Organisation von Sicherheit und Frieden nach innen sowie die politische und wirtschaftliche Selbstbehauptung nach außen. Es fehlt wahrhaftig nicht an Gründen für einen verstärkten europäischen Zusammenschluss: Die Entwicklung Russlands ist weiterhin ungewiss, das Vordringen des islamischen Fundamentalismus beunruhigt. Zudem hinterlässt der sukzessive Rückzug der USA aus Europa Unbehagen. Es gäbe noch viele weitere Aspekte zu nennen, die von Europa eine Stärkung seiner weltpolitischen Rolle verlangen. Allerdings ist es wohl auch ahistorisch und irreal, die Nationen als Grundeinheiten des europäischen Selbstverständnisses zu ignorieren und sie zugunsten eines farblosen Europa abschaffen zu wollen. Die Einigungsbemühungen stehen weiterhin unter der Spannung von nationaler Selbstbehauptung und europäischem Einigungszwang.

Schlussbetrachtungen

Seit den 60er Jahren, als André Kostolany begann, seine Kolumnen für die Zeitschrift „Capital" zu schreiben, ist er, da er mit seinen Voraussagen fast immer richtig lag, in Deutschland zu einem Lehrer wirtschaftlicher Vernunft aufgestiegen. Kostolany ist stolz darauf, dass seine monatlichen Bemerkungen bisher nur zweimal ausgefallen sind. Beim ersten Mal sei er erkrankt gewesen, saß irgendwo im Ausland mit einer Grippe fest. Das zweite Mal habe sich ein Redakteur gegen den Abdruck ausgesprochen, weil André Kostolany die von Bernie Cornfeld ins Leben gerufene „Investors Overseas Services Inc." (IOS) zu stark angriff. Angeblich würden die Menschen Bernie Cornfeld lieben und wollten deshalb Kritk nicht hören.

Kostolany kämpfte in der Folgezeit wie ein Löwe gegen die zwielichtige IOS. Dabei lernte er auch, während einer Veranstaltung der Bayrischen Hypothekenbank zu diesem Thema, seinen späteren Freund und Geschäftspartner Gottfried Heller kennen. Dieser sprach ihn nach der Veranstaltung an und schlug vor, unter dem Titel „Kostolanys Börsenseminare" Veranstaltungen durchzuführen. Die Idee wurde in die Tat umgesetzt. Seitdem sind durch diese Seminare viele Tausend Interessierte gegangen. Daneben wurde Kostolany Partner in der von Heller gegründeten „Fiduka Depotverwaltung", die außerordentlich erfolgreich wirtschaftete.

Seine zahlreichen Aktivitäten machten André Kostolany überaus populär. Einladungen zu Fernsehinterviews in Deutschland folgten. Berühmt-berüchtigt war sein Auftritt in der von Dietmar Schönherr moderierten Talkshow „Je später der Abend", in der ihm die Sozialdemokratin Heidemarie Wieczorek-Zeul gegenübersaß. Kostolany erzählte eine Anekdote über Lilli Darvas. Sie war eine große ungarische Schauspielerin. Bekanntheit in Deutschland erlangte sie vor allem als Star des Ensembles von Max Reinhardt. Übrigens war sie auch die letzte Frau des ungarischen Schriftstellers Ferenc Molnár, den Kostolany in den USA kennengelernt hatte. Gelegentlich eines Besuchs von Lilli Darvas in Paris hatte sie ein Treffen mit André Kostolany gehabt. Man speiste abends zusammen in einem Restaurant. Dann verabschiedete sich Lilli Darvas mit den Worten: „Jetzt, André, werde ich mich von ihnen verabschieden, um mir etwas Aufreizendes anzuziehen. Dann will ich unten auf den Boulevard gehen, um zu sehen, was man mir bietet, denn umsonst ist jede Frau schön." Nach dieser Erzählung war Kostolany in den Augen von Frau Wieczorek-Zeul als übler Chauvinist abgestempelt, was sie auch lautstark verkündete. Andrés Popularität war durch diesen Auftritt kräftig gestiegen.

Kostolanys publizistische Aktivitäten nahmen in Deutschland besonders in den 70er und 80er Jahren zu. Er gestand ein, dass für ihn der Beruf des Journalisten im Grunde der schönste sei. In seinen Veröffentlichungen erwies er sich immer wieder als origineller „Geld-Conferencier" und geistreicher Plauderer. Die bunte Mischung aus Erfahrungen, Kenntnissen und Anekdoten ziehen sich durch seine gesamten Werke, wie „Geld – das große Abenteuer", „Wunderland von Geld und Börse", „Kostolanys Notizbuch", „Kostolanys Börsen-Seminar für Kapitalanleger und Spekulanten", „... und was macht der Dollar? Im Irrgarten der Währungsspekulationen", „Kostolanys Börsenpsychologie", „Kostolanys beste Geldgeschichten", „Kostolanys beste Tips für Geldanleger", „Kostolanys Bilanz der Zukunft", „Kostolanys Notizbuch" und „Weisheit eines Spekulanten". Darüber hinaus verfasste er Beiträge für die Zeitschriften „journal financier suisse", „Finanz und Wirtschaft", „Technische Rundschau" und weitere Fachorgane. Im Jahre 1987 übernahm Kostolany überdies in der Wirtschaftssendung der NDR Hamburg-Welle „Markt und Pfennig" eine Kolumne.

Die Wirtschaftswissenschaftler, vor allem die Volkswirte, haben längst von ihm Kenntnis genommen, sind bei seinen vielen Vorträgen zugegen und registrieren aufmerksam und ein wenig schuldbewusst, wenn Kostolany ihnen „die Leviten liest".

André Kostolany ist jetzt 93 Jahre alt. Wenn er Rückblicke auf sein Leben wagt, so geschieht dies in der Regel humorvoll. Auch wenn er von angeblich verpassten Chancen spricht, wie in seiner „Capital"-Kolumne vom April 1999. Grundsätzlich stellte er darin fest, dass sein Leben ein buntes Mosaik aus guten und schlechten Angeboten gewesen sei. Einige gute Offerten habe er sich allerdings selbst in unverantwortlicher Weise verscherzt. So habe er Anfang der 40er Jahre in New York durch eigenes Verschulden einen Job bei der reichsten Brokerfirma der Wall Street nicht bekommen. Ein anderer junger Mann, der die Stelle schließlich erhielt, er hieß Robert Rubin, wurde später ein sehr erfolgreicher US-Finanzminister. Bei einer anderen, ebenfalls sehr angesehenen Brokerfirma hat Kostolany um eine Stelle erst gar nicht vorgesprochen. Er hatte erfahren, dass der Chef ein hochnäsiger, arroganter Grobian sei. Dieses Image ängstigte André, der ein sehr empfindsamer Mensch ist und obendrein seine Unabhängigkeit schätzt. Den Job bekam letztendlich ein polnischer Flüchtling, Felix Rohartyn. Dieser wurde nach einiger Zeit sogar Teilhaber der Firma. Später bewunderte man Rohartyn, weil er die desolaten Finanzen der Stadt New York ordnete. Nach der Wahl Bill Clintons zum US-Präsidenten vermittelte dieser ihm den Posten des Botschafters in Paris. Eine Anstellung mit größerem Prestige ist in den Vereinigten Staaten kaum vorstellbar.

Kostolany frotzelte: Sicherlich habe er zwei große Chancen in seinem Leben verpasst, allerdings gäbe es noch eine Möglichkeit, das Versäumte nachzuholen. So könnte er sich bemühen, Chef der Europäischen Zentralbank zu werden, um ununterbrochen „Stabilität, Stabilität“ zu fordern. Das war ein bewusster Seitenhieb auf die deflationistischen Richtlinien, die vor allem die deutsche Seite im Vertrag von Maastricht durchgesetzt hatte.

Gern erinnert sich Kostolany an die Zeiten zurück, als in den Börsensälen noch das „Leben tobte“. Die Atmosphäre, die ihn bei seinem ersten Börsenbesuch im Jahre 1925 in Paris umfing, war für ihn unvergleichlich gewesen. Das Geld habe förmlich in der Luft geschwebt, man musste nur danach greifen. Ein unglaubliches Durcheinander herrschte vor. Viele hundert Personen riefen sich fremde Namen der verschiedenen Papiere zu. Laufburschen eilten von einer Gruppe zur anderen, mit Zetteln in der Hand, auf denen die Kundenaufträge standen. Die Gruppen der Händler kauften und verkauften mit seltsamen, unverständlichen Gesten. In der Mitte aber, da standen 70 ältere Herren, die vereidigten Makler, die unbeachtet der Jahreszeit immer schwarze Anzüge trugen. Vor dem ersten Weltkrieg gehörte dazu sogar noch der obligatorische Zylinder. Sie waren die erhabenen Mitglieder der „Compagnie des Agents de Change“ und besaßen das Monopol, Transaktionen auszuführen. Ihr Geschrei übertönte sogar noch den allgegenwärtigen Höllenlärm. Hunderte von sonstigen Angestellten standen an den anderen Ringen und ganze Scharen von ihnen liefen zu den Telefonzellen, um Ergebnisse durchzugeben. Einige Personen flüsterten sich hinter vorgehaltener Hand vermeintlich Wichtiges zu und schrieben in Windeseile irgendetwas in schwarze Notizbücher.

Diese Atmosphäre verschwindet nun mehr und mehr. Kostolany bedauert dies, obwohl er schnell herausgefunden hatte, dass es sich bei den meisten Börsianern um „Schaumschläger“ und „Wichtigtuer“ handelte. Vieles war reiner Bluff. Obwohl André Kostolany von dieser Aufschneiderei nicht besonders angetan war, so vermisst er sie heute dennoch. Er berichtete davon, dass er vor gar nicht langer Zeit wieder einmal die Pariser Börse besucht habe. Es sei eine Enttäuschung gewesen. In der riesigen Halle, wo früher 3 000 bis 5 000 Menschen am Tag ein- und ausgegangen waren, fand er nur noch leere Telefonzellen und einige wenige, die gelangweilt herumstanden. Ein trauriger Anblick. Tatsächlich laufen die Geschäfte zunehmend „online“, werden per Eingabe über die Bildschirmtastatur abgeschlossen. Das laute und bunte Publikum ist fort. Kostolany meint, dass ein wichtiger Faktor des Börsengeschäftes die Kommunikation der Börsianer untereinander gewesen sei: „Wo kann ich heute mit einigen klugen Kollegen die Lage besprechen oder die Kommentare der Dummen hören?“ Der Spekulant brauche die Atmosphäre der Börse wie der Kartenspieler die des Spielsaals. Man habe schließlich seit 300 Jahren nicht nur Geschäfte getätigt, sondern Gedanken, Anekdoten und Witze ausgetauscht.

Zu seinem 85. Geburtstag im Jahr 1991 hatte André Kostolany sich selbst gefragt, wo eigentlich sein Platz im Leben sei. Für viele Börsenprofis bleibe er ein Journalist, auf dem Börsenparkett gelte er als Außenseiter, vielleicht sogar als Spinner. Auch viele seiner Freunde würden in ihm eher den Publizisten sehen. Die Presse akzeptiere ihn jedoch allenfalls als „Gastarbeiter“, obwohl er Millionen von Lesern habe und mit „Wort und Feder“ für das freie Wirtschaftssystem ebenso engagiert kämpfe wie gegen dessen Schädlinge und Haifische. Die Professoren würden sich einerseits oft über seine Ausführungen lustig machen, andererseits aber gespannt zuhören, ganz zu schweigen von den Tausenden von Studenten an den Hochschulen. Wäre Kostolany ausschließlich Börsenprofi geblieben, so säße er heute, seiner Überzeugung nach, in einem großen, eleganten Büro eines Wall-Street-Wolkenkratzers, von Telefonen und Computern umgeben, müsste unruhige Kunden ertragen, die nervös würden, wenn die Kurse minimal schwankten. Kostolany glaubt, dass ihm in einem solchen Fall der Blick für das Wesentliche abhanden gekommen wäre. Hätte er dagegen den Weg des Journalismus beschritten, wären die vielen Erfahrungen nicht möglich gewesen, die sich später bezahlt machten. Im Falle einer Tätigkeit als Wirtschaftsberater müsste er dagegen ewig zittern, ob ein Unternehmen aufgrund seiner Ratschläge höheren Profit macht. Am schlimmsten schätzt André aber den Berufsweg des Professors ein. Hätte er die Karriere eines Hochschullehrers eingeschlagen, dann säße er heute in einer Kleinstadt fest, „ ans Katheder genagelt, statt in der Welt herumzusausen und Tausenden von Menschen zu begegnen“. Seine Welt sei nun einmal München, Paris, New York, London und Budapest. Kostolany bezeichnet sich selbst als einen „Hippie und Wanderprediger der Börse – einer, der völlig unabhängig alles sagen und schreiben kann, auch wenn er manchmal jemanden auf die Hühneraugen treten muss“.

Über seine ganz privaten Angelegenheiten verbreitet sich André Kostolany nur sehr wenig. Warum sollte er auch. Bekannt ist, dass er 1964 Françoise Russel geheiratet hat. Seine ganz große Leidenschaft gilt seit jeher der Musik. Wenn er sich auch mit seinem bisherigen Leben zufrieden zeigt, so brennt es doch auf seiner Seele, dass er kein Musiker geworden ist. Seine Karriere sei leider in eine andere Richtung gegangen, so dass für Musik keine Zeit blieb. In seinen Pariser Jahren, nach dem Zweiten Weltkrieg, war Kostolany sogar für einige Zeit nach Ungarn gefahren, um in Budapest bei einem Professor Komposition zu studieren. Doch es war leider zwecklos. Ab einem gewissen Alter fällt es sehr schwer, noch etwas grundsätzlich Neues zu erlernen. Aber immerhin habe er einige Sachen komponieren lassen. Eines dieser Auftragswerke war ein Musikstück von Jean Françaix, eine Variation über die drei Töne B-

E-A. Es war dies der Vorname einer Tänzerin, in die André Kostolany einmal sehr verliebt gewesen war.

Nach 1945 hatte André sogar eine Stiftung geplant, die seinen Namen tragen und einen Preis für Verdienste um die französische Musik ausloben sollte. Wenn er schon kein großer Musiker werden konnte, so wollte er doch als berühmter Mäzen in die Musikgeschichte eingehen. Allerdings zerschlug sich dieser Plan wieder, da sich die Finanzen nicht unbedingt nach Kostolanys Vorstellungen entwickelten.

Insbesondere die Oper blieb Andrés Steckenpferd. Ganz oben auf der „Hitliste" seiner Lieblingswerke stehen „Die Meistersinger von Nürnberg" von Richard Wagner. Von dieser Oper hat er im Laufe seines Lebens 166 Aufführungen gesehen! Auf Platz zwei steht der „Don Giovanni" von Mozart und auf Platz drei „Der Rosenkavalier" von Strauss. Richard Strauss hat Kostolany sogar persönlich kennengelernt, in den 50er Jahren während eines Urlaubs in Vitznau am Vierwaldstätter See. Es stellte sich heraus, dass Strauss im selben Hotel wohnte. Kostolany berichtete, er sei wie elektrisiert gewesen und habe diesen Zufall für eine Weisung des Schicksals gehalten. Er sprach Richard Strauss am nächsten Tag auf der Straße an und stellte sich vor. Man freundete sich an. Gemeinsame Ausflüge und interessante Gespräche folgten, obwohl die körperliche Verfassung des Komponisten schon nicht mehr die beste war. Auch über den Urlaub hinaus blieben Strauss und Kostolany in Verbindung.

Neben vielen anderen bekannten Komponisten hat André Kostolany auch Béla Bartók kennengelernt. Das geschah in den Vereinigten Staaten, in denen sich Bartók als Emigrant aufhielt. Bartóks Einstellung war zutiefst demokratisch und liberal. Im „Dritten Reich" wollte er nicht leben. Kostolany sagte, er habe niemals wieder einen so vornehmen Mann wie Béla Bartók kennengelernt, der, obwohl einer kleinbürgerlichen Familie entstammend, ein außerordentlich aristokratisches Verhalten an den Tag gelegt habe. Kostolany räumte ein, dass Bartók zwar zu den ganz großen Meistern dieses Jahrhunderts gehöre, nur sei dessen Musik nicht unbedingt nach seinem Geschmack. Sein Herz schlage nach wie vor ganz besonders für die deutsche Romantik und Spätromantik.

Während seiner Gespräche mit den von ihm verehrten Richard Strauss ist André Kostolany jedoch nie so recht auf seine Kosten gekommen. Statt über Musik zu diskutieren, habe man ihn immer wieder mit Fragen über die Börse, über Spekulation und die richtige Geldanlage bedrängt. Das Phänomen Börse reize nun einmal die Menschen, sagte Kostolany in diesem Zusammenhang. Mittlerweile habe er sich mit dem Nimbus des Börsen-Gurus abgefunden. Tatsächlich eigne er sich nicht für Gesellschaften, in denen Künstler und Schriftsteller verkehren, denn seine Anwesenheit würde die Atmosphäre „verpesten“.

Natürlich denkt André Kostolany in seinem hohen Alter auch an den Tod und dass er jederzeit mit ihm rechnen muss. Wenn er Termine festmache, die vielleicht noch ein halbes Jahr entfernt sind, frage er sich, ob er sie wird einhalten können. Wehmut steigt in ihm auf, wenn er daran denkt, was aus seiner Bibliothek und seinen Papieren wird, wenn er nicht mehr da ist. Und Kostolany ist skeptisch, ob es nach dem Tod noch eine Existenzform geben wird, wie es seine Kirche, die katholische, lehrt. Lebensverlängernd wirke sich mit Sicherheit seine gesunde Lebensweise und die geistige Gymnastik aus, zu die ihn die Börse nach wie vor zwinge. André Kostolanys größter Wunsch ist es, den Jahreswechsel 1999/2000 noch feiern zu können. Ein Trost bedeutet es für ihn, dass seine Gedanken und Anekdoten in Form seiner Bücher „weiterleben“ werden und den nächsten Generationen von Nutzen sein können. Zu seinen Lebensmaximen, die er ebenfalls den Nachkommenden anempfiehlt, gehört das unvoreingenommene Zugehen auf Menschen. Kostolany ist ein unbedingter Menschenfreund, der das Gespräch sucht. Die Leute spüren diese positive Grundeinstellung. Das erklärt letztendlich auch seine enorme Popularität.

Was bleibt am Schluss der Betrachtung von André Kostolanys Leben, eines „Wanderpredigers der Börse im 20. Jahrhundert“, noch zu sagen? Um in seinem Sinne und mit einem Augenzwinkern zu antworten: Vergessen wir alles, was wir gelernt haben und wenden uns mit wachen Sinnen dem neuen Jahrtausend zu ...

Personenregister

Auswahlbibliografie

Barnes, Djuna: New York. Geschichten und Reportagen aus einer Metropole, Berlin 1987.

Blei, Reinhard: Früherkennung von Bankenkrisen – dargestellt am Beispiel der Herstatt-Bank. Diss., Berlin 1984.

Bracher, Karl-Dietrich: Die Auflösung der Weimarer Republik. 2. Nachdruck der 5. Auflage 1971, Düsseldorf 1984.

Heideking, Jürgen: Geschichte der USA, Tübingen/Basel 1996.

Heller, Agnes/Fehér, Ferenc: Ungarn 1956, Hamburg 1982.

Kalmbach, Gabriele (Hg.): Paris 1940-1944. Die dunklen Jahre der „Ville Lumière", Berlin 1993.

Kleßmann, Christoph: Die doppelte Staatsgründung, Bonn 1986[4].

Ders.: Zwei Staaten, eine Nation, Göttingen 1988.

König, Christian/Pechstein, Matthias: Die Europäische Union. Der Vertrag von Maastricht, Tübingen 1995.

Kósa, László (Hg.): Die Ungarn. Ihre Geschichte und Kultur, Budapest 1994.

Loth, Wilfried: Geschichte Frankreichs im 20. Jahrhundert, Frankfurt/Main 1992.

Lücke, Fritz (Hg.): Ölkrise: 10 Jahre danach. Texte der Jahrestagung 1983, Bonn/Köln 1984.

Morsey, Rudolf: Die Bundesrepublik Deutschland, München 1990[2].

Pleticha, Heinrich (Hg.): Deutsche Geschichte, Gütersloh 1998.

Steltzner, Holger/Weimer, Wolfram: Was kommt, wenn die D-Mark geht? Das Handbuch zur Währungsunion, Frankfurt/Main 1997[2].

Wilczek, Bernd (Hg.): Paris 1944-1962. Dichter und Denker auf der Straße, Bühl-Moos 1994.

Für viele der in diesem Buch wiedergegebenen Anekdoten und sonstigen Erinnerungen André Kostolanys waren seine monatlichen Kolumnen im Wirtschaftsmagazin „Capital" (Jahrgänge 1970-1999) sowie die folgenden Bücher wichtige Quellen (Seitenangaben in Klammern):

Kostolany, André: ... und was macht der Dollar?: Im Irrgarten der Währungsspekulationen, Düsseldorf/Wien/New York 1987. (S. 9 f.; 10; 16; 18 f.; 57; 61; 63; 65; 78ff.; 92; 94; 97 f.; 104; 142; 150; 164 ff.; 175 ff.; 192 ff.; 206 f.; 209-211.; 217 f.)

Ders.: Kostolanys Börsenpsychologie. Vorlesungen am Kaffeehaustisch, München/Düsseldorf 1999[6]. (S. 122-130; 132; 134; 137; 145 ff.; 150 ff.)

Ders.: Weisheit eines Spekulanten. Im Gespräch mit Johannes Gross, Düsseldorf 1998. (S. 7 ff.; 36 ff.; 50; 57 ff.; 75 ff.; 94-96; 98 ff.; 118 f.; 121 ff.; 159 ff.; 183 ff.)

DIRK LEHRACH VERLAG · BIOGRAPHIEN

Berndt Schulz
SWATCH oder
die Erfolgsgeschichte
des Nicolas Hayek
220 Seiten, ISBN 3-9806151-2-X
DM 34,80 / sFr 32,50 / öS 254,-

Die Lebensgeschichte des Unternehmers Nicolas Hayek, der die SWATCH zum weltweit heißgeliebten Kultobjekt machte.

Gerald Wagner
Rupert Murdoch
Die Globalisierung des deut-
schen
Fernsehmarktes
209 Seiten, ISBN 3-9806151-1-1
DM 34,80 / sFr 32,50 / öS 254,-

Wagner schlägt „den Bogen in den hiesigen TV-Markt, zeichnet den Expansionskurs des erfolgreichen Unternehmers in Deutschland mit all seinen Facetten."
VDI nachrichten

Ansgar Graw
Gerhard Schröder
Der Weg nach oben
224 Seiten, ISBN 3-9806151-0-3
DM 24,80 / sFr 23,- / öS 181,-

„Die Biographie von Graw zeichnet sich durch die Darstellung der facettenreichen Persönlichkeit des SPD-Politikers und deren Spiegelung in den Medien aus."
Welt am Sonntag